Das Steuersystem
im ungarischen Transformationsprozess

Schriften zur Internationalen Entwicklungs- und Umweltforschung

Herausgegeben vom

Zentrum für internationale Entwicklungs- und Umweltforschung

der Justus-Liebig-Universität Gießen

Band 11

PETER LANG

Frankfurt am Main · Berlin · Bern · Bruxelles · New York · Oxford · Wien

Claudia Ohly

Das Steuersystem im ungarischen Transformationsprozess

Ein Beitrag zur Transformationstheorie

PETER LANG
Europäischer Verlag der Wissenschaften

Bibliografische Information Der Deutschen Bibliothek
Die Deutsche Bibliothek verzeichnet diese Publikation in der Deutschen Nationalbibliografie; detaillierte bibliografische Daten sind im Internet über <http://dnb.ddb.de> abrufbar.

Zugl.: Gießen, Univ., Diss., 2004

D 26
ISSN 1615-312X
ISBN 3-631-53053-6

www.peterlang.de

FOREWORD OF THE EDITOR

The Center for International Development and Environmental Research – [Zentrum für internationale Entwicklungs- und Umweltforschung (ZEU)] – was founded, in 1998, as an interdisciplinary and interdepartmental research institute of the Justus-Liebig-University, Giessen. Presently, faculty members from the following disciplines are associated with ZEU: Agricultural Economics, Economics, Environmental Science, Geography, Law and Nutritional Science. Upon ZEU's foundation, the following four sections were established:

- Natural resources and environment;
- Food security;
- Poverty Fighting;
- Institutions and development.

These sections also indicate the issues on which research is focused presently. A restriction of ZEU's activities to specific geographic regions is not considered.

The series 'Schriften zur Entwicklungs- und Umweltforschung' [Publications on Development and Environmental Research] – is aimed to present the results of ZEU's research activities and the state of discussions in the fields of our research to a broader public. The authors appreciate suggestions and critical remarks, in order to reconsider their own positions.

The volumes of the series will appear casually and may be purchased in bookstores or directly from the publisher.

Giessen, May 2004

Professor Dr. Peter Michael Schmitz
Chairman, Board of Directors

VORWORT

Die Reform der öffentlichen Finanzen im Allgemeinen und des Systems der staatlichen Einnahmen im Besonderen hat eine Schlüsselrolle im Transformationsprozess der ehemaligen sozialistischen Staaten gespielt. Dennoch hat sich die wirtschaftswissenschaftliche Literatur bisher stärker auf andere Bereiche der Transformation, wie etwa die makroökonomische Stabilisierung, konzentriert. Die vorliegende Arbeit untersucht die Rolle des Steuersystems beim Übergang der ungarischen Wirtschaft zu einer Marktwirtschaft und leistet damit einen Beitrag zu einem bisher vernachlässigten Gebiet der Transformationstheorie. Sie wurde im März 2004 vom Fachbereich Wirtschaftswissenschaften der Justus-Liebig-Universität Gießen als Dissertation angenommen.

Zum Gelingen meiner Arbeit wurde von vielen Seiten beigetragen. Mein besonderer Dank gilt meinem Doktorvater Prof. Dr. Armin Bohnet. Für ihre hilfreichen Anmerkungen danke ich darüber hinaus Prof. Dr. Tamás Bauer, Dr. Manfred Bergmann, Dr. Christian Goebel und Dr. Margit Schratzenstaller. Mein Dank gilt auch der Friedrich-Naumann-Stiftung, die mein Dissertationsprojekt in der Anfangsphase mit einem Stipendium gefördert hat. Nicht zuletzt möchte ich an dieser Stelle bei meinem Mann, Klaus Duykers, und meinen Eltern für ihre Unterstützung in vielerlei Hinsicht danken.

Friedberg, im Mai 2004 Claudia Ohly

INHALTSVERZEICHNIS

VERZEICHNIS DER TABELLEN UND SCHAUBILDER

VERZEICHNIS DER ABKÜRZUNGEN

AO	Abgabenordnung
Aufl.	Auflage
Bd.	Band
BIP	Bruttoinlandsprodukt
BSP	Bruttosozialprodukt
bzw.	beziehungsweise
ca.	circa
DDR	Deutsche Demokratische Republik
ebd.	ebenda
EGV	Vertrag zur Gründung der Europäischen Gemeinschaften
ESVG	Europäisches System Volkswirtschaftlicher Gesamtrechnungen
EU	Europäische Union
EUV	Vertrag über die Europäische Union
GUS	Gemeinschaft Unabhängiger Staaten
f.	folgende
FAZ	Frankfurter Allgemeine Zeitung
ff.	fortfolgende
Hrsg.	Herausgeber
HUF	Hungarian Forint
i.d.R.	in der Regel
IAO	Internationale Arbeitsorganisation
k.A.	keine Angabe
Mio.	Millionen
MwSt	Mehrwertsteuer
Mrd.	Milliarden
NÖM	Neuer Ökonomischer Mechanismus
OECD	Organisation for Economic Co-operation and Development
o.J.	ohne Jahr
o.V.	ohne Verfasser
RgW	Rat für gegenseitige Wirtschaftshilfe
S.	Seite
s.o.	siehe oben
u.a.	unter anderem
USD	US-Dollar
vgl.	vergleiche
z.B.	zum Beispiel
z.T.	zum Teil

I. GRUNDLAGEN

1. EINLEITUNG

Seit Ende der 1980er Jahre haben in Mittel- und Osteuropa tiefgreifende politische und wirtschaftliche Umwälzungen stattgefunden. Viele Staaten, die dem Block sozialistischer Planwirtschaften angehörten, haben seither beachtliche Fortschritte auf dem Wege der Transformation ihrer Wirtschaftssysteme in Marktwirtschaften erzielt.

In Ungarn wurde die Abkehr von streng planwirtschaftlichen Prinzipien nicht erst vor kurzem vollzogen. Bereits 1968 wurden mit dem Neuen Ökonomischen Mechanismus (NÖM) erstmals Marktelemente in die ungarische Wirtschaft eingeführt. Inzwischen kann Ungarn als funktionierende Marktwirtschaft bezeichnet werden.[1] Insbesondere auf dem Gebiet der Besteuerung hat Ungarn schon früh einschneidende Maßnahmen ergriffen: Nachdem bereits 1968 verschiedene Veränderungen des Steuersystems vorgenommen worden waren, führte Ungarn 1988 als erster sozialistischer Staat überhaupt eine Einkommensteuer nach westlichem Muster und eine Mehrwertsteuer in der in der Europäischen Union üblichen Form ein. Insofern hat Ungarn bezüglich der Ausgestaltung des Steuersystems eine gewisse Vorreiterrolle unter den Transformationsstaaten.

In Anbetracht der Bedeutung des Staatssektors sowohl in den westlichen Marktwirtschaften als auch in den Transformationsländern kommt der Reform der öffentlichen Finanzen, und dabei insbesondere des Einnahmesystems, eine Schlüsselrolle im Transformationsprozess zu. Dennoch hat sich die wirtschaftswissenschaftliche Literatur bislang stärker auf die Bedeutung der Geldpolitik im Transformationsprozess als auf diejenige der Fiskalpolitik konzentriert. Dies ist ungerechtfertigt, da gerade in einer Phase, in der die Finanzmärkte noch unterentwickelt sind, eine enge Koordination von Geld- und Fiskalpolitik (d.h. auch der Steuerpolitik) erforderlich ist. Andernfalls droht die Fiskalpolitik die Geldpolitik zu dominieren, indem die Zentralbank zur Finanzierung öffentlicher Defizite herangezogen wird.[2] Dies war in Ungarn zu Beginn der 1990er Jahre der Fall.

Das Steuersystem ist ein wichtiger Bereich der öffentlichen Finanzen. Im Folgenden soll untersucht werden, welche Rolle es in Ungarn sowohl in der Vergangenheit (d.h. in der „traditionellen" Zentralplanwirtschaft und im NÖM) als auch im Laufe des Transformationsprozesses gespielt hat bzw. immer noch spielt. Dabei sollen die steuerlichen

1 Vgl. z.B. Kommission der Europäischen Gemeinschaften (1997), S. 37.

2 Vgl. BRADA (2000), S. 599.

Regelungen unter noch zu erläuternden Kriterien bewertet werden. Darüber hinaus setzt die vorliegende Arbeit das Steuersystem in Zusammenhang zu anderen Bereichen der Volkswirtschaft und zeigt Interdependenzen zwischen Steuern und anderen Variablen, z.B. den institutionellen Rahmenbedingungen, makroökonomischen Entwicklungen und dem angestrebten EU-Beitritt, auf. Ziel der Untersuchung ist, einen Beitrag zur Theorie der Transformation von Wirtschaftsordnungen zu liefern, der sich zwar mit einem spezifischen Thema beschäftigt, aber auch die Zusammenhänge zu anderen Problembereichen deutlich macht. Damit soll ein Baustein für eine umfassende Transformationstheorie bereitgestellt werden.

Im Kapitel „Grundlagen" wird zunächst die Notwendigkeit einer theoretischen Fundierung des Transformationsprozesses begründet und ein kurzer Überblick über den gegenwärtigen Stand der Transformationstheorie gegeben. Anschließend werden die Bedeutung des Steuersystems als wesentlicher Bestandteil der Volkswirtschaft sowie Kriterien zur Beurteilung steuerlicher Regelungen herausgearbeitet. Der letzte Abschnitt beschäftigt sich mit dem Problem der (vor allem zu Beginn der Transformation) relativ schlechten Qualität der verfügbaren Daten sowohl bezüglich der öffentlichen Einnahmen und Ausgaben als auch zu makroökonomischen Entwicklungen.

Da die Probleme der Transformation nur vor dem Hintergrund der vorherigen Wirtschaftsordnungen nachvollziehbar sind, wird in Kapitel II die Funktion von Steuern in der Zentralplanwirtschaft sowie in der Periode des Neuen Ökonomischen Mechanismus dargestellt und bewertet. Außerdem findet hier die Problematik der so genannten „Soft Budget Constraint“ besondere Beachtung. Bei diesem Phänomen, das letztlich erheblich zum Scheitern des ungarischen Reformsozialismus beitrug, spielte die „inkonsequente“ Besteuerung der Unternehmen eine entscheidende Rolle. Auf der Basis der Darstellungen in diesen beiden Kapiteln können die Bedeutung von Steuern in den verschiedenen Wirtschaftsordnungen sowie ihr Funktionswandel beim Übergang der Systeme herausgearbeitet werden.

In Kapitel III wird das Steuersystem während des Übergangs zur Marktwirtschaft ausführlich dargestellt und analysiert. Neben einer Bewertung der Steuerreform anhand der in Kapitel I genannten Kriterien wird den Interdependenzen zwischen Steuersystem und anderen Reformfeldern, wie etwa der Eigentumsordnung oder dem Preissystem, besondere Beachtung geschenkt. Ein weiterer Schwerpunkt befasst sich mit dem auch in der Transformationsphase relevanten Problem der „Soft Budget Constraint“. Darüber hinaus werden in diesem Kapitel die Interdependenz zwischen Einnahmen und Ausgaben der öffentlichen Haushalte und Fragen des Finanzausgleichs behandelt. Wichtige Fragen sind außerdem die Bedeutung der Steuerhinterziehung sowie internationale Aspekte, etwa im Hinblick auf die Attraktivität Ungarns für ausländische Direktinvestitionen. Besonderes Augenmerk gilt in diesem Zusammenhang der Integration Ungarns in die Europäische Union. Kapitel IV zieht allgemeine Schlussfolgerungen aus den vorhergehenden Beobachtungen und Analysen.

2 ZUM GEGENWÄRTIGEN STAND DER TRANSFORMATIONSTHEORIE

2.1 Zum Begriff der Transformation

Vor der Auseinandersetzung mit Fragen einer Transformationstheorie, muss zunächst einmal der Begriff der Transformation geklärt werden. Nach KLOTEN ist die Systemtransformation "jener durch politischen Gestaltungswillen und politisches Handeln ausgelöste Prozess (...), der durch eine Substitution gegebener ordnungskonstituierender Merkmale durch andere einen 'qualitativen' Sprung derart bewirkt, dass es zu einer Ablösung des Systems durch ein neues kommt."[3] Eigentlicher Kern der Systemtransformation ist danach ein Wandel in den wirtschaftlichen Allokationsmethoden, d. h. die Substitution von planwirtschaftlichen Abstimmungsverfahren durch marktwirtschaftliche Koordinierungsmechanismen.[4] KLOTEN schließt dabei explizit bestimmte Prozesse von seiner Definition aus: Dazu gehören zum einen Änderungen einzelner konstituierender Elemente, die das bestehende System zwar reformieren, aber nicht grundlegend ändern, und zum anderen evolutorische Prozesse, bei denen eine politische Reaktion auf eigendynamische, systemimmanente Suchprozesse erfolgt.[5]

Ähnlich differenziert SCHÜLLER zwischen Reformen und Systemtransformation. Dabei werden Reformen als Korrekturen von Ordnungsformen innerhalb eines bestehenden Wirtschaftsordnungstyps verstanden. Hierbei unterscheidet SCHÜLLER aufbauend auf der EUCKENschen Typologisierung[6] zwischen a) der Zentralverwaltungswirtschaft sowjetischen Typs, b) der sozialistischen Marktwirtschaft staatssozialistischen Typs und c) der Markwirtschaft als dezentralisierter Wirtschaftsplanung in mehreren Varianten. Im Gegensatz zur Reform impliziert die Transformation den Übergang von einem Wirtschaftsordnungstyp zum anderen.[7]

---

3 KLOTEN (1991), S. 8f.

4 Vgl. ebd. (1991), S. 25.

5 Vgl. ebd. (1991), S. 7f.

6 Vgl. EUCKEN (1965).

7 Vgl. SCHÜLLER (1990), S. 1.

Damit ist der Begriff der Transformation jedoch sehr eng eingegrenzt. Langandauernde Umgestaltungsprozesse, deren Ergebnis noch nicht abzusehen ist, bzw. solche, die nicht zu Ende geführt werden, sind damit von der Betrachtung ausgeschlossen. Jedoch kann auch die Analyse solcher Entwicklungen sehr interessante Erkenntnisse liefern, und sei es darüber, wie eine Systemtransformation nicht erfolgreich durchgeführt werden kann.[8] Auch kann eine Aneinanderreihung von Reformen im Endeffekt in eine vollständige Transformation münden. Eine weiter gefasste Definition erscheint daher sinnvoll: "Unter einer Transformation von Wirtschaftsordnungen soll jede Substitution von - auch einzelnen - ordnungskonstituierenden Merkmalen durch andere verstanden werden, durch die die alte (Teil-) Ordnung durch eine neue abgelöst wird. Dabei sollte das Ziel einer vollständigen Transformation hin zur Marktwirtschaft zumindest erkennbar sein" (ebd. (1992), S. 28f). Für den Fall Ungarns ist aber auch eine Transformation nach der engeren Definition zweifelsohne gegeben.

2.2 Zur Notwendigkeit einer theoretischen Fundierung des Transformationsprozesses

Für eine sachlich ausgewogene Interpretation ökonomischer Entwicklungen und das Fällen zielgerichteter Entscheidungen in der Wirtschaftspolitik ist eine konsistente theoretische Grundlage notwendig. Dies gilt auch für die Ausgestaltung des Transformationsprozesses. Voraussetzung für das Verständnis des Systemwandels und jedes transformationsorientierte Handeln sind theoretische Einsichten insbesondere in die Rolle und Anreizstrukturen der institutionellen Rahmenbedingungen und der Kausalzusammenhänge im Transformationsprozess.[9] "Ohne analytische Fundierung bleibt es bei orientierungsloser Deskription und arbiträren Mutmaßungen" (ebd.).

Die Transformation ehemals sozialistischer Staaten in Marktwirtschaften ist eine Aufgabe, die historisch in dieser Form ohne Vorbild ist und für deren Durchführung demgemäss auch keine Blaupausen vorliegen. Neben politischen und anderen allgemein sozialwissenschaftlichen Aspekten handelt es sich dabei vor allem um ein ökonomisches Problem, für das zu Beginn des Transformationsprozesses keine theoretische Grundlage vorhanden war. Wirtschaftspolitische Empfehlungen basierten in der Regel auf den Erkenntnissen verwandter Forschungsgebiete, etwa der Ordnungstheorie, der Makroökonomie oder der politischen Ökonomie. Auch praktische Erfahrungen der Wirtschaftspolitik, insbesondere in Entwicklungsländern, bildeten die

---

8 Vgl. BOHNET/OHLY (1992), S. 28.

9 Vgl. KLOTEN (1991), S. 13.

Grundlage für wirtschaftspolitische Empfehlungen an Transformationsstaaten. Politikberater und Vertreter der verschiedenen ökonomischen Ausrichtungen konzentrierten sich häufig auf punktuelle und von ihnen schon in anderem Zusammenhang erarbeitete Lösungsvorschläge. Dabei befassten sie sich oft vornehmlich mit der sichtbaren makroökonomischen „Spitze des Eisbergs" der Transformation, wie Inflation, Arbeitslosigkeit oder Leistungsbilanz. Eine systematisch aufgebaute und alle Aspekte der Transformation umfassende Theorie fehlte jedoch.[10]

Wenn es auch sinnvoll sein kann, sich auf bereits vorhandene Theorien und Theorieelemente zu stützen, die für Marktwirtschaften entwickelt wurden, und diese gegebenenfalls auf die Transformation von Wirtschaftordnungen anzuwenden[11], so kann dies insofern problematisch sein, als die in den Transformationsländern herrschenden Bedingungen nur begrenzt mit denjenigen in den Volkswirtschaften, für die die ursprüngliche Analyse vorgenommen wurde, vergleichbar sind. Die im Zusammenhang mit anderen Fragestellungen gezogenen Schlussfolgerungen können daher nicht automatisch auf die Systemtransformation übertragen werden. Es wird vielmehr eine geschlossene Theorie benötigt, die sich gezielt dem Problem der Transformation von Plan- in Marktwirtschaften widmet.

Nachdem der Transformationsprozess inzwischen in vielen Staaten sehr weit fortgeschritten ist, besteht nun endlich die Möglichkeit, basierend auf der Analyse der spezifischen Erfahrungen dieser Länder eine empirisch fundierte Transformationstheorie zu formulieren. Eine solche Untersuchung ist erst dann vollständig möglich, wenn die wirtschaftlichen Ergebnisse hinreichend bekannt sind, da es erst dann möglich ist, die Folgen bestimmter Maßnahmen letzteren eindeutig zuzuordnen. Erst eine genügend große empirische Basis kann die Grundlage für eine weiterreichende Theoriebildung sein.[12] Sie kann helfen herauszufinden, welche Transformationsstrategien in der Praxis mehr oder weniger erfolgreich waren.

Nun könnte von einem bestimmten Zeitpunkt an argumentiert werden, dass alle wesentlichen Maßnahmen für die Transformation auf den Weg gebracht worden seien und daher eine normative Transformationstheorie zur Untermauerung entsprechender wirtschaftspolitischer Entscheidungen nicht mehr notwendig sei. Der Gegenstand der Transformationstheorie sei sozusagen Geschichte geworden.[13] Dieser Auffassung stehen mehrere Argumente entgegen: Zum einen ist die Systemtransformation in

---

10 Vgl. BOHNET/OHLY (1992), S. 42.

11 Vgl. REICHHARDT (1995), S. 10.

12 Vgl. KÜHNE (2001), S. 149.

13 Vgl. HERRMANN-PILLATH (1997), S. 203f.

vielen Staaten bei weitem noch nicht abgeschlossen, bzw. noch nicht einmal hinreichend auf den Weg gebracht - man denke etwa an die Nachfolgestaaten der ehemaligen Sowjetunion. Für diese Staaten kann eine normative Transformationstheorie wertvolle Hinweise für die Bewältigung ihrer Probleme liefern. Zum anderen hat die Erfahrung gelehrt, dass die Transformation ein äußerst langwieriger Prozess ist und zwischen Staaten wie Ungarn und etwa den westlichen Industriestaaten noch gravierende Unterschiede bestehen, selbst wenn Ungarns Wirtschaft durchaus schon die Bezeichnung „funktionierende" Marktwirtschaft verdient.

Transformationstypische Schwierigkeiten können auch sehr langfristig nach dem Beginn des Transformationsprozesses auftreten und sind nicht immer mit den in langjährigen Marktwirtschaften erprobten Methoden zu beheben. In solchen Fällen ist es wichtig, auf theoretisch fundierte Problemlösungen zurückzugreifen. Eine neuere Studie zeigt, dass ehemalige Planwirtschaften auch zehn Jahre nach Beginn der Transformation sich strukturell deutlich von Marktwirtschaften mit ähnlichen Einkommensniveaus unterscheiden. Das Erbe des Sozialismus ist beharrlicher als ursprünglich erwartet wurde. Obwohl die Transformation ein zeitlich begrenztes Phänomen ist, dauert dieser Prozess länger als viele Ökonomen ursprünglich dachten (vgl. CAMPOS (2001), S. 672f).

In diesem Zusammenhang stellt sich die Frage, wann der Prozess der Transformation tatsächlich abgeschlossen ist. Eine wirklich perfekt funktionierende Marktwirtschaft, die als Maßstab genommen werden könnte, existiert in der Realität nicht. Ein Anhaltspunkt sind die in westlichen Industriestaaten erreichten Standards. Sind diese erreicht, könnte man den Transformationsprozess für vollendet erklären.[14] Dabei wäre jedoch noch zu klären, welche Standards bzw. Kriterien betrachtet und wie sie gemessen werden.

Die Transformationsforschung kann zudem allgemeine Erkenntnisse über wirtschaftliche Zusammenhänge liefern. „There is no reason to believe that the variety of economic interactions analyzed in the context of transition is completely disconnected from other contexts of economic interactions" (ROLAND (2000), S. xxvii).

Über die Formulierung einer normativen Theorie hinaus ist jedoch auch das theoretische Erkenntnisziel, dessen Schwerpunkt auf der "reinen" Wirtschaftstheorie liegt[15], von Bedeutung. Im Hinblick auf eine positive Theorie besteht für Ökonomen auch nach vollständigem Abschluss des Transformationsprozesses in allen betroffenen Ländern

---

14 Vgl. European Bank for Reconstruction and Development (1998), S. 25.

15 Vgl. CLAPHAM und GROTE (1991), S. 5.

ein Interesse an einer ex-post-Analyse, die die durchgeführten Maßnahmen bewertet und aufgetretene Probleme analysiert.[16]

2.3 Aufgaben einer Theorie der Transformation

Eine Theorie der Transformation kann zwei unterschiedliche Erkenntnisziele verfolgen: Ergebnis eines allgemeinen theoretischen Erkenntnisziels ist eine positive Theorie, die die Ursachen und den Prozess des Systemwandels erklärt. Zum anderen kann das Erkenntnisziel praktischer Natur sein und eine theoriegestützte Grundlage für die praktische Wirtschaftspolitik bilden. Letzteres mündet in eine normative Theorie.[17]

Aufgabe der positiven Transformationstheorie ist es zunächst, den Transformationsprozess zu beschreiben. Dabei geht es darum, getroffene Maßnahmen sowie die beobachtete wirtschaftliche Entwicklung darzustellen. In einem zweiten Schritt erfolgt die Analyse, d.h. die Erklärung der Umwandlungsprozesse und dabei auftretender Ursache-Wirkungs-Beziehungen. Dabei sollten die beobachteten Transformationsprobleme in Beziehung zu der Art der getroffenen Maßnahmen bzw. Geschwindigkeit und Reihenfolge ihrer Durchführung gesetzt werden. "Ziel einer Transformationstheorie sollte letztlich sein, die dem Umwandlungsprozess eigenen und in ähnlicher Form immer wieder auftretenden Phänomene herauszukristallisieren und festzustellen, inwieweit sie durch immanente ökonomische Zusammenhänge begründet sind." (CLAPHAM/GROTE (1991), S. 29). Die beobachteten Vorgänge sollten so dargestellt und analytisch erfasst werden, dass daraus möglichst allgemeingültige Schlüsse über die Systemtransformation gezogen werden können.

Im Rahmen einer normativen Theorie sollen darüber hinaus zum einen durch praktische Erfahrungen geprägte, zum anderen aber auch theoretisch fundierte Grundlagen für politische Entscheidungsprozesse gefunden werden (vgl. ebd., S. 5). Nach LÖSCH ist eine normative Theorie der Systemtransformation „eine Theorie der Transformationspolitik bzw. schlicht ein theoretisch fundiertes Handlungskonzept, eine Blaupause oder Ablaufmuster für die Umgestaltung nicht-marktwirtschaftlicher Wirtschaftssysteme in funktionierende Marktwirtschaften."[18]

16 Vgl. hierzu den folgenden Abschnitt.

17 Vgl. BOHNET/REICHHARDT (1993), S. 205 sowie CLAPHAM/GROTE (1991), S. 5.

18 LÖSCH (1993), S. 11.

2.4 Wesentliche Fragestellungen und Erkenntnisse der Transformationstheorie

2.4.1 Ziele und Maßnahmen

Zum Aufbau einer Theorie der Transformation ist die Beschäftigung mit einer Reihe konkreter Fragestellungen erforderlich. Zunächst einmal muss sich eine Transformationstheorie mit den Ursachen und Zielen des Transformationsprozesses auseinandersetzen. Ursächlich für die Transformation waren die Funktionsschwächen zentral geplanter Wirtschaftssysteme, wie etwa Produktionsengpässe und Versorgungsschwierigkeiten. Ziel der Transformation war die Beseitigung dieser Schwächen, die nur durch den Übergang zu einer Marktwirtschaft zu erreichen ist. Interessant ist hierbei auch die Frage nach der Schwelle, die erreicht sein musste, damit nicht länger versucht wurde, die Unzulänglichkeiten eines bestehenden Systems durch Reformen zu beseitigen, sondern die Entscheidung für einen Systemwandel fiel. Neben den rein wirtschaftlichen Zielsetzungen bestand in den Transformationsstaaten auch der Wunsch nach politischen Reformen hin zu einer demokratischen Staats- und Regierungsform.[19]

Wesentlicher Betrachtungsgegenstand sind dann die erforderlichen Maßnahmen zur Herstellung einer marktwirtschaftlichen Ordnung. Unabdingbare Voraussetzungen für die Transformation einer sozialistischen Ordnung zu einer Marktwirtschaft sind:

"(1) Die Gewährung individueller Handlungs- und Verfügungsrechte als Kern einer Privatrechtsordnung;
(2) Dezentralisierung und Entflechtung von Staatsbetrieben;
(3) Formen einer Überführung von Eigentum aus Staatshand in private Hände;
(4) eine Neuordnung des Bankwesens mit strikter Trennung zwischen Notenbank und - untereinander konkurrierenden - Geschäftsbanken;
(5) eine umfassende Restrukturierung der staatlichen Haushaltsführung und des Systems der Abgaben;
(6) der Verzicht auf die bislang übliche systematische Abführung monetärer Mittel an staatliche Fonds zugunsten eigenverantwortlicher finanzieller Dispositionen der Unternehmen bei gleichzeitiger regulärer Erhebung von Steuern;
(7) eine - adäquate - Öffnung der Märkte nach außen auf der Basis konformer Wechselkurse."[20]

---

19 Vgl. BOHNET/OHLY (1992), S. 29ff.

20 KLOTEN (1991), S. 26.

Während über die Notwendigkeit dieser Maßnahmen im Prinzip kein Dissens in der Literatur besteht, gibt es über die Ausgestaltung der einzelnen Maßnahmen durchaus unterschiedliche Auffassungen. Als Beispiel wäre hier etwa die Wahl einer geeigneten Privatisierungsmethode zu nennen.[21]

2.4.2 Schocktherapie versus graduelle Transformation

Vor allem zu Beginn des Transformationsprozesses stellt sich bei der Durchführung der notwendigen Maßnahmen die Frage nach Geschwindigkeit und Reihenfolge ("Timing" und "Sequencing"). Im Hinblick auf die Reformgeschwindigkeit kristallisierten sich zwei Schulen von Ökonomen heraus: die Verfechter der Schocktherapie, die den so genannten „Washington Consensus“ vertraten, einerseits und diejenigen Ökonomen, die die Bedeutung des institutionellen Wandels und damit einer graduellen Transformation betonten.[22]. Mit der Frage des „Timing“ war auch die des optimalen "Sequencing" eng verknüpft: So plädieren die Unterstützer einer Schocktherapie natürlich für eine sofortige und damit simultane Durchführung der erforderlichen Maßnahmen. Bei einem schrittweisen Vorgehen stellt sich dagegen die Frage, welche Veränderungen zuerst vorgenommen werden sollten, beispielsweise ob eine Liberalisierung der Preise oder die Sanierung von Betrieben vor deren Privatisierung erfolgen sollte. Eine weiteres zentrales Thema ist der Zeitpunkt der Liberalisierung der Außenwirtschaft.[23]

Einen möglichen Ansatz zur Klärung der Frage der optimalen Transformationsstrategie liefert die Transaktionskostenökonomik, eine Theorierichtung der Institutionenökonomik. Nach dieser Theorie tritt institutioneller Wandel dann ein, wenn die Transaktionskosten neuer institutioneller Regelungen zur Koordinierung ökonomischer Aktivitäten geringer sind als diejenigen der bestehenden Institutionen. Dabei wird zwischen Rahmenkosten, innerinstitutionellen Anpassungskosten und Rahmensetzungskosten unterschieden. Rahmenkosten sind als Kosten aufgrund der Existenz eines suboptimalen institutionellen Rahmens definiert. Anpassungskosten resultieren aus einem suboptimalen Koordinationsgrad und/oder einer suboptimalen Koordinationsform innerhalb eines gegebenen institutionellen Rahmens. Rahmensetzungskosten

---

21 Vgl. BOHNET/OHLY (1992), S. 33.

22 Eine detaillierte Gegenüberstellung beider Positionen liefert ROLAND (2000), S. 328ff.

23 Vgl. ebd., S. 33ff.

sind die administrativen und gesetzgeberischen Kosten, die bei der Änderung des institutionellen Rahmens entstehen.[24]

Die Schocktherapie als Transformationsstrategie verursacht keine Rahmenkosten, da der letztlich angestrebte institutionelle Rahmen schnellstmöglich erreicht wird. Die Anpassungskosten sind bei der Schocktherapie jedoch sehr hoch, weil es aufgrund der Probleme bei der Bildung und dem Einsatz von neuen Institutionen eines langen Zeitraums bedarf, bis der optimale Koordinationsgrad und die optimale Koordinationsform gefunden sind. Bei einer graduellen Transformation sind die Rahmenkosten wegen anhaltender ineffizienter Rahmenbedingungen hoch. Die Anpassungskosten sind jedoch bei vielen kleinen Änderungen relativ gering. Interpretiert man die Rahmensetzungskosten relativ weit, nämlich als individuelle Wohlfahrtsverluste der politischen Entscheidungsträger durch Kompetenzeinbußen, so dürften sie vor allem bei der Schocktherapie erheblich sein. Bei ihr ist es wahrscheinlicher, dass die bisheriger Entscheidungsträger völlig entmachtet werden, während sie bei der schrittweisen Transformation gegebenenfalls mitwirken (vgl. ebd.). Das grundlegende Problem des Transaktionskostenansatzes ist jedoch, dass die Koordinationskosten ex ante unbekannt sind. Ein Mangel an verlässlichen Daten zur Vorhersage der zu erwartenden Kosten sowie der auch ex post schwierigen Quantifizierbarkeit macht diesen Ansatz zu einem theoretisch interessanten, jedoch für die umfassende praktische Anwendung wenig geeigneten Konzept.[25] Trotz dieser Quantifizierungsprobleme lassen sich mit Hilfe dieses Ansatzes zumindest Determinanten und Auswirkungen von Transaktionskosten, die die Transformation entscheidend beeinflussen, identifizieren.

Oft wurde von den Verfechtern der Schocktherapie - zumindest implizit - der Eindruck erweckt, dass Maßnahmen wie Privatisierung, Preisliberalisierung und makroökonomische Stabilisierung ausreichen würden, um die Transformationsländer von Plan- in Marktwirtschaften zu überführen.[26] In dieser Hinsicht sind in Mittel- und Osteuropa auch große Fortschritte erzielt worden.[27] TANZI ist jedoch der Auffassung, dass sie hinreichend gewesen sein mögen, Planwirtschaften zu zerstören, aber nicht, den Übergang zu funktionsfähigen Marktwirtschaften zu erreichen. Für eine vollständige Transformation werden viel weiterreichende Veränderungen der Volkswirtschaft, der Institutionen und Prozesse benötigt. „Shock therapy deals with the easy or superficial

---

24 Vgl. Bohnet/Reichhardt (1993)

25 Vgl. REICHHARDT (1995), S. 247f.

26 Vgl. z.B. LIPTON/SACHS (1990); WOO (1994).

27 Vgl. European Bank for Reconstruction and Development (1998).

part of the transition" (TANZI (2000), S. 9). Unter anderem sind Regierungen, die grundsätzliche „Spielregeln" aufstellen und durchsetzen und die erforderlichen Einnahmen zur Finanzierung ihrer Aktivitäten erzielen, eine Voraussetzung für die Funktionsfähigkeit von Marktwirtschaften (vgl. ebd., S. 11).

Die von den Vertretern des „Washington Consensus" in den Mittelpunkt gerückte stabilitätsorientierte Makropolitik ist zwar eine notwendige, aber keine hinreichende Bedingung für eine erfolgreiche Transformation. CSABA argumentiert, dass Stabilisierung und institutionelle Reform getrennt betrachtet werden sollten. Stabilisierung sollte nicht mit Systemwandel verwechselt werden.[28] Stabilisierung soll grundlegende makroökonomische Variablen wie Inflation, Zahlungsbilanz, Verschuldung, Arbeitslosigkeit oder Produktion beeinflussen. Fortschritte bei der Erzielung makroökonomischer Stabilität sind eine entscheidende Determinante des Transformationserfolgs, aber sie sind nicht Bestandteil der Transformation. Transformation bedeutet institutionellen Wandel. Der Unterschied zwischen Plan- und Marktwirtschaften besteht in den institutionellen Arrangements für die Faktor- und Güterallokation und den Anreizstrukturen, die von diesen Institutionen ausgehen.[29] Auch ARROW betont, dass zwar einige Maßnahmen, z.B. die Liberalisierung der Preise, sehr schnell vollzogen werden können und sollen, dass aber die Anpassung der Institutionen ein langwieriger Prozess ist.[30]

Die Erfahrung der Transformationsländer zeigt, dass die strenge Unterscheidung zwischen schneller und gradueller Transformation bei genauer Betrachtung nicht aufrecht erhalten werden kann. Kein Land hat schnelle Reformen in allen Bereichen durchgeführt. Es gab aber auch keinen Fall, in dem eine graduelle Transformation nach einer vorher festgelegten Strategie planmäßig durchgeführt worden ist. In der Realität gab es eine Vielzahl von unterschiedlichen Strategien sowohl im Hinblick auf Geschwindigkeit als auch auf die Reihenfolge der durchgeführten Maßnahmen.[31]

BARTLETT ist der Auffassung, dass die theoretische Diskussion über Schocktherapie versus Gradualismus die eigentlichen Lehren aus den Erfahrungen in Mittel- und Osteuropa nicht erfasse. Diese Diskussion führe vielmehr zu einer übermäßigen Vereinfachung der verschiedenen Transformationsprozesse. Seiner Ansicht nach lassen die unterschiedlichen wirtschaftlichen Entwicklungen in den verschiedenen Ländern auch keine eindeutigen Schlüsse zu, welche Strategie auf Dauer überlegen ist. BARTLETT argumentiert, dass der einzige wirkliche „Big Bang" in den Trans-

---

28 Vgl. CSABA (1995), S. 77 und 92.

29 Vgl. European Bank for Reconstruction and Development (1994), S. 3f.

30 Vgl. ARROW (2000).

31 Vgl. European Bank for Reconstruction and Development (1999), S. 103.

formationsländern in der ehemaligen DDR stattfand. Indem die westdeutsche Regierung die Auslandsschulden der DDR übernahm und die in Westdeutschland existierende Wirtschaftsordnung auf den Osten ausdehnte, ermöglichte sie einen prompten Übergang zur Marktwirtschaft. Dies konnte in keinem anderen Land so nachvollzogen werden. Die Schocktherapien, die in Staaten wie Polen durchgeführt wurden, führten zur einer schnellen Liberalisierung von Preisen und Außenhandel, aber auch zu vielen Problemen. Andere marktwirtschaftliche Elemente, z.B. effektive Mechanismen zur Einnahmeerzielung, Rechnungslegungsvorschriften und Finanzsysteme, konnten nur durch den mühsamen und zeitraubenden Aufbau von Institutionen eingeführt werden. Kapitalknappheit behinderte darüber hinaus Umstrukturierungen im Unternehmenssektor (vgl. BARTLETT (1997), S. 265ff).

Am sinnvollsten erscheinen Ansätze, die zwischen den beiden Extremen „Big Bang" und Gradualismus je nach der Art der betrachteten Maßnahmen differenzieren (vgl. LOHMANN (1997), S. 224). Die Diskussion über „Big Bang" versus Gradualismus macht eigentlich nur mit Blick auf Preis- und Handelsliberalisierung sowie Privatisierung Sinn. Naturgemäß besteht für die anderen Elemente der Systemtransformation ein größerer Zeitbedarf (vgl. FISCHER et al. (1996), S. 46). Gerade deshalb ist es jedoch notwendig, zügig mit den institutionellen Reformen zu beginnen (vgl. HÖHMANN (1997), S. 195).

2.4.3 Neuere empirische Studien

Die Entscheidungen über die optimale Transformationsstrategie mussten in den betroffenen Ländern gefällt werden, bevor empirische Erfahrungen zu Rate gezogen werden konnten. Zum heutigen Zeitpunkt sind in den meisten Transformationsländern hinsichtlich dieser Fragen unumkehrbare Fakten geschaffen worden. Während die Literatur zur Systemtransformation zunächst weitestgehend auf eine ex-ante-Analyse beschränkt war und bestenfalls gerade beobachtete Ereignisse und Entwicklungen kommentieren konnte, ergibt sich im Zeitablauf immer mehr Gelegenheit zu ex-post-Betrachtungen. Dies eröffnet die Möglichkeit, die im Transformationsprozess - vielleicht erst mit einiger Verzögerung - aufgetretenen Probleme zu beschreiben und zu erklären. Dabei zeigt sich häufig, dass viele theoretisch überzeugende Lösungsvorschläge in der Praxis auf Schwierigkeiten stießen. Dies lag u.a. auch daran, dass die beobachteten Probleme teilweise technischer Natur waren oder sich aus dem Verhalten der Wirtschaftssubjekte ergaben, das nur schwer vorauszusehen war. Dennoch gab es auch zehn Jahre nach Beginn des Transformationsprozesses keine allgemein anerkannte Theorie bezüglich der optimalen Geschwindigkeit der Transformation, z.B. hinsichtlich der Preis- und Handelsliberalisierung oder der richtigen

Reihenfolge von Privatisierung und Entwicklung des Finanzsystems (vgl. FISCHER/SAHAY (2000), S. 11). Es ist zu bezweifeln, dass sich hier jemals eine einzige Lösung als „richtig" herausstellen wird.

Aufgrund der Erfahrungen, die bisher gemacht wurden, können jedoch einige Schlussfolgerungen gezogen werden. Aber auch hier hängen die Ergebnisse von den verwendeten Untersuchungsmethoden und zugrunde liegenden Modellen ab. BERG ET AL. kommen zu dem Ergebnis, dass die Stärke der anfänglichen Transformationsrezession am stärksten von der Ausgangssituation („initial conditions"), etwa der Handelsabhängigkeit und "Überindustrialisierung", beeinflusst wird. In der anschließenden Erholungsphase spielen ihres Erachtens strukturelle Faktoren die wichtigste Rolle, während makroökonomische Stabilisierung zwar hilfreich ist, aber nur ein geringes Gewicht hat (vgl. BERG et al. (1999), S. 5). FISCHER/SAHAY sehen dies anders: "The experience accumulated in the past decade, whether viewed informally or with the help of data, charts and regressions, provides support for the view that the most successful transition economies are those that have both stabilized and undertaken comprehensive reforms, and that more and faster reform is better than less and slower reform." (FISCHER/SAHAY (2000), S. 17). Auch die OSTEUROPABANK teilt diese Einschätzung: Sie sieht eine enge Beziehung zwischen früher Liberalisierung und Wachstum. Die Bedeutung der Ausgangssituation in den Transformationsstaaten, etwa im Hinblick auf den Entwicklungsstand oder makroökonomische Verzerrungen, ist im Vergleich deutlich geringer. Institutionelle Reformen sind im ersten Jahrzehnt der Transformation weniger stark mit dem Wachstum korreliert. Dies bedeutet jedoch nicht, dass sie langfristig keine entscheidende Rolle spielen.[32]

Neuere Literatur zur Transformation beschäftigt sich darüber hinaus mit einer Vielzahl von Fragestellungen, von denen hier nur einige beispielhaft Erwähnung finden können. So untersucht KOCENDA, ob Konvergenzprozesse zwischen den Volkswirtschaften Mittel- und Osteuropas stattgefunden haben. Anhand einer Reihe von makroökonomischen Variablen (z.B. Produktion, Preise, Zinsen) lässt sich trotz unterschiedlicher Ausgangsbedingungen Konvergenz in den fortgeschritteneren Transformationsstaaten zeigen. Ähnliche institutionelle Gegebenheiten und Wirtschaftspolitiken führen zu ähnlichen makroökonomischen Entwicklungen, insbesondere im Hinblick auf die Wachstumsraten des BIP. Dieses Ergebnis steht im Einklang mit der neoklassischen Wachstumstheorie, die von der Konvergenz ähnlicher Volkswirtschaften ausgeht (vgl. KOCENDA (2001)).

---

32 Vgl. European Bank for Reconstruction and Development (1999), S. 62ff.

WEDER untersucht die Fortschritte bei den institutionellen Reformen in Transformationsländern. Auf der Basis einer Cluster-Analyse, die sich auf Kriterien wie Rechtstaatlichkeit, Grad der Regulierung oder Durchsetzung von Gesetzen stützt, findet sie keinen signifikanten Unterschied zwischen den institutionellen Rahmenbedingungen in entwickelten Industriestaaten und fünf der EU-Beitrittskandidaten (Estland, Polen, Slowenien, Tschechische Republik und Ungarn). Letztere könne man daher, zumindest in Hinblick auf die institutionellen Bedingungen, nicht mehr als Transformationsländer bezeichnen. Sie unterscheiden sich jedoch in dieser Hinsicht zum Teil massiv von den weniger fortgeschrittenen Transformationsstaaten (vgl. WEDER (2000).

CAMPOS betrachtet im Gegensatz dazu nicht die institutionellen Rahmenbedingungen, sondern makroökonomische Variablen. Er kommt zu dem Ergebnis, dass die mittel- und osteuropäischen Staaten als Gruppe sich auch nach einem Jahrzehnt in ihren Strukturen noch massiv von Marktwirtschaften mit ähnlichem Einkommensniveau unterscheiden. Das Wirtschaftswachstum in den Transformationsländern lässt sich nicht durch die gleichen Variablen erklären wie in westlichen Marktwirtschaften. Darüber hinaus findet CAMPOS auch erhebliche Unterschiede innerhalb der Gruppe der Transformationsländer. Obwohl die Transformation ein temporäres Phänomen ist, dauert dieser Prozess seiner Ansicht nach länger als die meisten Ökonomen ursprünglich angenommen haben (vgl. CAMPOS (2001).

RAISER untersucht die Rolle von Vertrauen für den Erfolg der Transformation. Er argumentiert, dass eine mögliche Erklärung für die schlechteren Transformationsergebnisse in der ehemaligen Sowjetunion im Vergleich zu den baltischen sowie mittel- und osteuropäischen Staaten die (Un-)Fähigkeit der Politik ist, Vertrauen in öffentliche Institutionen sowie gegenseitiges Vertrauen der Wirtschaftssubjekte zu fördern. Vertrauen wird dabei als die Bereitschaft definiert, mit Personen außerhalb des engeren sozialen oder geschäftlichen Kreises ökonomische Transaktionen durchzuführen. Seines Erachtens ist es eine der wesentlichen Herausforderungen der Transformation und letztlich die Voraussetzung für ihren Erfolg, das Vertrauen in die Regierung wiederherzustellen und die Beachtung von Regeln und Gesetzen sicherzustellen (vgl. RAISER (1999)).

3. DAS STEUERSYSTEM ALS WESENTLICHER BESTANDTEIL VON WIRTSCHAFTSORDNUNGEN

Die Schaffung und Funktionsfähigkeit eines marktorientierten Steuersystems gehören zu den zentralen Voraussetzungen der Transformation (vgl. EBRD (1998), S. 6).

Hauptgegenstand dieser Arbeit ist das ungarische Steuersystem während des Transformationsprozesses. Die Steuersysteme in den verschiedenen historischen Wirtschaftsordnungen Ungarns, insbesondere im Neuen Ökonomischen Mechanismus, werden ebenfalls diskutiert, da erst durch den Vergleich zwischen ursprünglichen und neuen Regelungen die Komplexität der Transformation deutlich wird. Kapitel 3 beschäftigt sich zunächst mit der Definition von Steuern und ihrer Bedeutung als Subsystem der Volkswirtschaft. Anschließend werden die Kriterien zur Beurteilung steuerlicher Regelungen dargestellt, die im weiteren Verlauf dieser Arbeit zur Anwendung kommen.

3.1 Abgrenzung des zugrundegelegten Steuerbegriffs

Bei der Definition des Steuerbegriffs ist der Tatsache besondere Beachtung zu schenken, dass Betrachtungsgegenstand dieser Arbeit nicht nur die recht klar definierten Steuern sind, die in marktwirtschaftlichen Ordnungen erhoben werden, sondern auch Abgaben bzw. Zuflüsse zum Staatshaushalt in sozialistischen Wirtschaften, deren Bezeichnung als Steuern in der Literatur nicht unumstritten ist. Für die hier verfolgten Ziele erscheint es daher sinnvoll, eine nicht allzu enge Definition zu wählen und statt dessen im konkreten Einzelfall genauer auf die jeweilige Funktion bestimmter Abgaben einzugehen.

Gemäß der Definition der deutsche Abgabenordnung versteht man unter Steuern "Geldleistungen, die nicht eine Gegenleistung für eine besondere Leistung darstellen und von einem öffentlich-rechtlichen Gemeinwesen zur Erzielung von Einnahmen allen auferlegt werden, bei denen der Tatbestand zutrifft, an den das Gesetz die Leistungspflicht knüpft; die Erzielung von Einnahmen kann Nebenzweck sein. Zölle einschließlich Abschöpfungen sind Steuern im Sinne dieses Gesetzes." (§ 2,1 AO).

Für Steuern in sozialistischen Staaten findet WANLESS eine sehr ähnliche Definition. Sie wird durch fünf Charakteristika bestimmt:

1) Die Steuer beinhaltet eine generelle Verpflichtung für alle ökonomischen Einheiten eines klar definierten Typs.
2) Die Steuer ist nicht rückzahlbar (es sei denn, sie wäre irrtümlicherweise erhoben worden).
3) Die Zahlung der Steuer begründet keinerlei Anspruch auf bestimmte Güter oder Leistungen für den Steuerzahler.
4) Es besteht die Pflicht zur Zahlung.

5) Die Steuerschuld wird nicht willkürlich bestimmt, sondern im Einklang mit vorher genau festgelegten staatlichen Regeln.[33]

Die Punkte 1) und 5) dieser Definition sind im Hinblick auf die steuerliche Praxis in Ungarn nicht unproblematisch. So war etwa ein entscheidendes Merkmal des NÖM die diskretionäre Anwendung der steuerlichen Regelungen. Bei der Besteuerung von Unternehmen gab es fallweise Regelungen und Ausnahmen, die von KORNAI im Zusammenhang mit dem von ihm geprägten Begriff der "Soft Budget Constraint" kritisiert wurden.[34] Diese Erscheinung ist bedeutsam; sie wird im Folgenden noch ausführlich diskutiert und sollte daher nicht schon von vorneherein ausgegrenzt werden. Es sollen also auch willkürlich in ihrer Höhe veränderte Zahlungen an den Staatshaushalt als Steuern verstanden werden, sofern sie zumindest noch auf eindeutige steuerliche Regelungen zurückzuführen sind. Diese Abgrenzung ist sehr weit gefasst, bietet aber, wie sich im Folgenden zeigen wird, bei der konkreten Diskussion des ungarischen Steuersystems die Möglichkeit, die Praxis in Zentralplanwirtschaft und NÖM einzubeziehen.

Ein weiteres Argument für die Verwendung eines umfassenden Steuerbegriffs ist, dass die in Marktwirtschaften übliche Abgrenzung zwischen Steuern auf der einen und Gebühren, Beiträgen oder staatlichen Erwerbseinkünften[35] auf der anderen Seite nicht ohne weiteres auf andere Wirtschaftsordnungen übertragbar ist. So ist etwa im Falle von Zuflüssen zum Staatshaushalt in Planwirtschaften von Seiten staatlicher Unternehmen, die ihren Gewinn entweder vollständig an die Zentrale abführen müssen oder aber mit einer im Vergleich zu markwirtschaftlichen Systemen sehr hohen Gewinnsteuer belegt werden, die Abgrenzung zwischen Erwerbseinkünften des Staates und Steuereinnahmen nur schwer zu treffen. Solche Einnahmen sollen in den folgenden Ausführungen unter dem Begriff "Steuern" diskutiert werden.

Obwohl Sozialversicherungsbeiträge keine Steuern im engeren Sinne sind, erscheint es im Rahmen dieser Arbeit sinnvoll, sie in die Betrachtung mit einzuschließen. Ein wichtiger Grund ist, dass die Beiträge zur Sozialversicherung zunehmend den Charakter von Steuern annehmen, der Bezug zur Gegenleistung für die Beitragszahler also weitgehend nicht mehr erkennbar ist. “For entrepreneurs the social security contribution functions not as insurance but as a wage-related tax."[36] Auch in der

---

33 Vgl. WANLESS (1985), S. 3.

34 Vgl. z.B. KORNAI (1986b) sowie Abschnitt II.2.4.3.1.

35 Vgl. z.B. BECKER (1990), S. 10ff.

36 GEM (1994), S; 35.

Literatur wird häufig der Begriff "social security taxation" verwandt[37] In Ungarn werden die Beiträge zur Krankenversicherung formal als Steuern betrachtet. Seit Anfang 1999 werden sie von den Steuerbehörden erhoben, und die allgemeinen Regeln der Steuerverwaltung werden auf sie angewandt.[38]

3.2 Das Steuersystem als Subsystem der Volkswirtschaft

Die Bedeutung des Steuersystems innerhalb einer Volkswirtschaft lässt sich mit Hilfe der Systemtheorie beschreiben. Nach BOHNET ist eine Volkswirtschaft ein offenes System, dessen Elemente zum einen der wirtschaftende Mensch (als Handlungssubjekt oder aktives Element) und zum anderen die knappen Ressourcen einschließlich des ausführenden Produktionsfaktors Arbeit (als Handlungsobjekte oder passive Elemente) sind. Die Struktur des Systems wird durch die Wechselbeziehungen zwischen diesen Elementen bestimmt, die sozialer, soziotechnischer oder rein technischer Art sein können.[39]

Die Volkswirtschaft wird von einem Umsystem umgeben, das die Handlungsmöglichkeiten und Verhaltensweisen innerhalb des Systems beeinflusst, aber auch von diesem beeinflusst wird. Wichtige Bestandteile des Umsystems sind zum einen die Weltwirtschaft außerhalb der betrachteten Volkswirtschaft, aber auch die primär nichtökonomische Umwelt innerhalb der räumlichen und politischen Grenzen des Systems sowie das gesellschaftliche Wertesystem. Die Volkswirtschaft als System besteht wiederum aus Subsystemen. Diese können grundsätzlich klassifiziert werden in das Realsystem, dessen Struktur im wesentlichen durch technische Input-Output-Beziehungen gekennzeichnet ist, und das Informations- und Entscheidungssystem, das die Prozesse des Realsystems steuert.[40]

Das Steuersystem ist ein Bestandteil des Informations- und Entscheidungssystems in einer Volkswirtschaft. Elemente des Steuersystems sind zum einen die Steuersubjekte, d.h. Unternehmen und private Haushalte, und zum anderen der Staat, repräsentiert durch die Steuerverwaltung. Zwischen ihnen bestehen vertikale Ursache-Wirkungs-Beziehungen. Die vom Staat festgelegten steuerlichen Regelungen determinieren die Steuerzahlungen der Steuersubjekte, d.h. Ströme von Geld, einem Bestandteil des Realsystems, zum Staatshaushalt. Die Funktionsfähigkeit der Steuerverwaltung spielt

---

37 Vgl. z.B.GROS/STEINHERR (1995), S, 180; World Bank (1995), S. 10.

38 Vgl. VEGHELYi (1999), S. 280.

39 Vgl. BOHNET (1987), S. 106.

40 Vgl. ebd., S. 107ff.

für die Effektivität der Steuererhebung eine entscheidende Rolle. Aber auch die Steuermoral hat einen wichtigen Einfluss auf die Steuerzahlungen. Sie kann als Element des dem Umsystem zugeordneten Wertesystems verstanden werden. In Abhängigkeit von ihren Wertvorstellungen sind die Steuersubjekte mehr oder weniger geneigt, die Steuergesetze zu befolgen oder Steuern zu vermeiden bzw. zu hinterziehen. Die Höhe der dem Staatshaushalt zugeflossenen Steuern bestimmt wiederum die Fähigkeit des Staates, über Ausgaben in den Wirtschaftsablauf einzugreifen.

Neben seiner unmittelbaren Wirkung auf die Steuerzahlungen beeinflusst das Steuersystem über vielfältige Anreizbeziehungen weitere Prozesse innerhalb des Realsystems. Steuerliche Regelungen wirken sich sowohl auf Produktions- als auch auf Konsumentscheidungen sowie auf das Arbeitsangebot aus. Somit ist das Steuersystem eine nicht zu vernachlässigende Determinante der Input-Output-Relationen innerhalb der Volkswirtschaft. Es kann darüber hinaus als wichtiges Bindeglied zwischen privatwirtschaftlichen und staatlichen Aktivitäten verstanden werden. Als ein wesentlicher Bestandteil der Volkswirtschaft spielt das Steuersystem somit auch im Transformationsprozess eine bedeutende Rolle.

3.3 Kriterien zur Beurteilung steuerlicher Regelungen

Die in den verschiedenen historischen Wirtschaftsordnungen Ungarns geltenden steuerlichen Regelungen sollen im Verlauf dieser Arbeit nicht nur beschrieben, sondern auch anhand bestimmter Kriterien bewertet werden. Im Folgenden werden diese Kriterien in drei Gruppen untergliedert: Die erste Gruppe umfasst die so genannten Fundamentalprinzipien der Besteuerung: das Leistungsfähigkeits- und das Äquivalenzprinzip. Zur zweiten Gruppe gehören Grundsätze der Besteuerung im Sinne von steuertechnischen Regeln, die sicherstellen sollen, dass sowohl den Interessen des Fiskus als auch denen der Steuersubjekte Rechnung getragen wird.[41] Die dritte Gruppe von Kriterien orientiert sich schließlich an den verschiedenen Aufgaben der öffentlichen Finanzwirtschaft. Im Laufe dieser Arbeit wird untersucht, inwieweit die steuerlichen Regelungen in Ungarn diesen Prinzipien und Grundsätzen entsprechen bzw. wie sie sich auf die Erfüllung der staatlichen Ausgaben auswirken.

Dabei ist zu beachten, dass die angestrebten Ziele in unterschiedlichen Wirtschaftsordnungen nicht identisch sind. Deshalb könnte argumentiert werden, dass die Bewertung der steuerlichen Regelungen in verschiedenen Volkswirtschaften mit Hilfe

41 Vgl. REDING/MÜLLER (1999), S. 230.

eines einheitlichen Bewertungsschemas nicht zulässig sei.[42] Das bedeutet, dass etwa das in einer Planwirtschaft bestehende Steuersystem nicht einfach nur an den in Marktwirtschaften gültigen Maßstäben gemessen werden sollte, ohne abweichende Intentionen der Entscheidungsträger zu berücksichtigen. Aus diesem Grund bietet sich eine differenzierte Betrachtungsweise an, die sowohl "allgemeingültige" als auch "wirtschaftsordnungsspezifische" Zielsetzungen berücksichtigt.

3.3.1 Die Fundamentalprinzipien der Besteuerung

Die so genannten Fundamentalprinzipien der Besteuerung geben Handlungsanweisungen dahingehend, wie die Last der Steuern auf die Staatsbürger verteilt werden soll. Nach dem Äquivalenzprinzip sollen die Steuersubjekte gemäß dem ihnen vom Staat gewährten Nutzen aus der Inanspruchnahme öffentlicher Leistungen zu deren Finanzierung herangezogen werden. Der Nutzenentgang durch die Zahlung von Steuern soll also dem aus den öffentlichen Leistungen resultierenden Nutzenzuwachs entsprechen. In der Praxis ist es jedoch schwierig, die Höhe des Nutzens zu messen. Insbesondere bei Nichtrivalität und fehlender Ausschließbarkeit vom Konsum öffentlicher Leistungen, werden die Steuersubjekte nicht bereit sein, ihre wahren Präferenzen offen zu legen. Zur Lösung dieses Problems kann versucht werden, eine kostenmäßige Äquivalenz herzustellen, d.h. einzelne Steuerzahler als Kostenverursacher zu lokalisieren und entsprechend ihres Kostenanteils am Staatshaushalt zu dessen Finanzierung heranzuziehen. Die Identifizierung der Nutzer und die exakte Zuordnung der von ihnen verursachten Kosten bleibt in der Praxis dennoch schwierig. Es erscheint sinnvoll, dass nur die Wirtschaftssubjekte eine spezielle öffentliche Leistung finanzieren, die diese auch nutzen können. In diesem Falle spricht man von gruppenmäßiger Äquivalenz. Die Gruppe kann auch im Sinne einer geographisch begrenzten Gemeinschaft definiert werden. So wird in der Theorie des Finanzausgleichs empfohlen, die Finanzierung lokal begrenzter öffentlicher Güter auf die Einwohner der entsprechenden Region zu beschränken. Damit wäre fiskalische Äquivalenz im Sinne OLSONS erreicht. Des Weiteren kann das Ziel der Äquivalenz für alle oder nur für einen Teil der staatlichen Leistungen angestrebt werden. Daher unterscheidet man zwischen totaler und partieller Äquivalenz.[43]

Das Leistungsfähigkeitsprinzip fragt im Gegensatz zum Äquivalenzprinzip nicht, wer staatliche Leistungen nutzt, sondern fordert, dass jedes Steuersubjekt gemäß seiner individuellen Leistungsfähigkeit an deren Finanzierung beteiligt wird. Daraus resultiert, dass Steuerpflichtige mit gleicher Leistungsfähigkeit gleich besteuert werden (horizon-

---

42 Vgl. BOHNET (1984), S. 122.

43 Vgl. HALLER (1981), S. 13f., OLSON (1969), S. 479ff.

tale Gleichbehandlung), und dass Steuerpflichtige mit unterschiedlicher Leistungsfähigkeit unterschiedlich besteuert werden (vertikale Gleichbehandlung). Im Hinblick auf die Anwendung des Leistungsfähigkeitsprinzips werden in der Literatur zwei Probleme kontrovers diskutiert: zum einen die Frage, wie die steuerliche Leistungsfähigkeit gemessen werden kann, und zum anderen, welcher Steuertarif einen adäquaten Gleichbelastungsmaßstab darstellt. Auf diese Fragen gibt es keine „einzig richtige" Antwort, was wiederum die Beurteilung konkreter steuerlicher Regelungen erschwert. Als Indikator der Leistungsfähigkeit kommen etwa Einkommen, Vermögen, Konsum oder auch die Freizeit in Betracht. In der Praxis wird in der Regel das Einkommen der Steuersubjekte als Hauptindikator gewählt. Dabei ist allerdings strittig, ob als Einkommen gemäß der Quellentheorie nur regelmäßig wiederkehrende Einkünfte oder aber im Sinne der Reinvermögenszugangstheorie alle Einnahmen (z.B. auch Erbschaften und Schenkungen) zu erfassen sind.

Im Hinblick auf die Frage nach dem geeigneten Maß für die individuelle Steuerzumessung wird meist auf die sogenannten Opfertheorien verwiesen, in denen die Steuerzahlung als Opfer im Sinne einer Nutzeneinbuße bezeichnet wird. Dabei kann zwischen drei Prinzipien unterschieden werden: Gemäß dem Prinzip des gleichen absoluten Nutzenopfers soll die Steuerlast so verteilt sein, dass der individuelle Nutzenentgang bei allen Steuersubjekten gleich ist. Entsprechend soll beim Prinzip des gleichen relativen Opfers das Verhältnis des durch die Steuern verursachten Nutzenentgangs zum Gesamtnutzen bei allen Besteuerten gleich sein. Nach der Lehre vom gleichen marginalen Opfer wird ein identischer marginaler Nutzenentgang für alle Steuersubjekte gefordert. Diese Prinzipien basieren auf Annahmen, die stark in Zweifel gezogen werden müssen, nämlich, dass der Grenznutzen mit steigendem Einkommen sinkt, dass der Nutzen messbar ist und die Nutzenkurve bei allen Steuersubjekten annähernd gleich verläuft. Daher sind die Opfertheorien nicht geeignet, Handlungsanweisungen für die Ausgestaltung des Steuertarifs im Einklang mit dem Leistungsfähigkeitsprinzip zu geben. Letztlich lässt sich der „richtige" Tarifverlauf nicht wissenschaftlich bestimmen, sondern ist das Ergebnis von auf Werturteilen basierenden politischen Entscheidungen (vgl. SCHMIDT (1980), S. 141ff.).

In der Besteuerungspraxis dominiert in der Regel das Leistungsfähigkeitsprinzip, das trotz der oben genannten Probleme leichter anzuwenden ist als das Äquivalenzprinzip. Ersteres ermöglicht etwa auch die Verfolgung verteilungspolitischer Zielsetzungen durch die Steuerpolitik (vgl. ebd., S. 137ff.).

3.3.2 Besteuerungsgrundsätze

Während in Abschnitt 3.3.1 definiert wurde, was als „gerecht" im Sinne der beiden Fundamentalprinzipien angesehen wird, wird in Abschnitt 3.3.2 erläutert, welche weiteren Grundsätze im Sinne von steuertechnischen Regeln zu beachten sind, um „Rationalität und Gerechtigkeit" sicherzustellen. Ein wichtiges Kriterium zur Bewertung eines Steuersystems ist, inwieweit es dem idealen Leitbild eines rationalen Steuersystem entspricht. Hierbei soll der Begriff der Rationalität im Sinne Hallers verstanden werden: "Ein rationales Steuersystem ist eine Gesamtgestaltung der Besteuerung, bei der eine Mehrzahl von Einzelsteuern, deren grundsätzliche Ausgestaltung festgelegt ist und denen jeweils ein bestimmtes Gewicht (gemessen mit ihrem Anteil am Gesamtsteueraufkommen) zukommt, so zusammengefügt ist, dass sie gemeinsam einem vorgegebenen Zielsystem (nach Möglichkeit mit Gewichtung der einzelnen Ziele, soweit zwischen diesen Konkurrenzbeziehungen bestehen) genügen, und zwar unter Beachtung bestimmter, als gegeben angenommener steuertechnischer und steuerpsychologischer Bedingungen einerseits, plausibler Annahmen über die definitiven Belastungswirkungen der einzelnen Steuern andererseits, so dass ein zieladäquates und faktengerechtes Ganzes der Besteuerung vorliegt" (HALLER (1980), S. 176f.). Es ist eine klare Struktur von Zielen und Mitteln der Besteuerung erforderlich, so dass keine Widersprüche auftreten, die die Rationalität oder Gerechtigkeit des Steuersystems beeinträchtigen.

Das rationale Steuersystem kann immer nur in Abhängigkeit von den jeweiligen Gegebenheiten in einem bestimmten Land, wie etwa Wirtschaftsordnung und -struktur, Steuermentalität oder Leistungsfähigkeit der Steuerverwaltung, entworfen werden. Es ist daher offensichtlich, dass eine Planwirtschaft ein anderes Steuersystem bedingt als eine Marktwirtschaft (vgl. HALLER (1980), S. 179f). In diesem Sinne sollte nach der Kompatibilität des betrachteten Steuersystems mit der jeweiligen Wirtschaftsordnung gefragt und untersucht werden, wie gut es innerhalb des gegebenen Rahmens seine Funktionen erfüllt. "Meßlatte" ist also das für die jeweilige Wirtschaftsordnung bestmöglich geeignete Steuersystem; gefragt wird nach dessen Systemrationalität oder auch Zweckrationalität (vgl. WEBER/SEIDEL (1971), S. 6).

Allen Wirtschaftsordnungen gemein ist das fiskalische Ziel der Steuererhebung. Mag es auch Divergenzen bezüglich Art und Umfang staatlicher Tätigkeit geben, so ist doch die grundsätzliche Notwendigkeit der Abgabenerhebung zur Finanzierung moderner Staatsgebilde unumstritten (vgl. HALLER (1981), S. 9ff.). Somit hatten die von NEUMARK für Marktwirtschaften formulierten fiskalisch-budgetären Besteuerungsgrundsätze, nämlich die "Ausreichendheit der Steuersätze" sowie die "deckungspolitische Anpassungsfähigkeit der Besteuerung" (vgl. NEUMARK (1970), S. 45ff.) auch in sozialistischen Systemen ihre Gültigkeit.

Darüber hinaus sollte Steuertransparenz gewährleistet sein. Dies erfordert zum einen die Bestimmtheit der individuellen Steuerschuld, die Willkür im Hinblick auf deren Höhe sowie auf Zeitpunkt und Art der Entrichtung ausschließt, zum anderen Verständlichkeit und Eindeutigkeit der steuerrechtlichen Regelungen (vgl. ebd., S. 334ff).

Im Zusammenhang mit der Transparenz des Steuersystems wird auf die wichtige Frage nach der Autonomie der Unternehmen einzugehen sein. Es ist zu untersuchen, inwieweit das Steuersystem für die Unternehmen als allgemeingültiger verlässlicher "Rahmen" fungiert, innerhalb dessen sie selbständig agieren können, oder ob durch willkürliche diskretionäre Steuerpolitik die Betriebe in einer extremen Abhängigkeit vom Staat arbeiten und regelmäßig mit ihm in Verhandlungen über die von ihnen zu zahlenden Steuern treten müssen.[44]

Auch die Beachtung des Grundsatzes der Einfachheit und damit der Praktikabilität der Besteuerung ist von nicht zu unterschätzender Bedeutung, wie die Darstellung der Schwierigkeiten bei der Steuerverwaltung in Ungarn noch verdeutlichen wird. Er beinhaltet "das Postulat, die Steuerpolitik im einzelnen wie im ganzen so zu gestalten, dass ihre Maßnahmen und die mit ihnen verfolgten Ziele dem intellektuellen Verständnis und den politischen Neigungen des durchschnittlichen (typischen) Pflichtigen einerseits, den institutionellen und fachlichen Kapazitäten der Veranlagungs-, Erhebungs- und Kontrollbehörden andererseits entsprechen, so dass sie effizient anwendbar und durchsetzbar sind" (NEUMARK (1970), S. 358). Weiterhin sollte die Kontinuität steuerrechtlicher Normen im Zeitablauf gewährleistet sein. Der Grundsatz der Wohlfeilheit verlangt schließlich, die Kosten der Steuerhebung möglichst gering zu halten. Darunter fallen zum einen die Aufwendungen der Steuerverwaltung bei der Erhebung der Steuern und zum anderen die für die Steuerpflichtigen entstehenden Kosten (vgl. ebd., S. 334ff.).

Transparenz, Einfachheit und Kontinuität des Steuersystems sind letztlich Voraussetzungen für eine effiziente Erhebung von Steuern. Diese Merkmale sind erforderlich für die Schaffung eines geeigneten Umfeldes für die Entscheidungen der Wirtschaftssubjekte. Nur in einem verlässlichen Planungsrahmen ist die effiziente Allokation der Ressourcen möglich. Häufige Änderungen machen entsprechend häufige Anpassungen erforderlich bzw. bedingen bei nicht erfolgter Anpassung eine suboptimale Allokation. Unsicherheit oder mangelndes Verständnis hinsichtlich der steuerlichen Regelungen verhindern ebenfalls, dass sich die Wirtschaftssubjekte den Gegebenheiten optimal anpassen.

44 Kriterium laut Anregung von Prof. Dr. T. BAUER, Frankfurt.

3.3.3 Aufgaben der öffentlichen Finanzwirtschaft

Ein weiteres Kriterium zur Beurteilung steuerlicher Regelungen ist, wie sie die Erfüllung wirtschaftspolitischer Aufgaben beeinflussen. In diesem Zusammenhang bietet es sich an, die "klassische" Musgrave'sche Schematisierung der Aufgaben der öffentlichen Finanzwirtschaft zu übernehmen. Musgrave unterscheidet folgendermaßen:

1. Die Allokationsaufgabe besteht darin, im Falle von Marktversagen eine effiziente Allokation der Ressourcen sicherzustellen. Dies bedeutet insbesondere die Bereitstellung öffentlicher Güter durch den Staat.
2. Unter der Distributionsaufgabe versteht man die Korrektur der primären Einkommens- und Vermögensverteilung hin zu einem als gerecht(er) erachteten Zustand.
3. 3) Die Stabilisierungsfunktion besteht schließlich darin, Vollbeschäftigung, Preisniveaustabilität, angemessenes Wachstum und außenwirtschaftliches Gleichgewicht sicherzustellen (vgl. MUSGRAVE et al. (1987), S. 5ff.).

Es soll in den folgenden Ausführungen, soweit im einzelnen überhaupt nachweisbar, untersucht werden, welchen Einfluss bestimmte steuerliche Regelungen auf diese drei von Musgrave genannten Bereiche haben, d.h. wie bestimmte Steuerarten oder aber das Steuersystem als Ganzes auf die Allokation der Produktionsfaktoren und Güter sowie die Verteilungs- und Stabilitätsziele wirken. Dabei geht es nicht nur um die explizit mit der Besteuerung verfolgten Intentionen, sondern auch evtl. unbeabsichtigte Nebenwirkungen etwa im Hinblick auf Verzerrungen, die zu Abweichungen von der optimalen Allokation der Ressourcen führen. Es sollen jedoch nicht alle denkbaren Aspekte für jede betrachtete Steuerart systematisch durchexerziert werden, vielmehr sollen nur besonders ins Auge fallende Effekte erwähnt werden. Neben der Untersuchung der Steuerwirkung im Hinblick auf diese drei Ziele sollen auch Interdependenzen in der umgekehrten Richtung aufgezeigt werden, d.h. inwieweit wirtschaftspolitische Maßnahmen und Rahmenbedingungen oder wirtschaftliche Entwicklungen sich auf die Steuereinnahmen auswirken.

Wenn auch eine Untergliederung der Beurteilungskriterien nach Allokations-, Distributions- und Stabilisierungsaspekten unabhängig von der Wirtschaftsordnung möglich ist, so darf doch nicht außer Acht gelassen werden, dass die jeweils angestrebten Ziele z.T stark divergieren: Die effiziente[45] Allokation von Ressourcen im Sinne des Einsatzes der in einer Volkswirtschaft vorhandenen Faktoren und Güter in der Weise, dass das höchstmögliche Wohlfahrtsniveau erreicht wird, ist wohl für alle Wirtschafts-

---

45 Zur Diskussion eines differenzierteren Effizienzbegriffs vgl. BOHNET (1984).

ordnungen - zumindest theoretisch - erstrebenswert. In diesem Zusammenhang ist letztlich die Effizienz als übergeordnetes Ziel zu verstehen, dessen Erfüllung Grundvoraussetzung für die Erfüllung der untergeordneten Ziele ist. Während jedoch in Marktwirtschaften unter dem Allokationsaspekt der Besteuerung deren Neutralität bezüglich der Marktergebnisse ein wichtiges Ziel darstellt, (es sei denn, es werden im Falle von Marktversagen korrigierende Eingriffe für notwendig erachtet) ging man in zentral organisierten Planwirtschaften davon aus, dass die bestmögliche Allokation mit Hilfe des Plans zu erreichen sei und strebte ihre Plankonformität, im Sinne der Anpassung von Produktion und Konsum an die Planvorgaben, an (vgl. FRIEDRICH (1990), S. 318). Im dezentralen Sozialismus, wie etwa im ungarischen NÖM stand wiederum die Eignung der Steuern als ökonomische Regulatoren zur indirekten Wirtschaftslenkung im Vordergrund (vgl. LEIPOLD (1988), S. 151).

In der Regel sind Steuern nicht neutral im Hinblick auf die Allokation. Steuerbedingte Verzerrungen führen zu Effizienzverlusten, die als „Excess Burden" bezeichnet werden. Die Effizienzverluste sind um so größer je höher die Steuerbelastung ist (vgl. TANZI/ZEE (1996), S. 4.) Neben der Effizienz werden von den wirtschaftspolitischen Entscheidungsträgern auch andere, häufig mit ihr konkurrierende Ziele verfolgt, wie etwa Verteilungsgerechtigkeit. Dies rechtfertigt es allerdings nicht, auf eine Effizienzanalyse zu verzichten (vgl. BOHNET (1984), S. 122ff.)

Im Rahmen einer differenzierten Analyse, die sich sowohl an allgemeingültigen als auch an wirtschaftsordnungsspezifischen Kriterien orientiert, kann beispielsweise zunächst untersucht werden, inwieweit das Steuersystem des Neuen Wirtschaftsmechanismus in Ungarn zur Erreichung der allgemeinen wirtschaftspolitischen Zielvorstellungen und Rahmenpläne beigetragen hat. In einem zweiten Schritt könnte man fragen, inwieweit das allgemeingültige Effizienzziel erreicht wurde.

Die Verfolgung von Stabilitätszielen scheint prinzipiell für alle Wirtschaftsordnungen erstrebenswert. Die bevorzugten Stabilisierungsinstrumente sowie der Preis, den man für die Stabilität zu zahlen bereit ist (etwa versteckte Arbeitslosigkeit in den Betrieben bei offizieller Vollbeschäftigung oder Nachfrageüberhang durch künstliche niedrig gehaltene Preise) variieren jedoch stark.

Zur Abmilderung von Konjunkturschwankungen stehen der Steuerpolitik[46] prinzipiell drei verschiedene Instrumente zur Verfügung, mit denen die gesamtwirtschaftliche Nachfrage beeinflusst werden kann: diskretionäre, regelgebundene oder aber

---

46 Auf steuerfinanzierte staatliche Ausgabenpolitik mit dem Ziel der Konjunkturbeeinflussung, etwa im Sinne des Haavelmo-Theorems, soll an dieser Stelle nicht weiter eingegangen werden.

automatische Änderungen des Steueraufkommens. Erstere sind durch konjunkturpolitisch bedingte Anpassungen der Steuersätze oder auch der Bemessungsgrundlage gekennzeichnet. Bei der regelgebundenen Steuerpolitik (Formula Flexibility) erfolgen die Anpassungen anhand vorher festgelegter Regeln. Die automatische Stabilisierungswirkung der Steuern beruht darauf, dass sich die Einnahmen bei unverändertem Tarif und unveränderter Definition der Bemessungsgrundlagen im Konjunkturverlauf in die gleiche Richtung wie das nominale Sozialprodukt entwickeln und damit automatisch antizyklisch reagieren. Dies ist insbesondere bei progressiven Steuern der Fall. Die Progressivität bewirkt, dass die Steuereinnahmen im Aufschwung überproportional steigen, während sie im Abschwung überproportional sinken. Die automatische Stabilisierungswirkung ist umso stärker, je höher die Aufkommenselastizität der Steuer und je größer ihr Gewicht im Verhältnis zum Sozialprodukt ist (vgl. SCHMIDT (1980), S. 167ff.)

Der Glaube an die Wirksamkeit diskretionärer sowie auch regelgebundener Fiskalpolitik bei der Stabilisierung ist im marktwirtschaftlichen Umfeld mehr und mehr geschwunden. Eine wesentliche Schwierigkeit für die diskretionäre Politik stellen Zeitverzögerungen (Lags) zwischen Auftreten einer konjunkturellen Störung, ihrer Erkenntnis und Diagnose, der Auswahl und Durchführung von Gegenmaßnahmen und schließlich deren Wirkung auf die Konjunktur dar. Auch die Diagnose und Prognose der konjunkturellen Entwicklung (einschließlich der Wirkungen der getroffenen Maßnahmen) sind mit großer Unsicherheit behaftet. Der Erfolg diskretionärer Politik kann darüber hinaus durch Ankündigungseffekte beeinträchtigt werden. Des Weiteren reduzieren institutionelle Beschränkungen (z.B. Höchstgrenzen für öffentliche Defizite) sowie Schwierigkeiten, einmal getroffene steuerpolitische Maßnahmen wieder rückgängig zu machen, die Effektivität diskretionärer Politik. Regelgebundene Steuerpolitik ist insofern problematisch als die Regeln auf in der Vergangenheit beobachteten Wirkungszusammenhängen basieren, über zukünftige Entwicklungen jedoch Unsicherheit besteht. Statt dessen können automatische Stabilisatoren zum Ausgleich zyklischer Schwankungen beitragen. Dies setzt jedoch voraus, dass die Steuereinnahmen ohne Verzögerung auf konjunkturelle Schwankungen reagieren. Sodann besteht dabei die Gefahr der prozyklischen Anpassung der Staatsausgaben an die Steuereinnahmen, wodurch die Stabilisierungswirkung konterkariert würde. Schließlich wird gegen die automatische Stabilisierung der Einwand erhoben, dass ein nominaler Anstieg des Sozialprodukts (durch Wachstum oder auch Inflation) zu einem sogenannten „Fiscal Drag“ führt. Dabei würden die Steuereinnahmen schneller wachsen als die Staatsausgaben und hätten in Aufschwungphasen eine wachstumsbremsende Wirkung. [47]

In welchem Maße die Vermögens- und Einkommensverteilung in einer Volkswirtschaft durch staatliche Eingriffe beeinflusst werden soll, ist letztlich eine Frage von Werturteilen.[48] Die Ansichten darüber divergieren in der Regel schon innerhalb eines Landes sehr stark; noch größer sind die Unterschiede hinsichtlich des gewünschten Grades der Umverteilung zwischen Ländern mit verschiedenen Wirtschaftsordnungen[49]. Im Folgenden wird daher auf die zu beobachtende Verteilungswirkung bestimmter Maßnahmen eingegangen, ohne eine abschließende Bewertung im normativen Sinne vorzunehmen. Wo allerdings Konflikte zwischen Verteilungsziel und anderen Zielen auftreten, wird auf diese hingewiesen. Ein potentieller Zielkonflikt ist insbesondere im Hinblick auf negative Anreizwirkungen der Umverteilung gegeben, die letztlich die effiziente Allokation der Ressourcen beeinträchtigen können.

---

47 Vgl. ebd.; European Commission (2001b), S. 59ff.

48 Einen Überblick über die Motive und Ziele staatlicher Verteilungspolitik gibt BOHNET (1999), S. 1-17.

49 Darüber hinaus stehen in den verschiedenen Ordnungen auch unterschiedliche Instrumente zur Umverteilung zur Verfügung. In zentralen Planwirtschaften kann die erwünschte Distribution beispielsweise auch schon mit Hilfe der Einkommenspolitik erreicht werden.

4. Das Datenproblem

Bei der folgenden Analyse muss beachtet werden, dass die Zuverlässigkeit der präsentierten Daten geringer einzuschätzen ist, als dies in der Regel bei ökonomischen Daten aus westlichen Marktwirtschaften der Fall ist. Die ungarische Statistik ist geprägt durch eine graduelle Annäherung an westliche Standards. Vor allem mit Blick auf älteres Zahlenmaterial muss sich der Leser allerdings vor Augen halten, dass die in sozialistischen Staaten angewandten statistischen Methoden und Kennzahlen stark von den internationalen Standards abwichen. Insbesondere existierte keine klare Abgrenzung zwischen der Funktion der Statistik zur Messung tatsächlicher Ergebnisse und ihrer Rolle als Instrument der Wirtschaftsplanung. Ungarn hatte sich jedoch mit der Einführung des NÖM bereits an internationale Gepflogenheiten angenähert und konnte seit 1970 wenigstens die wichtigsten makroökonomischen Aggregate in einer mit den Standards der volkswirtschaftlichen Gesamtrechnung in etwa kompatiblen Form ausweisen.[50]

Dennoch bestehen bedeutende Schwächen hinsichtlich der Genauigkeit der ungarischen Statistiken. Diese wurden durch den Transformationsprozess und die damit verbundenen massiven strukturellen Veränderungen, denen sich die Methoden der statistischen Erhebung nicht in entsprechender Geschwindigkeit anpassen konnten, noch verstärkt.[51] Massive Umwälzungen im Unternehmenssektor, Änderungen in Rechnungslegungsvorschriften und im statistischen Klassifizierungssystem sowie mangelnde Ressourcen zur Reform der Statistik zählten zu den schwerwiegendsten Problemen. Darüber hinaus waren die Wirtschaftssubjekte oft nicht bereit, Informationen weiterzugeben, da sie fürchteten, dann höher besteuert zu werden.[52] Insbesondere sind auch die Zahlen über die ungarischen öffentlichen Finanzen mit Vorsicht zu interpretieren: "The first difficulty to overcome is the lack of reliable and internationally comparable fiscal data. The Hungarian budgetary and statistical system has never been good at providing such figures, but the difficulties also result from the effect of economic transition on data collection."[53] Durch die mit der Transformation einhergehenden massiven Umwälzungen in allen Bereichen der Volkswirtschaft kam es zunächst zu einer deutlichen Verschlechterung in der Erfassung von Daten sowie teilweise auch in deren Qualität.

---

50 Vgl. Commission of the European Communities (1992), S. 79.

51 Vgl. OECD (1991a), S. 13.

52 Vgl. OECD (1993), S. 12.

53 Semjen (1994), S. 19.

Im Laufe des Transformationsprozesses wurde jedoch eine wesentliche Verbesserung der Datenqualität erreicht. Im Jahr 2000 wies die OECD darauf hin, dass die offiziellen ungarischen Daten für den Gesamtstaat weitgehend zuverlässig sind. Sie basieren allerdings auf der finanzstatistischen Methode des IMF und nicht auf der der volkswirtschaftlichen Gesamtrechnung. Einige quasi-fiskalische Institutionen, z.B. die Ungarische Entwicklungsbank oder die Autobahngesellschaft, sind nicht in den Staatskonten enthalten. Bestimmte Einnahmen wurden darüber hinaus nicht korrekt verbucht. Problematisch ist weiterhin, dass das Haushaltsdefizit nach nationalem Recht anders ausgewiesen werden muss als dies nach dem Europäischen System der Volkswirtschaftlichen Gesamtrechnung (ESVG) der Fall wäre.[54] Ab dem Jahr 2003 wurde jedoch die Berechnung des Defizits nach ESVG definitiv eingeführt. Auch in den Jahren zuvor wurde das Defizit schon parallel mit beiden Methoden berechnet, wobei sich die Qualität der Anwendung der ESVG im Zeitablauf verbesserte.[55]

Ein weiteres Problem ist die grundsätzliche Verfügbarkeit von Daten: Um überhaupt bestimmte qualitative Beobachtungen quantitativ untermauern zu können, wird im Laufe dieser Arbeit auf Zahlenmaterial aus verschiedenen Quellen zurückgegriffen, so dass die Vergleichbarkeit der Daten nicht immer sichergestellt ist.

Trotz dieser Schwierigkeiten bleibt jedoch festzuhalten, dass die hier verwendeten Daten, wenn sie auch mit Vorsicht zu interpretieren sind, dennoch einen Eindruck von den Gegebenheiten in Ungarn und der relativen Bedeutung verschiedener Größen vermitteln können. Eine Reihe von Tabellen liefert im Folgenden wertvolle Informationen und illustriert die gemachten Aussagen. Auf weitergehende quantitative Analysen wurde jedoch aus den obengenannten Gründen verzichtet. Die Gefahr verzerrter Ergebnisse, etwa bei der Analyse von Zeitreihen, erschien zu groß.

---

54 Vgl. OECD (2000), S. 57ff.

55 Vgl. European Commission (2002b), S. 69.

II. STEUERN IM SOZIALISMUS

1 STEUERN IN UNGARNS WIRTSCHAFTSORDNUNG VOR 1968

1.1 Grundelemente der Wirtschaftsordnung

Nach dem Zweiten Weltkrieg wurden die ungarische Wirtschaft und Gesellschaft nach dem Vorbild der Sowjetunion neu organisiert. Die Produktionsmittel wurden weitestgehend in Staatseigentum überführt. Schon bis Ende 1949 waren alle Industrie-, Handwerks- und Handelsbetriebe mit über 10 Beschäftigten verstaatlicht worden. Die Produktion wurde zentral geplant. Auf der Basis von Fünfjahres- und Einjahresplänen wurden den Betrieben verbindliche Indikatoren vorgegeben. Sie bekamen Planauflagen über den Faktoreinsatz sowie die Art und Menge der Produktion. Wichtigstes Erfolgskriterium war die quantitative Planerfüllung. Die Distribution der produzierten Waren unterlag ebenfalls der zentralen Steuerung. Güter- und Faktorpreise wurden von staatlicher Seite fixiert. Die Einkommen der Arbeitnehmer wurden durch die Vorgabe von Durchschnittslohnsätzen und Planauflagen für die Lohnsumme gesteuert. Bis 1968 war die ungarische Wirtschaftsordnung somit als Zentralplanwirtschaft zu charakterisieren.[1]

1.2 Das Steuersystem

Ein wichtiger Bestandteil der ungarischen Wirtschaftsordnung war das Steuersystem. In Zentralplanwirtschaften hatten indirekte Steuern einen weitaus größeren Anteil an den gesamten Steuereinnahmen als in Marktwirtschaften. So floss auch der Großteil der ungarischen Staatseinnahmen aus dieser Quelle.[2] Die indirekten Steuern (sowie auch Preissubventionen, die als Negativsteuern interpretiert werden können) wurden als Differenz zwischen staatlich administriertem Produzenten- und Verbraucherpreis kalkuliert. Die gesamten geplanten Steuereinnahmen ließen sich also relativ leicht berechnen, da auch die produzierte Gütermenge zentral geplant wurde. Wenn die Planmengen nicht erreicht wurden oder die Produktionskosten sich änderten, die Regierung jedoch die Einzelhandelspreise nicht anpassen wollte, wurden die Steuersätze entsprechend verändert.[3] Zweck der indirekten Steuern und Subventionen war vor allem der Ausgleich von zentral geplantem Angebot und der Nachfrage für einzelne

---

1 Vgl. LEIPOLD (1988), S. 139.

2 Vgl. VAJNA (1969), S. 83.

3 Vgl. TANZI (1991b), S. 20.

Produkte über eine gezielte Einflussnahme auf die Nachfrage. Dazu war eine extreme Differenzierung der Steuersätze erforderlich. Vor 1968 existierten etwa 2500 verschiedene produktspezifische Verbrauchsteuern bzw. Subventionen.[4]

Trotz der Vielzahl der Steuersätze war die Erhebung der indirekten Steuern einfach und effektiv. Es gab praktisch keine Steuervermeidung, da die Zahlungen zwischen den Produzenten (dominiert durch eine überschaubare Zahl von Großunternehmen) und Einzelhändlern über das staatliche Bankensystem abgewickelt wurden. Weil außerdem Produzenten- und Konsumentenpreise bekannt waren und die verkauften Gütermengen überwacht wurden, war die Steuerschuld leicht zu berechnen. Eine große administrative Infrastruktur wie in Marktwirtschaften war daher zur Erhebung der indirekten Steuern nicht erforderlich.[5]

„In addition to these tax and subsidy rates on turnover, enterprises were subject to a wide variety of transfers, confiscations, levies, or subventions, often negotiated ex-post on a case-by-case basis."[6] Die zweitwichtigste „Steuer" in diesem System war die „Gewinnsteuer", wobei die Besteuerung von Gewinnen in Zentralplanwirtschaften wenig mit der Gewinnbesteuerung in Marktwirtschaften gemein hatte. Der Staat war der einzige Anteilseigner von Staatsunternehmen: ihm standen also auch deren Gewinne zu. Es gab keine klare Unterscheidung zwischen Gewinnabführung im Sinne der Zahlung einer „Dividende" gegenüber der Erhebung der „Gewinnsteuer".[7] Dennoch soll im Folgenden, wie in Abschnitt I.3.1 ausgeführt, ein umfassender Steuerbegriff verwandt werden, der auch die „Gewinnsteuern" in der Zentralplanwirtschaft einschließt.

Nach der Einführung der Zentralplanwirtschaft mussten ungarische Unternehmen zunächst ihren gesamten Gewinn an den Staatshaushalt abführen. Ende der 1950er Jahre wurde ihnen dann zugestanden, einen Teil ihres jährlichen Gewinnzuwachses zu behalten. Diese Mittel wurden entweder zur Finanzierung von Investitionen oder für Bonuszahlungen an die Mitarbeiter verwandt.[8]

Wie bereits im vorangegangenen Abschnitt erwähnt, wurden die Einkommen der privaten Haushalte in Zentralplanwirtschaften und damit auch in Ungarn im wesentlichen vom Staat bestimmt. Hauptinstrument war eine weitgehend zentral vorgegebene Lohnstruktur, nach der sich die Löhne der Werktätigen berechneten. Diese orientierten

4 Vgl. NEWBERY (1991), S.1.

5 Vgl. TANZI (1991b), S. 20.

6 NEWBERY (1991), S. 1.

7 Vgl. TANZI (1991b), S. 22.

8 Vgl. KORNAI (1986a), S. 1696; REVESZ (1990), S. 44.

sich an den Bedürfnissen, die der Staat für angemessen hielt; die erbrachte Leistung spielte eine untergeordnete Rolle. Darüber hinaus wurden viele Bedürfnisse durch die unentgeltliche Bereitstellung öffentlicher Leistungen erfüllt (z.B. durch ein kostenloses Schul- und Gesundheitssystem). Andere Güter des lebensnotwendigen Bedarfs wurden subventioniert und direkt zugeteilt (z.B. Wohnungen). Einkommensteuern wurden in diesem System als Instrument zur Beeinflussung der primären Einkommensverteilung nicht benötigt.[9]

1.3 Zur Funktion von Steuern in der ungarischen Zentralplanwirtschaft

Ein typisches Merkmal der ungarischen Zentralplanwirtschaft war, dass die Steuern weitgehend als ein impliziter Bestandteil des Wirtschaftsplanes verstanden wurden.[10] Der Staatshaushalt wurde nicht als Ergebnis bestimmter wirtschaftspolitischer Maßnahmen angesehen, sondern war integraler Bestandteil des Volkswirtschaftsplans. Er diente - im Gegensatz zu Marktwirtschaften - nicht nur zur Finanzierung öffentlich bereitgestellter Güter, sondern zur Realisierung der Planziele insgesamt.[11] Das heißt, dass Steuern oder steuerähnliche Abgaben in der Regel im Rahmen der zentral geplanten wirtschaftlichen Aktivitäten erhoben wurden. Das Steuersystem wurde nicht als separates formales Regelwerk wahrgenommen wie in Marktwirtschaften. Steuerzahlungen waren vielmehr ein Bestandteil der vom Staat bestimmten Finanzströme zwischen staatlichem Unternehmenssektor und öffentlichem Haushalt. Die staatlichen Betriebe unterlagen einer Vielzahl von Transfers und Abgaben, die oft ex post und fallweise ausgehandelt wurden. In einem solchen System war die Unterscheidung zwischen verschiedenen Steuern und anderen Abgaben eher von buchhalterischer als von ökonomischer Bedeutung.[12]

Dies manifestierte sich auch in der fehlenden Unterscheidung zwischen „Gewinnsteuern“ und direkten Gewinntransfers. Der Staat entschied, welchen Teil der ihm von Unternehmen zufließenden Einnahmen er als „Dividende“ und welchen er als Steuern definieren wollte. Es gab keine Trennlinie zwischen dem Staat als Eigentümer der Produktionsmittel und dem steuererhebenden Staat. Letzterer war gleichzeitig Produzent von Gütern und Dienstleistungen und die Institution, die den Produktions-

---

9 Vgl. NEWBERY (1991), S. 1.

10 Vgl. MCKINNON (1992), S. 110.

11 Vgl. HARTWIG/WELLESEN (1991), S. 334.

12 Vgl. NEWBERY (1991), S. 1.

prozess besteuert. Für diese beiden Funktionen waren keine separaten Apparate notwendig.[13]

Steuern hatten in der ungarischen Zentralplanwirtschaft eine gewisse Allokationsfunktion. Sie waren das Instrument, mit dem finanzielle Mittel von den staatlichen Betrieben und im Falle der indirekten Steuern von den Haushalten zu den zentralen Planern transferiert werden konnten.[14] Die Mittel wurden benötigt zur adäquaten finanziellen Ausstattung von Branchen, Sektoren und Regionen und zur Bedienung von im Plan vorgesehenen Fonds.[15] So mussten durch die Steuereinnahmen etwa die Finanzierung der staatlichen Betriebe und deren Investitionen sowie sämtlicher Forschungs- und Entwicklungsmaßnahmen und der Ausgleich von Verlusten sichergestellt werden. Steuern wurden in der Zentralplanwirtschaft auch als Mittel eingesetzt, um Ressourcen zwischen Betrieben umzuschichten. Bestimmte Betriebe, vor allem in den Sektoren, die als besonders wichtig für die Volkswirtschaft angesehen wurden, durften auf lange Sicht Verluste einfahren, die dann durch von rentableren Betrieben erhobene Steuern ausgeglichen wurden.[16]

Indirekte Steuern hatten im Prinzip die Aufgabe, den Ausgleich von Angebot und Nachfrage auf den Gütermärkten zu erreichen.[17] Dies erfolgte durch eine starke Differenzierung der Steuersätze (bzw. Subventionssätze) abhängig von der Art der Produkte, um so die Nachfrage nach knappen Gütern zu reduzieren und die nach Waren, bei denen Produktionsüberschüsse bestanden, zu stimulieren.[18]

Dennoch war die Bedeutung von Steuern für die Allokation nebensächlich. Das wichtigste Instrument zur Allokation der Ressourcen war der Plan.[19] Im Prinzip hätte der Staat im zentralplanwirtschaftlichen System auch völlig ohne Steuern auskommen können. „Da die Preise sowieso politisch festgesetzt werden, kann die Festsetzung insgesamt so erfolgen, dass der Gesamtgewinn des Staates (der Überschuss der Gesamterlöse über die Gesamtkosten, die praktisch, sofern keine Zinsen an Privatpersonen bezahlt werden, Lohnkosten sind) zur Finanzierung der Netto-Investitionen und der Staatsausgaben für die 'öffentliche Bedürfnisbefriedigung' reicht."[20]

---

13 Vgl. KORNAI (1998), S. 31.

14 Vgl. WANLESS (1982), S. 13.

15 Vgl. FRIEDRICH (1990), S. 318.

16 Vgl. FELTENSTEIN (o.J.), S. 2f.; HARTWIG/WELLESEN (1991), S. 334.

17 Vgl. BUCK (1982), S. 40ff.

18 Vgl. HALLER (1980), S. 190; VON WRANGEL (1966), S. 178f.

19 Vgl. WANLESS (1982), S. 37.

20 HALLER (1981), S. 432.

Die Steuereinnahmen waren des Weiteren eine wichtige Finanzierungsquelle für staatliche Investitionen und damit Voraussetzung für das Wachstum der Wirtschaft. Indirekte Steuern dienten darüber hinaus der Abschöpfung privater Kaufkraft und steuerten so die aggregierte Konsumnachfrage.[21]

Eine deutlich weniger wichtige Funktion der indirekten Besteuerung war die Ergänzung die Einkommenspolitik bei der Beeinflussung der interpersonellen Verteilung. So wurden etwa niedrigere Steuersätze auf Güter des täglichen Bedarfs, wie Lebensmittel oder Kinderkleidung und höhere Steuersätze auf so genannte Luxusgüter erhoben. Damit sollten die Waren, die den größten Anteil am Warenkorb der ärmeren Bevölkerungsschichten ausmachten, verbilligt werden, während die vor allem von den höheren Einkommensklassen nachgefragten Güter verteuert wurden.[22]

1.4 Bewertung des Steuersystems

1.4.1 Beachtung der Fundamentalprinzipien

Das ungarische Steuersystem war vor allem auf die Umschichtung finanzieller Ressourcen im Sinne der Planerfüllung aber auch im Hinblick auf Umverteilungsziele ausgerichtet. Daher wurde das Äquivalenzprinzip in der ungarischen Zentralplanwirtschaft weitestgehend missachtet. Es gab keinen Bezug zwischen der Höhe der von den Wirtschaftssubjekten genutzten öffentlichen Leistungen und ihrer Finanzierung. Die privaten Haushalte, die erheblich von unentgeltlichen öffentlichen Leistungen profitierten, trugen, da keine Einkommensteuer existierte, nur durch indirekte Steuern zu deren Finanzierung bei. Da in diesem System für die Bürger kein offensichtlicher Zusammenhang zwischen den Kosten und Nutzen der öffentlichen Leistungen erkennbar war, unterlagen sie einer so genannten Fiskalillusion.

Im Unternehmenssektor dienten die Steuern dazu, Mittel im Sinne des zentralen Plans zwischen den Betrieben umzuschichten, nicht zuletzt von Betrieben mit hohen Gewinnen zu solchen, die niedrige Gewinne oder gar Verluste machten. Investitionen, die von den Planern für wichtig gehalten wurden, wurden aus Mitteln des Staatsbudgets finanziert. Das Äquivalenzprinzip fand somit auch hier keine Anwendung.

Das Fehlen einer Einkommensteuer war nicht nur im Hinblick auf das Äquivalenzprinzip problematisch. Es bedeutete darüber hinaus, dass das Leistungsfähigkeitsprinzip bezüglich der persönlichen Einkommen völlig ignoriert wurde. Unterstellt man,

21 Vgl. Buck (1982), S. 130f.

22 Vgl. Wanless (1982), S. 97f.

dass Haushalte mit hoher Leistungsfähigkeit mehr (und auch mit höheren Steuersätzen belegte) Güter konsumieren, wurde durch die indirekte Besteuerung das Leistungsfähigkeitsprinzip in gewissem Maße angewandt. Da allerdings ärmere Haushalte i.d.R. einen größeren Teil ihres Einkommens für den Konsum ausgeben als Haushalte mit höherem Einkommen, entstand ein gegenläufiger Effekt. Insofern war eine vertikale Gleichbehandlung nicht gegeben.[23]

Im Hinblick auf die Unternehmen wurde das Leistungsfähigkeitsprinzip insofern beachtet, als Betriebe zumindest in der Theorie umso mehr „Gewinnsteuern“ abführen mussten, je höher ihr Gewinn war. In der Praxis wurde dieses Prinzip jedoch regelmäßig durchbrochen, da Steuern oft fallweise ausgehandelt wurden. Somit war weder die horizontale noch die vertikale Gleichbehandlung gewährleistet.

1.4.2 Beachtung der Besteuerungsgrundsätze

Es muss dem ungarischen Steuersystem vor 1968 zugestanden werden, dass die Beschaffung der Finanzmittel für den Staatshaushalt einfach, effektiv und kostengünstig war. Auch die Ergiebigkeit der Besteuerung war sicherlich recht hoch, was sich auch an der wichtigen Rolle des Staates in der Zentralplanwirtschaft festmachen lässt. Das Kriterium der Systemrationalität, im Sinne ihres Beitrags zur Planerfüllung, war im Prinzip erfüllt. Es zeigte sich jedoch, dass das Konzept der Zentralplanwirtschaft als Ganzes nicht funktionsfähig war. Zudem waren sowohl Unternehmens- als auch indirekte Steuern im Vergleich zu Marktwirtschaften extrem intransparent. Dies erklärt u.a., dass das Steuersystem durch Willkürlichkeit, Instabilität und Unsicherheit gekennzeichnet war.[24]

1.4.3 Wirkung auf die Erfüllung der Aufgaben der öffentlichen Finanzwirtschaft

Die Bedeutung der „Gewinnsteuern“ für die Allokation im Unternehmenssektor war relativ gering. In der Regel hatten die Betriebe quantitative Produktionsziele zu erfüllen. Gewinne wurden - bis auf einen geringen Teil - direkt an den Staatshaushalt abgeführt und den Unternehmen dann nach vom Staat festgelegten Kriterien wieder zugewiesen. Von den erzielten Gewinnen profitierte also fast ausschließlich der Staatshaushalt. Die (potentielle) Höhe des Gewinns hatte damit keine Anreizfunktion zur Erhöhung der

---

23 Zu dieser Problematik siehe auch die folgende Diskussion der Verteilungswirkungen.

24 Vgl. JURKOVIC (1991), S. 46.

Produktion bzw. zur Effizienzsteigerung.[25] Die „Gewinnbesteuerung" war nicht neutral, da häufig die Steuerschuld fallweise ausgehandelt wurde und die Einnahmen aus „Gewinnsteuern" oft dazu benutzt wurden, unprofitable Unternehmen zu subventionieren. Dies führte zwar zu einer Allokation der Ressourcen im Sinne der Planer, die Allokationseffizienz wurde jedoch durch die von der Nichtneutralität verursachte Verzerrung der Wirtschaftsergebnisse reduziert.

Unvollständige Informationen, bestehende Unsicherheiten über das zu erwartende Verhalten der Wirtschaftssubjekte und die Komplexität der Wirtschaft machten es für die Planer unmöglich, die Konsumgüterproduktion so festzulegen, dass sie im Einklang mit den Konsumentenpräferenzen stand. Die Produktion entsprach also nicht der ursprünglichen Nachfrage. Daher wurde versucht, letztere durch Steuern so zu lenken, dass sie der geplanten Produktion entsprach. Indirekte Steuern trieben einen Keil zwischen Produzenten- und Konsumentenpreise. Damit wurden einerseits die Produzenten von den Märkten für ihre Produkte isoliert und konnten keine „Erfolgssignale" empfangen. Andererseits wurden die indirekten Steuern dazu benutzt, die Konsumnachfrage zu „verzerren", um sie an die geplante Angebotsstruktur anzupassen. Beide Wirkungsschienen verhinderten eine effiziente Allokation der Ressourcen.[26]

In der Regel gelang es auch mit Hilfe der indirekten Steuern nicht, eine Markträumung zu erreichen.[27] Güterknappheit einerseits und Produktionsüberschüsse andererseits waren ein Indikator dafür, dass auch die sehr stark differenzierten Verbrauchsteuern letztlich nicht in der Lage waren, Angebot und Nachfrage für die einzelnen Güter und Produktgruppen ins Gleichgewicht zu bringen. Im Hinblick auf bestehende Kaufkraftüberhänge mussten häufig zusätzliche „Koordinationsmechanismen" den Ausgleich zwischen Angebot und Nachfrage sicherstellen: Wartelisten für langlebige Konsumgüter, wie z.B. Pkws, und Warteschlangen für Güter des täglichen Bedarfs. Das Verbrauchsteuersystem versagte nicht nur im Hinblick auf ein übergeordnetes Effizienzziel, sondern auch auf seine systemimmanenten Aufgaben.[28]

Darüber hinaus kam es zu Allokationsineffizienzen, da die bereits erwähnte, bei der Bevölkerung vorherrschende Fiskalillusion tendenziell zu einem „zu großen" Umfang staatlicher Aktivität führte.

---

25 Vgl. WANLESS (1982), S. 21.

26 Vgl. ebd., S. 74ff.

27 Vgl. ebd., S. 75.

28 Dabei ist allerdings zu beachten, dass es politisch gewollt war, den Preis für bestimmte Güter niedrig zu halten, und für sie kein Marktausgleich über indirekte Steuern angestrebt wurde. So waren etwa trotz erheblicher Wohnungsknappheit die Mieten aus sozialpolitischen Gründen sehr niedrig.

Es ist schwierig, Aussagen über die Wirkung des Steuersystems als solches auf die Stabilisierungsziele zu machen. Es ist allerdings sehr wahrscheinlich, dass höhere BIP-Wachstumsraten erzielt worden wären, wenn der Staat Gewinne nicht fast vollständig abgeschöpft, sondern in den jeweiligen Unternehmen belassen hätte oder wenn es durch die indirekten Steuern nicht zu Allokationsverzerrungen gekommen wäre.

Im Hinblick auf Verteilungsziele kann man davon ausgehen, dass die indirekten Steuern, insbesondere die Mehrwertsteuer, mit stark differenzierten Sätzen eine gewisse Umverteilungswirkung hatten. Allerdings ist zu vermuten, dass auch in der ungarischen Zentralplanwirtschaft, die aus Marktwirtschaften bekannten Probleme auftraten: Zum einen geben ärmere Haushalte i.d.R. eine größeren Anteil ihres Einkommens für den Konsum aus als reichere, wodurch ein tendenziell regressiver Effekt entsteht. Dabei fragen die „Armen" durchaus so genannte Luxusgüter nach, etwa langlebige Konsumgüter, deren Kauf ihnen durch die hohe Besteuerung noch zusätzlich erschwert wird. Zum anderen konsumieren die „Reichen" oft auch mehr Güter des - gering besteuerten – Grundbedarfs. Bei der Festlegung der Steuersätze bestehen darüber hinaus potentielle Konflikte zwischen dem oben genannten Allokationsziel und dem Umverteilungsziel, da zur Markträumung Güter, die stark nachgefragt wurden, hohen Steuersätzen unterlagen, während wenig nachgefragte Produkte gering besteuert oder gar subventioniert wurden.[29] Insgesamt spielte der differenzierte Einsatz indirekter Steuern bei der Umverteilung eine deutlich geringere Rolle als die direkte Steuerung der Primäreinkommen bzw. der Güterpreise durch die zentralen Planer.

1.5 Das Scheitern der Zentralplanwirtschaft

Die ungarische Wirtschaft vor 1968 war gekennzeichnet durch chronische Knappheit von Gütern, Überschussnachfrage auf vielen Märkten, Schlangestehen, durch ein von Güterknappheit erzwungenes Sparen, Verschieben von Käufen oder die Substitution gewünschter Güter durch weniger beliebte, aber verfügbare Waren.[30] Die Qualität vieler Produkte war so schlecht, dass sie weder in Ungarn noch im Ausland verkäuflich waren. Die Realeinkommen waren niedrig. Das stark zentralistische Lenkungssystem war langsam, umständlich und schwerfällig.[31]

---

29 Vgl. WANLESS (1982), S. 97f.

30 Vgl. KORNAI (1986a), S. 1715.

31 Vgl. LEIPOLD (1988), S. 139f.; VON WRANGEL (1966), S. 178f.

Wie bereits erwähnt, hatten die zentralen Planer Schwierigkeiten, die Produktion mit der Nachfrage in Einklang zu bringen. Dies lag an der Komplexität der Aufgabe, die extrem detailliertes Wissen erfordert hätte, sowie auch daran, dass die Planer häufig verzerrte Informationen erhielten. Die steuerinduzierten Allokationsverzerrungen verschlimmerten diese Probleme. Im Ergebnis war die Effizienz der Wirtschaft niedrig. Eine wichtige Voraussetzung für Wachstum, nämlich ein Klima, das Kreativität und Eigeninitiative stimulierte, konnte sich in der Planwirtschaft nicht entwickeln.[32] Dazu trug auch die „Gewinnsteuer" bei, die den Anreiz für Unternehmen, ihre Produktion bzw. Effizienz zu erhöhen, weitgehend beseitigte.

Ende der 1960er Jahre schätzten Experten den technologischen Rückstand Ungarns gegenüber entwickelten westlichen Ländern auf 10 bis 15 Jahre. Die Ursache dafür lag an mangelnden Anreizen für die Produzenten zur Modernisierung ihrer Anlagen, da ihre Produkte ohnehin vom Abnehmer akzeptiert werden mussten. Darüber hinaus gab das Patent- und Erfinderrecht mit seinem niedrigen Honorarniveau wenig Anreize für Forschungsaktivitäten. Ein weiteres Problem war das hohe Risiko, für neue Anlagen keine Ersatzteile zu bekommen, insbesondere wenn Maschinen aus dem Ausland eingeführt werden mussten.[33]

Die makroökonomischen Ergebnisse waren alles andere als zufriedenstellend. Mitte der 1960er Jahre sanken die Wachstumsraten des Bruttoinlandsprodukts, der Industrieproduktion und der Produktivität drastisch. Rohstoff- und Arbeitskräfteknappheit führten zu Produktionsengpässen. In der Landwirtschaft kam es zu einem absoluten Produktionsrückgang. Die durch hohe Vorleistungsimporte verursachten Leistungsbilanzdefizite wirkten als zusätzliche Wachstumsbremse.[34]

Die schlechten Wirtschaftsergebnisse, insbesondere im Hinblick auf eine ausreichende Versorgung der Bevölkerung, gaben schließlich den Anlass zur Reform der bestehenden Wirtschaftsordnung. Das Steuersystem als deren integraler Bestandteil war mit verantwortlich für das Scheitern der Zentralplanwirtschaft.

32 Vgl. REVESZ (1990), S. 52f.

33 Vgl. VAJNA (1969), S. 20.

34 Vgl. DOBIAS (1986), S. 234.

2 Ungarns Steuersystem in der Periode des Neuen Ökonomischen Mechanismus

2.1 Die Grundkonzeption des Neuen Ökonomischen Mechanismus

Die immer deutlicher werdenden innen- und außenwirtschaftlichen Probleme in der Zentralplanwirtschaft Ungarns führten dazu, dass die Diskussion über Reformen, die bereits in den fünfziger Jahren begonnen hatte, dann aber aufgrund der politischen Entwicklungen abgebrochen war, wieder aufgenommen wurde. Im Frühjahr 1966 wurde schließlich auf der Zentralkomitee-Sitzung der Sozialistischen Partei eine grundlegende Reform des Wirtschaftsmechanismus beschlossen, deren Ziel die Abschaffung der vom Stalinismus übernommenen Befehlswirtschaft und der Übergang zu einem System der indirekten Lenkung der Wirtschaftsabläufe war. Dieser so genannte Neue Ökonomische Mechanismus (NÖM) wurde zum 1.1.1968 eingeführt.[35]

Insgesamt muss das Reformwerk als langwieriger historischer Prozess betrachtet werden, der mit unterschiedlichen Geschwindigkeiten voranschritt und zeitweise sogar umgekehrt wurde.[36] Daher ist eine einheitliche Darstellung und Bewertung des NÖM nur mit Vereinfachungen möglich. Die vorliegende Arbeit konzentriert sich dementsprechend auf die wichtigsten Merkmale des Wirtschaftssystems im Allgemeinen und des Steuersystems im Besonderen.

Grundidee des NÖM war die organische Verbindung von zentraler Planung und Markt innerhalb des ungarischen Wirtschaftssystems.[37] Konkret sollte die wirtschaftspolitische Einflussnahme auf die Makro- und Mesoebene, d.h. auf die gesamtwirtschaftlichen Ergebnisse sowie sektorale und regionale Strukturen beschränkt werden. Zugleich sollte den Unternehmen auf der Mikroebene ein relativ großer Entscheidungsspielraum eingeräumt werden.[38] Zwar verblieben die Produktionsmittel im Staatseigentum, doch wurden den Unternehmen keine direkten Planvorgaben gemacht, sondern es erfolgte eine indirekte Steuerung durch so genannte ökonomische Regulatoren. Diese Regulatoren wurden im Rahmen der staatlichen Preis-, Lohn-, Investitions-, Kredit-, Außenhandels- oder der Budgetpolitik eingesetzt. Die wichtigsten Reformmaßnahmen und Charakteristika des NÖM werden im Folgenden

35 Vgl. Bako (1989), S. 19; Wass von Czege (1987), S. 377f.

36 Vgl. Kornai (1983), S. 225.

37 Vgl. Revesz (1990), S. 60.

38 Vgl. Dobias (1986), S. 235.

relativ ausführlich erläutert, da dies für das Verständnis der Rolle der Steuern in diesem System erforderlich ist.

Die formal-juristische Eigentumsordnung blieb von den 1968er Reformen weitestgehend unberührt: Zwar wurden zu einem späteren Zeitpunkt Experimente mit genossenschaftlichen und privaten Kleinbetrieben durchgeführt; das Prinzip des Staatseigentums an den Produktionsmitteln behielt jedoch weiterhin seine grundlegende Bedeutung.[39] So wurden etwa im Jahre 1980 63,5% des Inlandsprodukts von Staatsbetrieben erwirtschaftet, weitere 16,5% von Genossenschaften und 9,5% von kleinen Privatunternehmen einschließlich Haushalten, die auf ihren eigenen Grundstücken Agrarprodukte anbauten.[40]

Diese formal-juristische Klassifikation ist jedoch insofern problematisch, als sie nur bedingt Aufschluss über die tatsächliche Verteilung der Handlungsrechte in der Volkswirtschaft gibt.[41] Im Rahmen der 1968er Reformen fand nämlich de facto eine Veränderung der Eigentumsordnung statt. Sie manifestierte sich in der Abschaffung der zentralen Allokation von Inputfaktoren und Produkten durch den Plan, bei der den Betrieben noch detaillierte Vorgaben gemacht worden waren. Auch die Zuteilung von Inputs durch Behörden wurde aufgehoben: Produzenten mussten die von ihnen benötigten Materialien nun am Markt kaufen, anstatt sie zu beantragen. Die Planerfüllung, insbesondere das Erreichen der vorgegebenen Outputziele, war nicht mehr der wichtigste Erfolgsindikator der Unternehmen. An seine Stelle sollte der Gewinn treten.[42] Diese Veränderungen bedeuteten für die Manager der Unternehmen weitreichende Autonomie in ökonomischen Entscheidungen.[43] Somit wurden Handlungsrechte, d.h. Eigentumsrechte, wie etwa die Verfügungsrechte über die Produktionsfaktoren oder Organisationsrechte innerhalb der Betriebe, vom Staat auf die Unternehmen verlagert.[44]

Die zentrale Planung wurde damit jedoch nicht gänzlich abgeschafft. Es existierten weiterhin drei verschiedene Plantypen: Langfrist-, Fünfjahres und Jahrespläne. Die Langfristplanung war unverbindlich; sie gab die wichtigsten anzustrebenden Entwicklungen für die Zukunft vor und diente damit als Informationsgrundlage für die mittel- und kurzfristige Planung. Der Fünfjahresplan war dagegen für die Wirtschafts-

---

39 Vgl. DOBIAS (1986), S. 235.

40 Vgl. KNIGHT (1983), S. 66.

41 Vgl. BOHNET (1987), S. 119f.

42 Vgl. BAUER (1983), S. 305.

43 Vgl. KNIGHT (1984), S. 18.

44 Vgl. BOHNET (1987), S. 155ff.

politik von großer Bedeutung. Er legte Zielvorgaben für das Wachstum und die Struktur des Volkseinkommens, z.B. die Relation von Konsum und Investitionen, fest. Darüber hinaus wurden hier Richtlinien für den Einsatz ökonomischer Regulatoren formuliert. Die Jahresplanung diente dem Zweck, die mittelfristigen Ziele der ihr übergeordneten Fünfjahresplanung zu erreichen, und konnte quasi als jährlich aktualisiertes wirtschaftspolitisches Programm verstanden werden. Dies unterschied die Jahrespläne im NÖM grundlegend von denen in traditionellen Zentralplanwirtschaften, wo diese Pläne die wichtigsten und verbindlichen Lenkungsinstrumente des Staates darstellen. Die Umsetzung der mittel- und kurzfristigen Vorgaben in die Praxis erfolgte in Ungarn eben nicht mehr durch aufgeschlüsselte direkte Planauflagen an die Betriebe, sondern in der Regel indirekt über ökonomische Regulatoren. Nur in wenigen Bereichen, z.B. bei bedeutenden Investitionen in die Infrastruktur, die Forschung etc., setzte der Staat seine Pläne direkt durch.[45]

Nach den Reformen sollten die Preise sowohl Marktnachfrage als auch staatliche Präferenzen reflektieren und das Reagieren der Unternehmen auf Marktsignale ermöglichen.[46] Es wurde ein gemischtes Preissystem eingeführt, das durch unterschiedliche Preistypen und -bestimmungsfaktoren charakterisiert war. Man unterschied Fixpreise, Limit- und Höchstpreise sowie freie bzw. Vertragspreise. Fixpreise wurden vom Preisamt unter Berücksichtigung der Kosten, insbesondere aber auch nach sozialen und gesellschaftspolitischen Kriterien, verbindlich festgesetzt. Mit Limit- und Höchstpreisen gab die politische Zentrale einen Rahmen zur Begrenzung des Preissetzungsspielraums der Unternehmen vor. Ihre Festlegung erfolgte auf der Basis von durch die Unternehmen - wenn auch nach einem vorgegebenen Kalkulationsschema - selbst errechneten "Startpreisen", wobei Limitpreisen eine gewisse Schwankungsbreite um diesen "Startpreis" zugestanden wurde, während letzterer i.d.R. mit dem maximalen Preis, der für ein Gut verlangt werden durfte, identisch war. Freie bzw. Vertragspreise wurden von den Unternehmen einseitig oder nach Verhandlungen mit den Nachfragern bestimmt. Gewisse staatliche Richtlinien sowie Kontroll- und Interventionsmöglichkeiten zentraler Instanzen bestanden jedoch auch hier, so dass dieser Preistyp nicht uneingeschränkt mit Marktpreisen in westlichen Wirtschaftssystemen vergleichbar war.[47]

Freie und vertraglich vereinbarte Preise machten zunächst nur ein knappes Viertel aller Preise aus, während das Schwergewicht weiter auf staatlich festgelegten bzw.

---

45 Vgl. LEIPOLD (1988), S. 150f.

46 Vgl. KNIGHT (1984), S. 27f.

47 Vgl. BOHNET (1982), S. 52ff.

regulierten Preisen lag. Der Anteil letzterer verminderte sich zwar in den Jahren nach 1968, blieb aber immer noch beträchtlich.[48]

Das ungarische Preissystem im Rahmen des NÖM kann - soweit es sich um staatlich festgelegte oder regulierte Preise handelte - als Zwei-Ebenen-Preissystem bezeichnet werden, da die Konsumenten- von den Produzentenpreisen entkoppelt waren. Die Differenz zwischen diesen beiden Ebenen wurde durch produktgruppenspezifische Umsatzsteuern oder aber durch Subventionen ausgeglichen. Der Staat konnte so unabhängig von Produktionskosten den Konsum in die von ihm präferierte Richtung lenken.[49] Auf das ungarische Umsatzsteuersystem wird an anderer Stelle noch genauer einzugehen sein.

Die ungarische Lohnpolitik zielte darauf ab, den Zuwachs an Kaufkraft so zu regulieren, dass das geplante makroökonomische Gleichgewicht nicht gefährdet, Einkommensunterschiede im sozial akzeptablen Rahmen gehalten, der Lebensstandard auf dem gewünschten Niveau festgeschrieben und die Produktivität erhöht werden konnte.[50] Nach 1968 wurden die Grundlöhne allerdings zwischen Arbeitsministerium und Gewerkschaft ausgehandelt und nicht mehr durch den zentralen Plan bestimmt. Die betriebliche Lohnsumme stellte nun einen Kostenbestandteil dar und löste Anreiz zu einem effizienteren Einsatz des Faktors Arbeit aus. Sie unterlag einer Lohnsummensteuer. Über den Grundlohn hinaus gezahlte Vergütungen, die aus dem so genannten Beteiligungsfonds an die Arbeitnehmer gezahlt wurden, unterlagen einer progressiven Lohnzuwachssteuer.[51]

Mit den 1968er Reformen wurde auch eine Dezentralisierung der Investitionsentscheidungen zum Zwecke einer effizienteren Kapitalallokation angestrebt. Zwar machten die zentral geplanten und finanzierten Großinvestitionen weiterhin fast die Hälfte der Gesamtinvestitionen aus, es konnten jedoch in starkem Maße eigenverantwortliche Investitionen von den Betrieben durchgeführt werden. Investitionsprojekte sollten unter Berücksichtigung von Markt- und Rentabilitätskriterien ausgewählt werden. Reichten die Eigenmittel der Unternehmen zur Finanzierung nicht aus, konnten sie staatliche Kredite beantragen. Es bestand hier also ein enger Zusammenhang zur staatlichen Kreditpolitik, mit der letztlich die indirekte Lenkung der Investitionen betrieben wurde. Wichtig für deren Verständnis ist die Tatsache, dass die Finanzstruktur der ungarischen Wirtschaft zu diesem Zeitpunkt relativ unterentwickelt

48 Vgl. LEIPOLD (1988), S. 152.

49 Vgl. BOHNET (1982), S. 58ff.

50 Vgl. KNIGHT (1984), S. 51.

51 Vgl. Abschnitt II.2.2.2.1.

war und quasi keinerlei Geld- oder Kapitalmarkt existierte. Die Ungarische Nationalbank fungierte sowohl als Zentral- als auch als Geschäftsbank und war für die Kreditgewährung an Unternehmen zuständig.[52]

Der Reform des Außenwirtschaftssystems kam angesichts der hohen Außenhandelsabhängigkeit Ungarns eine große Bedeutung zu. Ziel war es, im internationalen Handel grundsätzlich den Preismechanismus wirken zu lassen, während der Staat nur ergänzend und mit indirekten Methoden eingreifen sollte. Das staatliche Außenhandelsmonopol, die Vorgabe verbindlicher Export- und Importauflagen durch den Staat für die einzelnen Unternehmen sowie die Abkoppelung des ungarischen Preisniveaus vom Weltmarktpreisniveau wurden aufgegeben. Unternehmen konnten nun das Recht erlangen, direkt Ein- und Ausfuhrtransaktionen zu tätigen, wenn auch nur mit staatlicher Genehmigung. Zudem wurde ein so genannter Außenhandelspreismultiplikator eingeführt, mit dem Erlöse und Aufwendungen im Außenhandel in Inlandswährung umgerechnet werden konnten. Dabei wurden die Preise für Importe und Exporte mit einem prinzipiell für alle Produkte einheitlichen Wechselkurs multipliziert. Es wurde allerdings zwischen dem Handel mit Marktwirtschaften und dem mit RgW-Staaten differenziert. Der Staat griff jedoch weiterhin massiv mit Exportsubventionen, -steuern und -zöllen in die Wirtschaftsabläufe ein.[53]

Der letzte hier zu erwähnende Regulator war die Budgetpolitik, also die indirekte Lenkung der Wirtschaftsabläufe durch Einnahmen und Ausgaben des Staates. Auf der Ausgabenseite handelte es sich primär um Subventionen, die insbesondere zur Beeinflussung der Kaufkraft der Bevölkerung eingesetzt wurden. Ein wichtiges Instrument waren die schon im Zusammenhang mit dem Preissystem erwähnten Preissubventionen. Darüber hinaus wurden unterentwickelte Regionen, bestimmte Wirtschaftssektoren sowie unrentable Unternehmen mit Budgetmitteln unterstützt. Dies erfolgte etwa durch Zinssubventionen, aber auch durch direkte Zahlungen.[54]

Zur Deckung der Ausgaben mussten dem Budget dementsprechend hohe Einnahmen zugeführt werden. Haupteinnahmequelle waren Steuern. Auf das Steuersystem des NÖM wird im Folgenden noch genauer einzugehen sein.

In den Jahren 1971/72 wurden Rezentralisierungstendenzen in der ungarischen Wirtschaft erkennbar, die sich im Zuge des Ölpreisschocks und der daraus resultierenden Rezession noch verstärkten. Die direkte Einflussnahme des Staates auf die Un-

---

52 Vgl. BAUER u.a. (1981), S. 163ff.; KNIGHT (1984), S. 38f.; TAR (1981), S. 145ff.

53 Vgl. DOBIAS (1986), S. 241f.; REVESZ (1975), S. 155.

54 Vgl. WANG (1975), S. 107f.

ternehmen intensivierte sich ebenso wie die Verhandlungen zwischen Betrieben und Behörden über den Einsatz von Regulatoren. Gleichzeitig nahm der Konzentrationsgrad der Wirtschaft zu. Gegen Ende der 1970er Jahre wurde jedoch immer deutlicher, dass das Zurückdrängen der Marktkräfte keine Lösung für die wirtschaftlichen Probleme Ungarns darstellte. Der alte Reformkurs wurde wieder aufgenommen. Die wichtigsten Reformmaßnahmen seit 1979 sollen hier kurz erläutert werden.[55]

1980 wurde das so genannte kompetitive Preissystem eingeführt. Grundidee war die Angleichung der inländischen Inputpreise an die entsprechenden Weltmarktpreise, um so Marktbedingungen zu simulieren. Die Differenz zwischen dem i.d.R. niedrigeren Preis inländischer Rohstoffe und Vorprodukte bzw. dem der Importe aus Ländern des Rats für gegenseitige Wirtschaftshilfe (RgW) auf der einen und dem Weltmarktpreis auf der anderen Seite war als so genannte Differential-ProduktionsUmsatzsteuer an den Staatshaushalt abzuführen. Weiterhin durften Unternehmen, deren Exporte zu konvertiblen Währungen 5% ihrer gesamten Produktion überschritten, ihre Verkaufspreise im Inland an den Exportpreis koppeln. Die inländische Rentabilität dieser Unternehmen durfte ihre Rentabilität im Exportgeschäft allerdings nicht überschreiten.[56] Eine weitere wichtige Maßnahme war die Fusion verschiedener Branchenministerien zu einem einheitlichen Industrieministerium mit dem Ziel, die direkte Lenkung durch diese Ministerien abzuschaffen. Das neue Ministerium sollte nur noch strategische Entscheidungen bezüglich der Industrieentwicklung und der Einführung moderner Technologie treffen.[57]

Mit einem Gesetz aus dem Jahre 1982 wurden so genannte kleinunternehmerische Formen zugelassen. Ziel dieser Politik waren u.a. die Erweiterung des Güterangebots, eine bessere Auslastung der Produktionskapazitäten sowie eine Legalisierung der expandierenden Schattenwirtschaft. Erlaubt wurden Organisationsformen in staatlichem, in Genossenschafts- sowie auch in Privateigentum. Eine interessante Variante waren die "Arbeitsgemeinschaften" innerhalb staatlicher Unternehmen, die sich aus Mitgliedern der Belegschaft zusammensetzten und die nach ihrer regulären Arbeitszeit mit Hilfe der firmeneigenen Produktionsmittel von der Unternehmensleitung ausgeschriebene Aufträge ausführten. In der Landwirtschaft bildeten sich parallel dazu relativ selbständig wirtschaftende "Fachgruppen". Weiterhin konnten privaten Interessenten Teile staatlicher Unternehmen, Gaststätten oder Einzelhandelsgeschäfte in Form so genannter "vertraglicher Inbetriebhaltung" oder im Rahmen von Pachtverträgen

55 Vgl. hierzu ANTAL (1988), S. 18ff. sowie REVESZ (1990), S. 108ff.

56 Vgl. ANTAL (1988), S. 18f.

57 Vgl. REVESZ (1990), S. 110f.

überlassen werden. Es wurden darüber hinaus auch vollkommen eigenständige Privatbetriebe zugelassen, die allerdings nicht unerheblichen staatlichen Reglementierungen, etwa hinsichtlich der erlaubten Beschäftigtenzahl, unterlagen.[58]

Auch im Bereich der Unternehmensfinanzierung fanden Reformen statt. Das Monopol der Ungarischen Nationalbank wurde Anfang der 1980er Jahre durchbrochen. Mehrere kleine Finanzinstitute wurden gegründet, die nicht von Staatshaushalt und Volkswirtschaftsplan abhängig und zur Vergabe von Krediten gemäß ihrer eigenen Kriterien ermächtigt waren. Aufgrund ihrer geringen Kapitalausstattung waren sie jedoch nicht in der Lage, die Kapitalallokation in der Volkswirtschaft wesentlich zu beeinflussen und bedeuteten keine ernsthafte Konkurrenz für das staatliche Bankensystem.[59] Ab 1983 bestand für Unternehmen die Möglichkeit der Eigenfinanzierung durch Ausgabe von Aktien. Im Herbst 1984 etablierte sich sogar ein kleiner Aktienmarkt. Dieser spielte zunächst genauso wenig wie die neuen Banken eine entscheidende Rolle bei der Kapitalbildung. Die eigentliche Bedeutung dieser Institutionen lag jedoch darin, neue, marktwirtschaftliche Verhaltensweisen zu ermöglichen.[60]

2.2 Die Reform des Steuersystems

Im NÖM kam den Steuern eine bedeutende Rolle als Regulatoren zu. Diese Aufgabe konnte das vor 1968 bestehenden Steuersystem nicht erfüllen, da etwa die Gewinnbesteuerung für diesen Zweck nicht differenziert genug war. Vielmehr mussten die steuerlichen Regelungen zweckorientiert an das neue ökonomische Umfeld angepasst werden, um zur indirekten Lenkung der Wirtschaftsabläufe gezielt eingesetzt werden zu können. Im Folgenden wird die Reform des Steuersystems detailliert beschrieben.

2.2.1 Das Steuersystem im Überblick

Wenn das Steuersystem im NÖM im Laufe der Zeit auch häufig geändert wurde, so beruhte es doch im wesentlichen auf den folgenden Steuerarten: Im Bereich der direkten Steuern sind Gewinnsteuern sowie Einkommensteuern auf privatwirtschaftliche Einkünfte, Steuern auf die Produktionsfaktoren in Form von Lohn- und Kapitalsteuern sowie Investitionssteuern und Produktionssteuern zu nennen. Im Bereich der indirekten Steuern wurden Umsatzsteuern, Konsumsteuern, Differential-Produktions-Umsatz-

---

58 Vgl. CICHY (1985), S. 255f.; WASS VON CZEGE (1984), S. 115ff.

59 Vgl. REVESZ (1990), S. 118f.

60 Vgl. ANTAL (1988), S. 26.

steuern sowie Zölle erhoben. Darüber hinaus existierte noch eine Reihe weniger bedeutsamer Abgabearten, wie etwa Wehrdienst- oder Bodensteuer.

Die Struktur der ungarischen Steuereinnahmen ist in den Tabellen 1 und 2 dargestellt. Das Steuersystem des neuen Wirtschaftsmechanismus zeichnete sich durch eine starke Dominanz der direkten gegenüber den indirekten Steuern aus. Die direkten Steuern beliefen sich in der Regel auf mehr als zwei Drittel der gesamten Steuereinnahmen. Lediglich in Folge der Einführung der Differential-Produktions-Umsatzsteuer im Jahre 1980 gab es einen merklichen Rückgang, ihr Anteil betrug aber immer noch über 50% und stieg bis 1985 auf 68%. Im NÖM unterlagen vor allem Unternehmen und damit die Produktion einer starken Besteuerung, während Abgaben auf Konsum bzw. Haushaltseinkommen nur in viel geringerem Umfang erhoben wurden. Zwei Drittel der gesamten Steuereinnahmen wurden bei staatseigenen Betrieben erhoben.[61]

Tabelle 1: Steuereinnahmen in Ungarn 1970-1985 (in % der Gesamtsteuereinnahmen)

	1970	1975	1980	1985
Lohnsteuern und Sozialversicherungsbeiträge	16.6	15.6	16.1	30.0
Gewinn- und Einkommensteuern	34.4	41.5	30.7	28.6
Produktionssteuern und Faktorsteuern	7.8	10.8	6.5	3.9
Vermögenssteuern	16.7	10.4	0.7	5.5
Direkte Steuern (gesamt)	75.5	78.3	54,0	68.0
Umsatzsteuern	15.8	12.5	18.2	17.2
Zölle und Importsteuern	8.7	9.1	6.6	4.7
Differential-Produktions-Umsatzsteuer	--	--	21.2	10.1
Indirekte Steuern (gesamt)	24.5	21.7	46.0	32.0
Gesamte Steuereinnahmen	100.0	100.0	100.0	100.0

Quellen: Ministry of Finance (1982); Richet (1989); eigene Berechnungen

61 Vgl. KOLTAY (1993), S. 250.

Insbesondere am Ende des Beobachtungszeitraums war die Steuerquote (gesamte Steuereinnahmen im Verhältnis zum BIP) in Ungarn im Vergleich zu Marktwirtschaften extrem hoch. Während sie in Ungarn im Beobachtungszeitraum um 50% des BIP pendelte, belief sie sich etwa im Jahr 1985 im Durchschnitt der heutigen EU-Mitgliedstaaten auf 40,9%.[62] Die Steuern auf Unternehmensgewinne lagen zunächst bei etwa 20% des BIP, fielen dann jedoch auf unter 15%. Ein gegenläufiger Trend war bei Lohnsteuern und Sozialversicherungsbeiträgen zu verzeichnen: Sie stiegen von unter 8% des BIP 1975 und 1980 auf eine doppelt so hohe Quote im Jahr 1985. Trotzdem war dies im Vergleich zu EU-Mitgliedstaaten extrem niedrig: Der Anteil der Sozialversicherungsbeiträge lag 1985 im EU-Durchschnitt bei 14,7%.[63] Der Anteil der direkten Steuern am BIP sank 1980 im Zusammenhang mit der Einführung der Differential-Produktions-Umsatzsteuer, deren Quote am BIP sich 1980 auf fast 10% belief, nicht nur in Relation zu den gesamten Steuereinnahmen, sondern auch im Verhältnis zum BIP. Der Anteil der indirekten Steuern am BIP stieg dementsprechend von 10,8% im Jahr 1975 auf 21,4% im Jahr 1980. Danach fiel er wieder, blieb aber oberhalb seines ursprünglichen Niveaus.

Tabelle 2: Steuereinnahmen in Ungarn 1970-1985 (in % des BIP)

	1970	1975	1980	1985
Lohnsteuern und Sozialversicherungsbeiträge	9,2	7,8	7,5	15,6
Gewinn- und Einkommensteuern	19,1	20,6	14,3	14,8
Produktionssteuern und Faktorsteuern	4,3	5,4	3,0	2,0
Vermögenssteuern	9,3	5,2	0,3	2,9
Direkte Steuern (gesamt)	41,9	39,0	25,1	35,3
Umsatzsteuern	8,8	6,2	8,5	8,9
Zölle und Importsteuern	4,8	4,5	3,1	2,4
Differential-Produktions-Umsatzsteuer	-	-	9,9	5,2
Indirekte Steuern (gesamt)	13,6	10,8	21,4	16,6
Gesamte Steuereinnahmen	55,4	49,7	46,6	51,9

Quellen: Ministry of Finance (1982); Richet (1989); IMF (1983); IMF (1988); United Nations (1975); eigene Berechnungen.

62 Vgl. European Commission (2001a).

63 Vgl. ebd.

2.2.2 Die direkten Steuern

2.2.2.1 Die Besteuerung der Staatsunternehmen

Die Besteuerung von Unternehmensgewinnen im NÖM war von den Eigentumsverhältnissen abhängig. Für private Unternehmen galten andere Regelungen als für staatliche.[64] Die Gewinnbesteuerung der Staatsunternehmen war die Haupteinnahmequelle des Staates. Private Unternehmen unterlagen einer so genannten Einkommensteuer, die weiter unten behandelt werden soll.

Die größere Selbständigkeit der Staatsunternehmen nach 1968 kam u.a. darin zum Ausdruck, dass nicht mehr der gesamte (oder nahezu der gesamte) Gewinn dem zentralen Budget zufließen sollte[65], sondern statt dessen die Dezentralisierung der Erträge und ihrer Verwendung angestrebt wurde. Damit die Unternehmen die ihnen zugestandene Entscheidungsfreiheit tatsächlich nutzen konnten, bedurften sie ausreichender finanzieller Mittel. Diese erhielten sie in Form des Rechts, über die Verwendung des ihnen nach Abzug von Steuern verbleibenden Gewinns selbst zu entscheiden.[66] Diese Entscheidung wurde dann aber indirekt durch eine unterschiedlich hohe Besteuerung der einzelnen Verwendungsarten beeinflusst. In diesem Sinne ist die Funktion der Besteuerung als regulierendes Element der Wirtschaftsabläufe zu verstehen. Mit der Einführung der Gewinnbesteuerung wurde eine neue Methode angewandt, den Unternehmensgewinn zwischen Betrieben und Staat aufzuteilen.[67]

Bis 1975 wurde der zu versteuernde Gewinn der Unternehmen anhand eines genau vorgegebenen Schlüssels auf drei Fonds aufgeteilt: den Beteiligungsfonds, aus dessen Mitteln die Beschäftigten am Gewinn beteiligt wurden, den Entwicklungsfonds zur Finanzierung von Investitionen und schließlich einen Reservefonds zur Risikoabsicherung.[68] Die Bemessungsgrundlagen für die Gewinnbesteuerung ergaben sich anhand der in Schaubild 1 dargestellten Berechnungsmethode.

Vor der Gewinnsteuer mussten schon einige als Kosten interpretierte und daher bei der Gewinnermittlung abzugsfähige Steuerarten abgeführt werden. Durch eine gesonderte Besteuerung des Faktoreinsatzes sollte eine sparsame Verwendung der Produktionsfaktoren induziert werden. Zum einen wurde eine 5%ige Kapitalsteuer, die in der ungarischen Terminologie auch als Produktionsfondsabgabe bezeichnet wurde, erhoben. Bemessungsgrundlage war der Wert des im Produktionsprozess gebundenen

64 Vgl. Akar (1979), S. 18.
65 Vgl. Abschnitt II.1.2.
66 Vgl. SULYOK (1971), S. 163.
67 Vgl. WANLESS (1985), S. 39f.
68 Vgl. SOKIL (1988), S. 60.

Kapitals. Grundidee war, dass die Unternehmen für die ihnen zur Verfügung gestellten, im Staatseigentum befindlichen Produktionsmittel eine Art Zins zahlen sollten.[69]

Schaubild 1: Das System der Unternehmensbesteuerung bis 1975

Einnahmen (Umsatzerlös + Subventionen etc.)	
- Vorleistungen (Materialkosten etc.)	
- Abschreibungen	
- Löhne	
- Lohnsummensteuer	
(8% Lohnsummenst. i.e.S. + 17% Sozialversicherungsbeiträge = 25% der Lohnsume)	
- Kapitalsteuer (5% des Bruttowerts des Kapitals)	
- Vertragsverpflichtungen (z.B. Versicherungsprämien)	
- Sonstige Kosten (z.B. Produktionssteuer, Bodensteuer)	
= Bruttogewinn	
- Beitrag an Stadt und Gemeinde (6% des Bruttogewinns)	
+ Lohnzuwachs	
= zu versteuernder Gewinn	
aufgeteilt auf:	
a) Beteiligungsfonds	b) Entwicklungsfonds
- Steuern (Gewinn- undLohnzuwachssteuer)	- Entwicklungsfondssteuer
- Abführung an Reservefonds (12,5%)	- Abführung an Reservefonds (12,5%)
= Gewinnbeteiligung der Arbeitnehmer	= Investitionsmittel

Quelle: WANG (1975), S. 125f.

Darüber hinaus war eine lohnsummenproportionale Abgabe für den Einsatz von Arbeitskräften zu leisten. Diese so genannte Lohnsummensteuer wurde mit einem linearen Satz von 25% erhoben und setzte sich aus der Lohnsummensteuer im engeren Sinne und den Sozialversicherungsbeiträgen zusammen. Die 8%ige Lohnsummensteuer im engeren Sinne wurde als Entgelt für die vom Staat getragenen Ausbildungskosten für die im Unternehmen beschäftigten Arbeitskräfte interpretiert.

69 Vgl. VAJNA (1969), S. 67f.

Über die Sozialversicherungsbeiträge wurden die Unternehmen an der Finanzierung der staatlichen Sozialleistungen, wie etwa die vom Staat gezahlten Renten und Krankengelder, beteiligt. Dafür waren 17% der Lohnsumme abzuführen.[70]

In die Kosten ging des Weiteren die so genannte Produktionssteuer ein, die "rentenartige Übergewinne" abschöpfen sollte, die sich nach damaliger Auffassung aus bestimmten Produktions-, Preis- oder Betriebsstrukturen ergeben konnten. Darunter verstand man Vorteile, wie sie etwa Unternehmen mit besseren Absatzmöglichkeiten oder für sie günstiger staatlicher Preispolitik ohne eigenes Zutun erzielen konnten. Solche Wettbewerbsverzerrungen sollten durch die Produktionssteuer reduziert werden.[71]

Für die von ihnen genutzten Grundstücke hatten die Unternehmen eine Bodensteuer in Höhe von durchschnittlich 5% des Grundstückswertes zu entrichten.[72]

Erst nach Abführung der so genannten Kostensteuern erfolgte die eigentliche Gewinnbesteuerung. Auf den Bruttogewinn war eine lineare 6%ige Gemeindesteuer zu zahlen, die die wichtigste Einnahmequelle der lokalen Räte darstellte.[73] Danach wurde durch Addition des Lohnzuwachses als "Korrekturfaktor" der zu versteuernde Gewinn ermittelt. Gewinnanteile, die in den Beteiligungsfonds flossen, wurden anders besteuert als diejenigen, die man dem Entwicklungsfonds zuführte. Der Beteiligungsfonds wurde progressiv besteuert, wobei der anzuwendende Steuersatz von der Relation zwischen den jeweiligen Zuflüssen zu diesem Fonds und der gesamten Lohnsumme abhing. Aus den nach Steuern verbleibenden Mitteln des Beteiligungsfonds wurden allgemeine Lohnerhöhungen, Gewinnbeteiligungs- und Prämienzahlungen sowie Ausgaben für soziale, kulturelle Ausgaben etc. finanziert.[74]

Man könnte die Steuer auf den Beteiligungsfonds als eine schon vom Arbeitgeber abzuführenden Lohnsteuer im weiteren Sinne bezeichnen. Von den Beschäftigten der staatlichen Betriebe und Einrichtungen wurde darüber hinaus keinerlei Lohnsteuer erhoben.[75] Die auf den Beteiligungsfonds zu zahlenden Steuersätze lagen zunächst zwischen 0% und 70%, nach 1971 zwischen 40% und 70%. Zusätzlich musste seit 1971 eine stark progressive Lohnzuwachssteuer abgeführt werden. Der Steuersatz war vom Verhältnis zwischen Lohn- und Produktivitätsentwicklung abhängig und betrug

---

70 Vgl. ebd. (1969), S. 65ff.; VINCZE (1972), S. 2f.; WESSELY (1972), S. 113.

71 Vgl. WANG (1975), S. 110.

72 Vgl. ANTAL (1976), S. 74.

73 Vgl. VINCZE (1972), S. 6.

74 Vgl. SULYOK (1971), S. 170.

75 Vgl. HAASE (1981), S. 238.

zwischen 150% und 400% des Lohnsummenzuwachses. Dahingegen unterlag der Entwicklungsfonds einer linearen Steuer, die sektorabhängig war. In der Industrie betrug sie i.d.R. 60%, im Handel 70% und in der Landwirtschaft 45%. Nach Abführung der Steuern mussten aus den beiden Fonds 10% bzw. 12,5% in den Reservefonds eingezahlt werden.[76]

Ab 1976 führte man einige grundlegende Änderungen bei der Gewinnbesteuerung ein. Die starre Aufteilung des Gewinns auf Entwicklungs- und Beteiligungsfonds mit Hilfe eines Schlüssels, des so genannten Lohnmultiplikators, wurde abgeschafft. Grundsätzlich wurde den Betrieben die Entscheidung über die Verwendung ihres Gewinns freigestellt, wenn sie auch eine Reihe von Restriktionen zu beachten hatten. Bedeutsam ist die Einführung einer allgemeinen proportionalen Gewinnsteuer, die vor der Zuführung der Gewinne an die einzelnen Fonds erhoben wurde und deren Satz weit unter dem der früheren Entwicklungsfondsteuer lag. An die Beschäftigten ausgezahlte Summen aus dem Beteiligungsfonds unterlagen jedoch auch weiterhin einer extrem progressiven Besteuerung.[77]

1976 erfolgte eine Erhöhung der Lohnsummensteuer auf 13% und der Sozialversicherungsbeiträge auf 22%. Im Jahre 1980 wurde eine weitere Reform der Gewinnbesteuerung vorgenommen. Die oben erwähnte Produktionsfondsabgabe wurde abgeschafft. Anstelle von Sozialversicherungsabgabe *und* Lohnsummensteuer war nur noch eine 24%ige Sozialversicherungsabgabe zu zahlen.[78]

Auch im Laufe der 80er Jahre wurden noch verschiedene weniger bedeutsame Änderungen vorgenommen, die sich häufig auf die Steuersätze bezogen und die hier nicht im einzelnen beschrieben werden sollen. Im Folgenden soll exemplarisch auf das im Jahre 1983 gültige, im Schaubild 2 dargestellte System genauer eingegangen werden. Das Verfahren der Besteuerung lässt sich folgendermaßen darstellen: Um den steuerpflichtigen Gewinn der Unternehmen zu ermitteln, wurden zunächst vom Umsatz Lohn- und Materialkosten sowie Abschreibungen abgezogen. Dies schloss u.a. Zölle, die auf Importe erhobene Umsatzsteuer und die Sozialversicherungsbeiträge mit ein. Zu dem so ermittelten Betrag wurden spezielle unternehmensspezifische Subventionen und Steuern addiert bzw. abgezogen. Darüber hinaus erfolgten Ein- und Auszahlungen in bzw. aus verschiedenen Fonds. Auf den bis hierher errechneten Bruttogewinn war eine inzwischen auf einen Satz von 15% erhöhte Gemeindesteuer zu zahlen. Dann ergab sich nach Abzug von Tilgungs- und Zinszahlungen für Kredite der staatlichen

---

76 Vgl. Csikos-Nagy (1973), S. 177f.; Hilker (1983), S. 159ff.

77 Vgl. Gado (1976), S. 41ff.

78 Vgl. Hilker (1983), S. 185f.; S. 308.

Entwicklungsbank der zu versteuernde Gewinn. Auf diesen wurde eine allgemeine Gewinnsteuer mit einem linearen Satz von 45% angewandt. Der verbleibende Gewinn konnte auf verschiedene betriebliche Fonds aufgeteilt werden.[79] Während auf Einzahlungen in den Entwicklungsfonds keine weiteren Steuern zu entrichten waren, wurde auf Einzahlungen in den Beteiligungsfonds eine progressive Gewinnsteuer erhoben. 1984 wurde ein neuer Fonds zur Finanzierung von Firmengebäuden eingeführt. Im Folgenden sind die hier beschriebenen Abläufe schematisiert dargestellt.

Im Jahre 1985 wurde erneut einige Veränderungen im Rahmen der Unternehmensbesteuerung vorgenommen. Die bis dahin obligatorische Aufteilung des Unternehmensgewinns auf Entwicklungs- und Beteiligungsfonds wurde abgeschafft. Der Gewinn nach Steuern wurde nunmehr einem einzigen Fonds zugeführt, über dessen Verwendung die Unternehmen frei entscheiden konnten.[80] Um den Anteil der gewinnabhängigen Steuern zu reduzieren, wurden neue, vom Faktoreinsatz determinierte Abgaben eingeführt, die aber letztlich eine Neuauflage der vorher abgeschafften Lohnsummensteuer und Produktionsfondsabgabe in abgewandelter Form darstellten. Die wichtigste Änderung war, dass die neuen Steuern nicht mehr als Kostenbestandteil gewinnsteuermindernd wirkten, sondern aus dem nach der Besteuerung des Gewinns gebildeten Fonds zu begleichen waren. Die Unternehmen mussten eine 10%ige Steuer auf die gezahlten Löhne und andere mit dem Einsatz von Arbeitskräften verbundene Ausgaben sowie eine 3%ige Steuer auf das vorhandene Vermögen zahlen.[81]

Im Zusammenhang mit dem ebenfalls im Jahre 1985 reformierten Lohnsystem traten noch weitere Änderungen bei der Besteuerung von Lohnzahlungen der Unternehmen auf. Es existierten nun drei verschiedene Methoden der Lohnregelung. Die traditionell angewandte Methode basierte auf der Einkommenszuwachsregelung. Bemessungsgrundlage war hierbei die durchschnittliche Steigerung des Jahreseinkommens der Belegschaft. Der Steuersatz betrug zwischen 150% und 450%. Die zweite Methode basierte auf der der Einkommensniveauregelung.

Hier bildete im Gegensatz zu dem bis dahin üblichen Verfahren nicht die durchschnittliche Einkommenserhöhung, sondern das gesamte Einkommen jedes einzelnen Beschäftigten die Bemessungsgrundlage. Der Steuersatz bewegte sich in Abhängigkeit von der Einkommenshöhe zwischen 10% und 50%. Im so genannten non-kompetitiven Bereich der Wirtschaft, d.h. dort, wo kein Wettbewerb bestand, wurde die dritte Methode angewandt. Die Lohnsumme der Unternehmen unterlag der zentralen

---

79 Vgl. RICHET (1989), S. 88ff.; KNIGHT (1984), S. 42ff.

80 Vgl. ZALAI (1988), S. 61.

81 Vgl. Ministry of Finance (1985a) und (1988), S. 60.

Regulierung. Lohnerhöhungen um einen bestimmten Prozentsatz waren steuerfrei, darüber hinausgehende Steigerungen wurden mit einer Steuer zwischen 200% und 450% belegt.[82]

Schaubild 2: Das System der Unternehmensbesteuerung im Jahr 1983

Erlös
- Materialkosten
- Abschreibungen
- Lohnkosten (incl. 30% Sozialversicherungsbeitrag)
- andere Kosten

= wirtschaftlicher Gewinn
+ spezielle unternehmensspezifische Subventionen
- spezielle unternehmensspezifische Steuern
+ Zahlungen aus Preisdifferenz-Reservefonds
- Zahlungen an Preisdifferenz-Reservefonds

= Bruttogewinn
- Gemeindesteuer (15%)
- Schuldendienst für Kredite der staatl. Entwicklungsbank

= zu versteuernder Gewinn
- allgemeine Gewinnsteuer (45%)

= Gewinn nach allgemeinen Steuern
+/- Zahlungen an/ aus dem Pflichtreservefonds (1984 abgeschafft)
- Zulagen für Manager

= aufteilbarer Gewinn
verteilt auf:
a) Entwicklungsfonds
b) Beteiligungsfonds
  → progressive Gewinnsteuer
c) Gebäudefonds (1984 eingeführt)
d) Freiwilliger Reservefonds

Quelle: RICHET (1989), S. 95

Neu eingeführt wurde 1985 eine Investitionssteuer, auch Akkumulationssteuer genannt, die auf Anlageinvestitionen oder den Zuwachs der Lagerbestände erhoben wurde. Der Steuersatz, der auch Null betragen konnte, wurde jährlich neu festgesetzt

---

82 Vgl. GLÜCK/VARGA (1986), S. 41f.

und sollte zur diskretionären Lenkung der Investitionstätigkeit und damit der Konjunktur dienen. Im Jahr 1985 betrug er beispielsweise 18%, bezogen auf den Wert der Investitionen bzw. der Veränderung des Lagerbestandes.[83]

Die extrem häufigen Änderungen der Unternehmensbesteuerung sowie die Möglichkeit des Staates, bestimmte Steuern unternehmensspezifisch festzusetzen, machen den diskretionären Charakter der Besteuerung in diesem Bereich deutlich.

2.2.2.2 Die Besteuerung selbständiger Wirtschaftstätigkeit und der privaten Haushalte

Arbeitseinkünfte aus dem staatlichen Sektor wurden schon im Unternehmen und nicht erst bei den Arbeitnehmern versteuert. Auf Einkünfte aus privater Wirtschaftstätigkeit wurde hingegen eine Einkommensteuer erhoben. Diese wiederum bestand aus zunächst drei Steuerarten: der allgemeinen Einkommensteuer, der Steuer auf Einkünfte aus intellektueller Tätigkeit und der Steuer auf Einkünfte aus landwirtschaftlichen Haus- und Nebenerwerbswirtschaften.[84]

Zur Zahlung der allgemeinen Einkommensteuer waren selbständig Tätige und private Gewerbetreibende verpflichtet. Diese Gruppe machte nur einen geringen Teil (ca. 2%) der ungarischen Erwerbstätigen aus, so dass auch das Steueraufkommen entsprechend gering war. Der Tarif war progressiv und betrug zwischen 6% und 74% des steuerpflichtigen Einkommens.[85] Die Steuer auf Einkünfte aus intellektueller Tätigkeit war von Selbständigen, wie etwa Schriftstellern, Komponisten oder Ärzten, zu zahlen. Der Steuersatz lag zwischen 6% und 60%, wobei die Staffelgrenzen von denen der allgemeinen Einkommensteuer abwichen. Die Steuer auf Einkünfte aus landwirtschaftlichen Haus- und Nebenerwerbswirtschaften war bei Überschreiten eines bestimmten dadurch erzielten Jahreseinkommens zu entrichten (z.B. 1979: 150000 HUF). Der Steuersatz betrug zwischen 1% und 10%.[86]

Um die Besteuerung aller privatwirtschaftlichen Unternehmensformen sicherzustellen, bediente man sich einer so genannten Gesellschaftssteuer. Steuerpflichtig waren zum einen Unternehmen mit Sitz in Ungarn mit ausländischer Beteiligung oder in ausländischem Eigentum, zum anderen Betriebe oder andere Organisationsformen, die nicht unter die Besteuerung von Staatsunternehmen oder Agrarbetrieben fielen. Mit Aus-

---

83 Vgl. ebd., S.43f. sowie NAGY (1985), S. 374.

84 Vgl. AKAR (1979), S. 17.

85 Vgl. HAASE (1981), S. 238.

86 Vgl. AKAR (1979), S. 17; Ministry of Finance (1983), S. 22ff.

nahme der ökonomischen Arbeitsgemeinschaften unterlagen die ab 1982 neu zugelassenen Unternehmenstypen, wie etwa so genannte Fachgruppen im Rahmen von Industrie- oder Agrarbetrieben, einer nur 3%igen Besteuerung ihres Gewinns, da ihre Mitglieder ohnehin individuell zur Zahlung von Einkommensteuern verpflichtet waren. Alle übrigen inländischen sowie ausländischen Gesellschaften hatten 40% ihres zu versteuernden Gewinns abzuführen.[87]

Weitere von der Bevölkerung zu entrichtende, von ihrem Aufkommen her aber unbedeutende Steuern waren die Erbschaft- und Schenkungsteuer, deren Sätze je nach Vermögenszugang und Verwandtschaftsgrad gestaffelt waren und zwischen 5% und 80% betrugen, sowie die Wehrdienststeuer, die Wehrdienstbefreite zwischen 18 und 22 Jahren während eines Zeitraums von 2 Jahren zur Zahlung von 12% ihres Einkommens verpflichtete.[88] Zu erwähnen sind außerdem die so genannte Haussteuer auf Gebäude im Besitz von Privatpersonen oder -unternehmen, eine Art Grunderwerbsteuer sowie eine Kraftfahrzeugsteuer.[89]

2.2.3 Die indirekte Besteuerung

Die Umsatzsteuer im NÖM belastete den Endverbrauch von Konsumgütern und Dienstleistungen. Steuerträger waren also letztlich die Konsumenten. Steuerschuldner waren die Organisationen (Produktionsbetriebe, Großhandel), die Güter und Leistungen an den Einzelhandel oder direkt an die Bevölkerung weiterleiteten. Der Umsatz zwischen Produktionsbetrieben war umsatzsteuerfrei. Aufgrund dieser Regelungen kann die Steuer als einphasige Bruttoumsatzsteuer bezeichnet werden.[90]

Tatsächlich existierte jedoch keine allgemeine Umsatzsteuer, da eine starke Differenzierung der Steuersätze nach Güterarten vorgenommen wurde. Nach 1968 hatte man die Zahl der speziellen Steuersätze von vorher 2500 zwar auf unter 2000 reduziert. Aber auch Ende der 1970er Jahre existierten noch 300 bis 400 verschiedene Sätze. Man könnte daher eher von einem komplexen System spezifischer Steuern als von einer einzigen Steuerart sprechen.[91]

Die Umsatzsteuer spielte eine wichtige Rolle im Rahmen der staatlichen Preispolitik. Im so genannten Zwei-Ebenen-Preissystem erfolgte eine Entkoppelung des vom Her-

---

87 Vgl. Ministry of Finance (1983), S. 25f.

88 Vgl. HAASE (1981), S. 239.

89 Vgl. Ministry of Finance (1983), S. 29ff.

90 Vgl. VINCZE (1972), S. 8.

91 Vgl. KOLTAY (1989), S. 138; HAASE (1980), S. 56 sowie HARE/WANLESS (1981), S. 502.

steller erzielten Preises von dem vom Verbraucher zu zahlenden Preis. Die Differenz zwischen Produzenten- und Konsumentenpreisen wurde nach Maßgabe wirtschaftspolitischer Zielsetzungen durch die Steuer abgeschöpft bzw. über Subventionen ausgeglichen. Hoch subventioniert wurden insbesondere Grundnahrungsmittel, Brennstoffe, Medikamente, Mieten und Leistungen des öffentlichen Transportwesens. Mit extrem hohen Umsatzsteuersätzen waren dagegen Genussmittel (z.B. hochprozentige Alkoholika wie Rum mit 93%, Zigaretten mit 49%), Pkws, Textilien oder einige Produkte der Chemie- und holzverarbeitenden Industrie belegt. Darüber hinaus gab es auch eine ganze Reihe von Produkten, auf die weder eine Steuer erhoben noch eine Subvention gezahlt wurde.[92]

Mit dem Ziel, das stark differenzierte Umsatzsteuersystem zu vereinfachen, wurde 1985 ein Anlauf unternommen, die Zahl der Steuersätze zu reduzieren und soweit möglich nur noch vier Sätze anzuwenden:

(1) Ein Satz von 0% sollte für Baumaterialien, Maschinen und Chemikalien, die im Produktionsprozess von Haushalten und kleinen landwirtschaftlichen Betrieben eingesetzt wurden, Kinderkleidung, am freien Markt gehandelte Nahrungsmittel und bestimmte Grundnahrungsmittel und industrielle Reparaturleistungen gelten.

(2) Auf Industrieprodukte im allgemeinen wurde ein Steuersatz von 11% erhoben.

(3) Der Steuersatz für Erwachsenenbekleidung betrug 22% bis 23%.

(4) 30% waren auf bestimmte Konsumgüter zu zahlen, deren Konsum der Staat reduzieren wollte (z.B. Luxusgüter, Tabak, Wein, Kosmetika oder Pkws).

Neben diesen vier Sätzen bestanden jedoch viele spezielle Steuersätze weiter, deren Abschaffung nur langsam in Angriff genommen wurde.[93]

Mit der Einführung des "kompetitiven Preissystems" im Jahre 1980 schuf man die so genannte Differential-Produktions-Umsatzsteuer. Mit dieser Steuer sollte eine Anpassung der inländischen Preise für Grundstoffe und Energie an die entsprechenden Weltmarktpreise vorgenommen werden. Der Staat schöpfte die Differenz zwischen den relativ hohen Weltmarktpreisen für Grundstoffe und Energie und den i.d.R. niedrigeren Preisen für in Ungarn hergestellte oder aus dem RgW-Raum importierte Inputs ab. Dadurch sollte verhindert werden, dass Produzenten, die nicht am Weltmarkt kauften, „ungerechtfertigte" Gewinne erzielen konnten. Die Differential-Produktions-Umsatzsteuer hatte den größten Anteil am Aufkommen aus indirekten Steuern. Darüber hinaus wurden auch "reguläre" Zölle auf Importe in konvertibler Währung

---

92 Vgl. BOHNET (1982), S. 58ff. und VINCZE (1972), S. 9ff.

93 Vgl. Ministry of Finance (1985b), S. 11.

erhoben, deren Höhe sich nach dem jeweiligen Stand der GATT-Vereinbarungen richtete.[94]

2.3 Die Funktionen von Steuern im Neuen Ökonomischen Mechanismus

Beim Übergang von der Zentralplanwirtschaft zu einem reformierten Lenkungssystem fand eine Dezentralisierung der ökonomischen Entscheidungen statt. Zentrale Planvorgaben wurden durch finanzielle Parameter, die Regulatoren, ersetzt, die allerdings nicht durch den Markt, sondern durch staatliche Entscheidungen festgelegt wurden. Die Steuern waren wesentlicher Bestandteil eines umfassenden Reformpakets. Sie übernahmen neue Funktionen, und ihre Bedeutung stieg damit erheblich. Steuern waren ein Bestandteil des Lenkungsmechanismus, mit dem der Staat die Unternehmensentscheidungen beeinflusste, ohne sie direkt vorzugeben. Das Steuersystem hatte somit im Gegensatz zur Zentralplanwirtschaft eine wichtige Allokationsfunktion.[95] Das Steuersystem des NÖM war schon in seiner Konzeption nicht als neutrales, uniformes System gedacht. Statt dessen sollte sich der Staat zur Lösung von "Marktregulierungsproblemen" Mitteln wie der Befreiung von Steuern und bevorzugter Behandlung hinsichtlich ihrer Höhe bedienen.[96]

Dabei spielten direkte Steuern, insbesondere die Gewinnbesteuerung, eine wesentliche Rolle. In der Zentralplanwirtschaft war die entscheidende Aufgabe der Gewinnbesteuerung bzw. -abführung gewesen, dem Staatshaushalt genügend finanzielle Mittel zufließen zu lassen. Während vor 1968 Unternehmen einen Großteil ihres Gewinns direkt an den Staat abführen mussten, wurde im NÖM ein neues Verfahren zur Aufteilung des Gewinns zwischen Unternehmen und Staatshaushalt eingeführt. Dabei verblieb ein deutlich größerer Teil der Gewinne bei den Unternehmen; die Entscheidung über ihre Verwendung wurde dezentralisiert. Als bedeutende Folge dieser Veränderung verlor die Planerfüllung ihre Rolle als Haupterfolgsindikator für die Unternehmen. Es bestand nun ein Anreiz zur Gewinnerzielung. An die Stelle zentraler Planvorgaben traten die Gewinnsteuern, mit denen auf die Produktionsentscheidungen Einfluss genommen wurde. Die Besteuerung von Kapital und Arbeit im Rahmen der Gewinnbesteuerung änderte die relativen Preise dieser Produktionsfaktoren und wirkte sich somit auf den Faktoreinsatz aus. Die Gewinnbesteuerung diente somit der Sicher-

---

94 Vgl. GLÜCK/VARGA (1986), S. 44f.

95 Vgl. WANLESS (1985), S. 28ff.

96 Vgl. CSIKOS-NAGY (1973), S. 138f.

stellung einer von der Regierung gewünschten Verteilung zwischen Investitionen und Löhnen.[97] Darüber hinaus sollte die progressive Besteuerung von Unternehmensgewinnen und insbesondere auch des Beteiligungsfonds Nachfrageüberhänge verhindern und das makroökonomische Gleichgewicht sicherstellen.[98]

In der Praxis wurde bei der Gewinnbesteuerung massiv von der Möglichkeit der Differenzierung zwischen Sektoren und der diskretionären Anpassung von Steuersätzen und Regeln über die Bildung von Fonds Gebrauch gemacht.[99] Einzelne Sektoren, wie etwa die Energiewirtschaft, wurden durch Steuervergünstigungen gezielt gefördert. Ein weiteres Beispiel ist die Besteuerung der Landwirtschaft, mit der den spezifischen Gegebenheiten dieses Sektors Rechnung getragen werden sollte. So wurden etwa aufgrund der relativ niedrigen Endverbraucherpreise für Agrarprodukte die Hersteller mit weniger hohen Steuern belastet als der industrielle Bereich. Darüber hinaus versuchte man, als ungerechtfertigt angesehene Einkommensunterschiede zwischen Bauern, die beispielsweise durch unterschiedliche Bodenqualität bedingt waren, durch die Besteuerung auszugleichen. Des Weiteren wurden beispielsweise Steuererleichterungen für weniger entwickelte Gebiete als Instrument der Regionalpolitik eingesetzt.[100]

Die unterschiedliche steuerliche Behandlung beschränkte sich jedoch nicht nur auf Sektoren und Regionen, sondern es gab auch firmenspezifische Eingriffe. Unternehmen mit schlechten wirtschaftlichen Ergebnissen erhielten - neben gelockerten Kreditkonditionen, der Genehmigung von Preiserhöhungen, direkten Subventionen etc. - Unterstützung in Form von individuellen Steuersenkungen und -befreiungen oder der Verlängerung von Zahlungsfristen. Hohe Gewinne dagegen konnten durch zusätzliche Abgaben willkürlich abgeschöpft werden.[101]

Viele der steuerlichen Regelungen bezogen sich nur auf eine kleine Zielgruppe, in vielen Fällen nur auf einige Dutzend Firmen.[102] "The income regulation system for enterprises allows authorities to pursue structural and macroeconomic policy objectives by various means: they can differentiate among sectors or they can vary the tax rates

---

97 Vgl. RICHET (1989), S. 84; WANLESS (1985), S. 39.

98 Vgl. World Bank (1984), S. 50.

99 Vgl. ebd.

100 Vgl. CSIKOS-NAGY (1973), S. 138f.

101 Vgl. BALASSA (1989), S. 39; KORNAI (1986a), S. 1696.

102 Vgl. KORNAI (1986a), S. 1696.

(...). All these methods have been used, and in some cases the changes have been frequent."[103]

Mit den indirekten Steuern wurden, wie auch schon in der Zentralplanwirtschaft, sowohl die Gesamthöhe des Konsums als auch seine Struktur gelenkt. Die Kalkulation der einzelnen Umsatzsteuersätze im NÖM erfolgte letztlich als Differenz zwischen Herstellerpreis und dem vom Staat gewünschten Verbraucherpreis. Dies war verwaltungstechnisch nur zu bewältigen, weil ein Großteil der gesamten Produktion in einer begrenzten Zahl staatlicher Großbetriebe erstellt wurde, die in enger Abhängigkeit von staatlicher Kontrolle arbeiteten. Wenn in diesem System beispielsweise die Herstellungskosten stiegen, die Regierung die Verbraucherpreise aber nicht erhöhen wollte, wurde einfach der Steuersatz entsprechend angepasst. Umsatzsteuern wurden auch eingesetzt, um die Nachfrage in Einklang mit dem Angebot zu bringen. [104]

Im Ergebnis erfüllte das von unterschiedlich hohen indirekten Steuern und Subventionen determinierte Preissystem im NÖM nicht die in Marktwirtschaften übliche Anreiz- und Lenkungsfunktion. Es war zwar beabsichtigt, die Rolle des Marktes sowohl bei der Bildung der Produzenten- als auch der Konsumentenpreise zu stärken. Anderseits wurde die Preispolitik jedoch von vielerlei Interessen beeinflusst, die etwa ein stabiles Preisniveau erhalten oder die inländische Produktion vor ausländischer Konkurrenz schützen wollten. Durch Steuern und Subventionen wurden daher die Marktergebnisse erheblich verzerrt.

Die indirekten Steuern wurden neben ihrer Lenkungsfunktion in geringerem Maße auch zu Umverteilungszwecken eingesetzt, da die Differenzierung der Umsatzsteuersätze u.a. auch nach sozialen Kriterien erfolgte. So wurden auf Güter des Grundbedarfs i.d.R. niedrigere Sätze erhoben. Da Einkommensteuern nur von einer Minderheit der Bevölkerung, wie etwa Selbständigen, erhoben wurde, konnten sie nicht als Instrument zur Umverteilung von Einkommen eingesetzt werden. Diese Funktion wurde durch die Besteuerung der Beteiligungsfonds der Unternehmen erfüllt.[105]

Die Regierung setzte diskretionäre Steueränderungen in gewissem Maße auch als Stabilisierungsinstrument ein. So wurde etwa versucht, durch indirekte Steuern die Inflation oder über bestimmte direkte Steuern die Höhe der Investitionen zu beeinflussen.[106]

---

103 KNIGHT (1984), S. 49.

104 Vgl. TANZI, (1991), S. 20f.

105 Vgl. FLAKIERSKI (1986), S. 34.

106 Vgl. KORNAI (1986a), S. 1720; World Bank (1984), S. 47ff.

Das System der Besteuerung war in der Praxis weitaus komplexer als in den vorangegangen Abschnitten dargestellt. Die Beschreibung der generellen Regelungen kann nur ein unzureichendes Bild der ungarischen Realität vermitteln. In der Praxis waren es häufig gerade die Ausnahmeregelungen, an denen der Neue Wirtschaftsmechanismus krankte.

2.4 Bewertung der Steuerreform

2.4.1 Beachtung der Fundamentalprinzipien

Wie auch schon in der Zentralplanwirtschaft, wurden im NÖM die Steuersubjekte nicht gemäß dem ihnen vom Staat gewährten Nutzen aus der Inanspruchnahme öffentlicher Leistungen zu deren Finanzierung herangezogen. Insbesondere wurde weiterhin von den Arbeitnehmern keine Einkommensteuer erhoben. Insofern bestand auch die Fiskalillusion fort, da den Wirtschaftssubjekten die Kosten der öffentlichen Leistungen nicht bewusst wurden. Während in der Regel auch in Marktwirtschaften kein direkter Bezug zwischen Steuerzahlung und Nutzung eines bestimmten öffentlichen Gutes besteht, so ist den Bürgern doch aufgrund der Höhe der von ihnen insgesamt gezahlter Steuern klar, dass staatliche Leistungen nicht kostenlos sind. Dieser Zusammenhang war im NÖM nicht erkennbar.

Zwei dem System des NÖM inhärente Prinzipien standen der Beachtung des Äquivalenzprinzips entgegen. Dies war zum einen die starke Betonung von Verteilungszielen, die mit einer Finanzierung öffentlicher Leistungen entsprechend ihrer Inanspruchnahme nicht vereinbar ist. Zum anderen war die Funktion der Steuern als Regulator nicht mit dem Äquivalenzprinzip kompatibel: Steuern sollten zur Erreichung wirtschaftspolitischer Zielsetzungen beitragen; eine nutzenorientierte Finanzierung der Staatsausgaben spielte dabei keine Rolle.

Da keine Einkommensteuer für Arbeitnehmer existierte, wurden private Haushalte auch nicht gemäß ihrer Zahlungsfähigkeit an der Finanzierung öffentlicher Leistungen beteiligt. Sie leisteten jedoch einen Beitrag durch die indirekte Besteuerung. Allerdings ist es schwierig, einen direkten Zusammenhang zwischen Leistungsfähigkeit und Höhe und Struktur des Konsums herzustellen, wie schon bei der Diskussion der Zentralplanwirtschaft erörtert wurde. Bei der Besteuerung von Unternehmensgewinnen und den Einkommen Selbständiger wurde das Leistungsfähigkeitsprinzip insoweit angewandt, als im Prinzip die Höhe der Steuerzahlungen mit der Höhe der Gewinne und Einkommen anstieg. In der Praxis waren jedoch wegen der Häufigkeit der diskretionären Entscheidungen weder vertikale noch horizontale Gleichbehandlung gewährleistet.

2.4.2 Beachtung der Besteuerungsgrundsätze

Theoretisch war das ungarische Steuersystem so gestaltet, dass es seine Funktion als Regulator im NÖM wahrnehmen konnte, und erfüllte somit das Kriterium der Systemrationalität. Wie in den folgenden Abschnitten noch zu zeigen sein wird, hatte dieses System in der Praxis allerdings deutliche Schwächen und war letztendlich nicht auf Dauer funktionsfähig.

Die ungarische Steuerpolitik war während des NÖM zum einen durch extrem häufige Gesetzesänderungen gekennzeichnet. Zum anderen wurden auch im Rahmen bestehender Steuergesetze fallweise Entscheidungen durch die Steuerbehörden getroffen, um so spezifische strukturpolitische oder makroökonomische Ziele zu erreichen. So wurden etwa bestimmten Sektoren und Regionen, aber auch einzelnen Unternehmen, die besonders gefördert werden sollten, Steuererleichterungen gewährt.

Die Tatsache, dass sowohl die Steuersätze als auch die Art der Steuern selbst im Laufe der Jahre äußerst häufig verändert wurden, hatte mehrere Ursachen. So wurde zum einen versucht, erkannte Mängel des jeweils bestehenden Systems zu beseitigen, wobei allerdings ein "optimales" Steuersystem niemals erreicht wurde. Andererseits setzte man die häufigen Variationen jedoch auch bewusst als Mittel zur indirekten Lenkung der Wirtschaftsabläufe ein. Die Rolle des Staates war dabei nicht auf die Beeinflussung einiger weniger makroökonomischer Aggregate oder volkswirtschaftlich relevanter Parameter, wie etwa des Wechselkurses oder der Zinshöhe, beschränkt. Statt dessen gab es Millionen von "Mikrointerventionen" in allen Bereichen der Wirtschaft, auf die die Unternehmen mit entsprechenden Strategien reagierten. In der wirtschaftspolitischen Praxis waren viele ungarische Unternehmen durchaus in der Lage, die staatliche Politik zu beeinflussen und mit den Behörden über die Anwendung der Regulatoren zu verhandeln.[107] Damit trat das Feilschen über die vom Staat eingesetzten Regulatoren an die Stelle von Verhandlungen über die vorgegebenen Planziele in der zentralen Planwirtschaft vor 1968. Anstelle der vorherigen direkten bürokratischen Wirtschaftslenkung trat im NÖM eine indirekte bürokratische Steuerung.[108]

Diese diskretionäre Steuerpolitik der ungarischen Regierung sowie die Existenz der „Soft Budget Constraint“ führten dazu, dass die Steuerschuld für die Wirtschaftssubjekte nicht längerfristig vorhersehbar und nicht in einen eindeutigen Bezug zu Variablen wie Gewinn oder Lohnsumme zu setzen war. Es existierte kein allgemeingültiger verlässlicher Rahmen, innerhalb dessen Unternehmen ökonomisch rationale

---

107 Vgl. KNIGHT (1984), S. 27.

108 Vgl. KORNAI (1986a), S. 1700f.

Entscheidungen treffen konnten. Statt dessen mussten betriebswirtschaftliche Entscheidungen regelmäßig an die oft willkürlich erscheinende Steuerpolitik angepasst und Verhandlungen über die zu zahlenden Steuern geführt werden.

Insgesamt ergab sich so ein Steuersystem, das intransparent und in sich nicht widerspruchsfrei war. Durch die größere Komplexität des Steuersystems im Vergleich zur Zentralplanwirtschaft wurde die Steuererhebung auch weniger einfach und kostengünstig. Nicht zuletzt durch die immer noch relativ einfache Erhebung war die Ergiebigkeit der Steuern recht hoch.

2.4.3 Wirkung auf die Erfüllung der Aufgaben der öffentlichen Finanzwirtschaft

2.4.3.1 Steuersystem und Allokationseffizienz

Vor 1968 mussten die Unternehmen ihren gesamten Gewinn bis auf einen minimalen Anteil an den Staatshaushalt weiterleiten. Die Einführung der Gewinnbesteuerung, die den Gewinn nach Steuern bei den Unternehmen beließ, stellt – zumindest in der Theorie - eine einschneidende Veränderung dar.[109] Die oben im Detail beschriebene Regulierung der Unternehmensgewinne war neben der Beeinflussung von Preisen und Löhnen das wichtigste Instrument, um die Aktivitäten der Unternehmen zu beeinflussen und deren Kompatibilität mit den wirtschaftspolitischen Zielen sicherzustellen. Durch die unterschiedliche steuerliche Belastung von Kapital und Arbeit wurden deren relative Preise beeinflusst, um so den Einsatz der Produktionsfaktoren in die gewünschte Richtung zu beeinflussen. Die Besteuerung der Arbeitseinkommen setzte an verschiedenen Punkten an, etwa durch Lohnzuwachssteuern mit zum Teil prohibitiven Sätzen oder auch durch Gewinnsteuern, die eine Komponente des Einkommens, nämlich die Anteile am Gewinn über den Beteiligungsfonds, determinierten. Über den Grundlohn hinaus gezahlte Vergütungen aus dem Beteiligungsfonds unterlagen einer stark progressiven Lohnsummensteuer. Am Unternehmensgewinn orientierte Lohnerhöhungen und damit eine effizienzorientierte Arbeitskräftelenkung wurden so behindert, zumal ertragsschwache Unternehmen ohnehin subventioniert wurden und dadurch ebenfalls die Möglichkeit zu Lohnerhöhungen erhielten.[110] Diese Maßnahmen waren sicherlich nicht dazu geeignet, eine optimale Allokation der Produktionsfaktoren herbeizuführen. Sie gaben zugleich nur wenig Anreiz für Produktivitätssteigerungen.[111]

---

109 Vgl. KORNAI (1986a), S. 1696.

110 Vgl. DOBIAS (1986), S. 241.

111 Vgl. World Bank (1984), S. 46f.

HILKER macht nicht zuletzt „die verzerrenden Allokations- bzw. Substitutionsbedingungen zwischen den Faktoren Arbeit und Kapital" durch deren unterschiedliche steuerliche Belastung für die in Ungarn zu beobachtende Arbeitskräfteknappheit verantwortlich. So lagen die gesamten Abgaben auf den Faktor Arbeit (trotz nominal höherer Sätze) bis 1975 nur bei etwa der Hälfte des Aufkommens aus der Produktionsfondsabgabe. Dies führte in Verbindung mit den in Relation zum Grenzprodukt der Arbeit sehr niedrigen Löhnen zur Dominanz arbeitsintensiver Produktionstechnologien.[112]

Die Gewinnbesteuerung hatte negative Anreizwirkungen: Während rentablen Betrieben ein guter Teil der Gewinne weggesteuert wurde, und ihr Spielraum für eigene Investitionsentscheidungen gering war, wurden Verlustbetriebe durch Subventionen aus dem Staatshaushalt am Leben gehalten.[113] Es fand eine massive Umverteilung der Gewinne statt, so dass es sich für die Unternehmen kaum lohnte, hohe Gewinne anzustreben. Es gab keinen Anreiz für eine effiziente Ressourcenallokation.

Ab Mitte der achtziger Jahre entzog der Staat den Unternehmen fast 90% ihrer Gewinne. Andererseits wurden dem Unternehmenssektor über 50% der von ihm gezahlten Steuern durch Subventionen wieder zugeführt. Diese Politik reduzierte die Allokationseffizienz erheblich: Die Gewinne der erfolgreichsten Unternehmen wurden quasi konfisziert, um die schwächsten Unternehmen am Leben zu halten.[114] Gerade auch die Abschöpfung von als „übermäßig" angesehenen Gewinnen bestrafte die effizienteren und profitableren Unternehmen, die für die wirtschaftliche Entwicklung und strukturelle Transformation des Landes von besonderer Bedeutung waren. Ineffiziente Unternehmen, deren Reorganisation oder Schließung volkswirtschaftlich sinnvoll gewesen wäre, überlebten und konnten oft mit Hilfe der staatlichen Unterstützung sogar noch wachsen.[115] Damit erfolgte im Ergebnis wieder eine Annäherung an das System der Zentralplanwirtschaft. Die ursprünglich angestrebte größere Entscheidungsfreiheit der Unternehmen bei der Gewinnverwendung blieb letztlich sehr gering.

Auch das von Steuern und Subventionen determinierte Preissystem des NÖM konnte keine effiziente Allokation der Ressourcen sicherstellen. Die Differenzierung der Preise erfolgte mit Hilfe einer Vielzahl unterschiedlicher Umsatzsteuersätze und Verbrauchsteuern. Dadurch wurde die Preisstruktur massiv verzerrt. Dies wird auch dadurch belegt, dass beispielsweise im Jahre 1977 die Produzentenpreise im Durchschnitt um

---

112 Vgl. HILKER (1982), S. 204f.

113 Vgl. KNIRSCH (1989), S. 658.

114 Vgl. BARTLETT (1997), S. 81 und 88.

115 Vgl. World Bank (1984), S. 42.

4% über den Konsumentenpreisen lagen.[116] Darüber hinaus führte die Vielzahl von Umsatzsteuersätzen auch auf der Nachfrageseite zu Ineffizienzen, da sie eingesetzt wurden, um die Konsumentenpräferenzen in bestimmte Richtungen zu beeinflussen, d. h. letztlich zu verzerren. Dies wirkte sich negativ auf die Wohlfahrt der Konsumenten aus.[117] Der Preismechanismus konnte nicht mehr den Ausgleich von Angebot und Nachfrage und die Anpassung der Produktion an die Marktsignale bewirken. Obwohl im Reformprozess die Preise in gewissem Maße rationaler und flexibler wurden, reflektierten aufgrund der verzerrten Preisstruktur unterschiedliche Unternehmensgewinne noch immer nicht unterschiedliche wirtschaftliche Leistungen. Das Grundproblem, das schon bei der Diskussion der Zentralplanwirtschaft erörtert wurde, blieb bestehen. Da jedoch die Zahl der Steuersätze und damit der Differenzierungsgrad mit der Einführung des NÖM deutlich reduziert wurde, kann man davon ausgehen, dass auch das Ausmaß der Verzerrung geringer war.

In den 1970er Jahren, also vor der Einführung der Differential-Produktions-Umsatzsteuer, führte der Wunsch der Regierung, die ungarische Wirtschaft von inflationärem Druck aus dem Ausland zu isolieren und „übermäßige Gewinne" einzelner Unternehmen zu verhindern, zum Einsatz einer Vielzahl von Subventionen und Steuern. Neben den oben erwähnten indirekten Steuern trieben insbesondere firmenspezifische Produktionssteuern einen Keil zwischen inländische und internationale Preise. Auch dadurch wurden falsche Signale für die Allokation der Ressourcen ausgesandt. So führten etwa die relativ niedrigen ungarischen Energiepreise zu energieintensiven Investitionen in weiten Teilen der ungarischen Industrie.[118]

Durch den Einsatz der Steuern als Regulatoren sowie diskretionäre Entscheidungen über tatsächliche Steuerzahlungen, wie sie auch in der „Soft Budget Constraint" zum Ausdruck kamen, war das ungarische Steuersystem alles andere als neutral. Die Verzerrung der Produktions- und Konsumentscheidungen beeinträchtigte die Allokationseffizienz erheblich. Da Steuern im Gegensatz zur Planwirtschaft gezielt als Regulatoren eingesetzt wurden, war ihre verzerrende Wirkung im NÖM noch größer als vor 1968.

Der Staatsanteil am Bruttoinlandsprodukt war auch im NÖM extrem hoch. Die starke Zentralisierung der Finanzströme im Staatshaushalt lag vor allem in dem großen Umfang der Subventionszahlungen, der Rolle des Staates bei der Finanzierung von Investitionen sowie den hohen Kosten des bürokratischen Apparates begründet. All

---

116 Vgl. BAUER (1976), S. 11; World Bank (1984), S. 35.

117 Vgl. WANLESS (1985), S. 74f. und 98f.

118 Vgl. World Bank (1984), S. 35.

dies musste durch entsprechend hohe Steuereinnahmen finanziert werden. Der hohe Staatsanteil mag nicht zuletzt auch an der schon oben erwähnten Fiskalillusion der ungarischen Bevölkerung gelegen haben. Die beträchtliche Staatsquote im NÖM war letztendlich auch ein Indikator dafür, dass keine weitreichende Dezentralisierung der Wirtschaftsprozesse durch Marktkoordinierung stattgefunden hatte. Auch aus diesem Grunde kam es zu einer ineffizienten Allokation der Ressourcen.

MUSGRAVE erwartete, dass im „dezentralen Sozialismus" der Umfang des Staatshaushalts im Verhältnis zum Volkseinkommen zurückgehen würde. Dies begründete er zum einen damit, dass, sobald Leistungsanreize betont würden, auch der private Konsum im Verhältnis zum staatlichen Konsum an Bedeutung gewinnen müsste. Zum anderen ging er davon aus, dass in einem dezentralen System der internen Finanzierung aus erzielten Erträgen verstärkte Bedeutung beizumessen sei.[119] Dies hat sich nicht bewahrheitet. Die Rolle des Staates ist auch im NÖM sehr bedeutend geblieben.

Exkurs: Die „Soft Budget Constraint"

Die Existenz einer so genannten „Soft Budget Constraint" für Unternehmen war ein herausragendes Merkmal des ungarischen Reformsozialismus und trug erheblich zum Scheitern des NÖM bei. Das Steuersystem spielte dabei eine wichtige Rolle. Daher soll auf dieses Phänomen im Folgenden genauer eingegangen werden.

Offiziell war im NÖM der Gewinn eines Unternehmens der wichtigste Indikator für dessen Erfolg. Es existierte ein am Gewinn orientiertes Bonussystem für Manager sowie ein Gewinnbeteiligungssystem für alle übrigen Beschäftigten. Damit sollten die Staatsbetriebe einen Anreiz zur Profitmaximierung erhalten. In der Praxis funktionierte dieser Anreizmechanismus jedoch nicht. Verluste, auch dauerhafter Natur, wurden vom Staat durch verschiedene Kanäle kompensiert: einmalige oder regelmäßige Subventionszahlungen, einmalige oder permanente Steuererleichterungen sowie Kreditgewährung für Unternehmen in finanziellen Schwierigkeiten. Darüber hinaus wurden Zugeständnisse bezüglich der Preisgestaltung und Abweichungen von bestimmten interventionistischen Regelungen im Preissystem gemacht, um Unternehmen höhere Einnahmen zu ermöglichen. KORNAI belegt dieses Phänomen mit dem Begriff „Soft Budget Constraint".[120]

Den Begriff der „Budget Constraint" hat KORNAI aus der mikroökonomischen Theorie des Haushalts übernommen und insbesondere auf die Situation von Unternehmen in

---

119 Vgl. MUSGRAVE (1969) S. 375f.

120 Zur "Soft Budget Constraint" vgl. vor allem KORNAI (1986b).

Ungarn und anderen (reform-)sozialistischen Staaten übertragen. Die Budgetrestriktion wird „aufgeweicht", wenn der Bezug zwischen Einnahmen und Ausgaben eines Unternehmens gelockert wird, weil übermäßige Ausgaben von einer anderen Institution - in der Regel dem Staat - übernommen werden. Die Entscheidungsträger erwarten eine solche externe Hilfe und richten ihr Verhalten danach aus. In diesem Zusammenhang spricht KORNAI auch von unzureichender finanzieller Disziplin.

Vier Faktoren können für die „Soft Budget Constraint" verantwortlich sein:

(1) Der Staat gewährt so genannte „weiche" Subventionen. Solche „weichen" Subventionen sind dadurch gekennzeichnet, dass ihre Höhe mit der Regierung verhandelbar ist und an die jeweilige finanzielle Situation der Unternehmung angepasst wird.

(2) Die Besteuerung der Unternehmen ist „weich". Dies bezieht sich nicht auf die Steuertarife, sondern auf die Konsequenz ihrer Anwendung. Auch ein Steuersystem mit niedrigen Sätzen kann „hart" sein, wenn einheitliche Regeln für alle Unternehmen angewandt werden, diese für einen langen Zeitraum gelten und die Steuererhebung rigoros durchgesetzt wird. Demgegenüber ist die Besteuerung auch bei hohen Steuersätzen „weich", wenn ihre Anwendung durch bilaterale Verhandlungen und politischen Druck beeinflusst werden kann. Die Steuersätze sind dann nicht einheitlich, sondern hängen von der finanziellen Situation in verschiedenen Sektoren oder Regionen oder bei unterschiedlichen Unternehmensformen und Eigentumsverhältnissen ab. Die Zahlung der Steuerschuld wird nicht in jedem Fall durchgesetzt, sondern es gibt Ausnahmeregelungen, Steuernachlässe und erlaubte Steuerrückstände.

(3) Ein weiterer Faktor ist die Existenz von „weichen" Krediten. Auch hier ist nicht die Höhe der Zinsen, sondern die Durchsetzung von Kreditverpflichtungen das entscheidende Kriterium. In einem „harten" Kreditsystem erwartet der Gläubiger Disziplin beim Schuldendienst und gibt keinen Kredit an Unternehmen in finanziellen Schwierigkeiten, bei denen die Rückzahlung gefährdet ist.

(4) Wenn Preise sich nicht frei am Markt bilden, sondern durch eine bürokratische Institution festgesetzt werden, können so genannte „weiche" Preise ein weiterer Bestimmungsfaktor für die „Soft Budget Constraint" sein. KORNAI spricht von „harten" Preisen, wenn sie auf einem von der zentralen Institution festgelegten oder vom Markt determinierten Niveau bleiben und sich nicht automatisch an gestiegene Produktionskosten anpassen. „Weiche" Preise werden von der Bürokratie mehr oder weniger automatisch den Kosten anpasst.

Diese vier Faktoren können gleichzeitig auftreten und die Budgetrestriktion der Unternehmen aufweichen. Alle vier Faktoren wirken im Rahmen dynamischer Prozesse: Sie schließen bestehende Lücken zwischen Ausgaben- und Einnahmeflüssen in den betroffenen Unternehmen. Bei einer „harten" Budgetrestriktion sind Verluste auf Dauer existenzbedrohend; je „weicher" sie ist, um so weniger problematisch sind Verluste. Das Konzept der „Soft Budget Constraint" beschreibt also ein bestimmtes Verhältnis zwischen Staat und Unternehmen. Für KORNAI reflektiert das „Soft Budget Constraint-Syndrom" die Manifestierung der paternalistischen Rolle des Staates.[121]

Die Lockerung der Budgetrestriktion wirkt sich negativ auf die Allokationseffizienz aus. Diese Wirkung hat verschiedene Dimensionen: Drei davon hebt KORNAI besonders hervor:[122] Als erstes nennt er die Wirkung der „Soft Budget Constraint" auf die Reaktion der Unternehmen bei Preisänderungen. Im Extremfall ist die Preiselastizität der Nachfrage nach Produktionsfaktoren, auch im Hinblick auf Zinssätze und Wechselkurse, gleich Null. Der zweite Wirkungskanal hängt direkt mit der geringen Preiselastizität der Nachfrage zusammen, die sich negativ auf die effiziente Allokation der Ressourcen auswirkt. Dabei spielt der dynamische Aspekt eine wichtige Rolle: Ist die Budgetrestriktion „hart", hat ein Unternehmen keine andere Wahl, als sich an widrige äußere Umstände anzupassen, etwa indem es die Qualität der produzierten Güter verbessert, Kosten senkt oder neue Produkte und Verfahren einführt. Existiert eine „Soft Budget Constraint", sind solche Anstrengungen nicht nötig, da das Unternehmen auf staatliche Hilfe zurückgreifen kann. Der Staat fungiert als Versicherung für alle das Unternehmen betreffenden Risiken, so dass letzteres eigene Vorsichtsmaßnahmen vernachlässigen kann. Durch eine solche Versicherung wird auch verhindert, dass veraltete Produkte, Technologien und Organisationen eliminiert und durch effizientere ersetzt werden. Der von Schumpeter beschriebene Prozess der konstruktiven Zerstörung kann nicht in Gang kommen.

Eine dritte Folge des „Soft Budget Constraint-Syndroms" ist das Auftreten von Nachfrageüberhängen. Was auch immer die Ziele des Unternehmensmanagements sind, sei es die Maximierung von kurz- oder langfristigen Gewinnen, der Verkaufszahlen oder der Macht der Manager, sie werden in der Regel positiv mit der Expansion des Unternehmens korreliert sein. Dies führt auch zu einer Expansion der Nachfrage nach Produktionsfaktoren. Normalerweise wird letztere durch die Budgetrestriktion beschränkt. Bei Existenz einer weichen Budgetrestriktion können die Unternehmen jedoch davon ausgehen, dass der Staat für sie einspringt, falls sie ihre Rechnungen nicht bezahlen können. Ist die Anzahl der Betriebe, die sich einer „Soft Budget Constraint" gegenübersehen, groß genug, kann es in der gesamten Volkswirtschaft zu einem Nachfrageüberhang kommen. Für dieses Phänomen hat KORNAI den Begriff „Shortage Economy" geprägt.[123]

121 Vgl. KORNAI (1986b), S. 8.

122 Vgl. ebd., S. 9ff.

123 Vgl. KORNAI (1980).

Die „Soft Budget Constraint“ schränkte somit Effizienz und letztlich die Funktionsfähigkeit des NÖM erheblich ein. Die oben dargestellte „weiche“ Besteuerung in Ungarn spielte dabei eine wesentliche Rolle. Der Einsatz von Steuern als Regulator und ihre diskretionäre Anpassung führten zu einer erheblichen „Aufweichung“ der Budgetrestriktion für Unternehmen.

2.4.3.2 Die Rolle des Steuersystems im Hinblick auf Stabilitätsziele

Zur Beeinflussung der gesamtwirtschaftlichen Nachfrage spielte die Preispolitik durch den Einsatz indirekter Steuern und Preissubventionen eine wichtige Rolle. So benutzte die Regierung etwa bewusst inflationäre Maßnahmen als Instrumente eines Stabilisierungsprogramms. Aufgrund der ungarischen Probleme mit hohen Auslandsschulden und der Verschlechterung der Terms of Trade wurde versucht, die Handelsbilanz zu verbessern. Dazu musste das Wachstum des inländischen Konsums zum Stillstand gebracht oder zumindest reduziert werden. Deshalb wurden die Preise von wichtigen Konsumgütern sowie von Dienstleistungen mittels der indirekten Steuern wiederholt erhöht.[124]

Die Regierung versuchte auch, mit Hilfe steuerlicher Maßnahmen kurzfristig auf die Höhe der Investitionen und damit letztlich die Produktion Einfluss zu nehmen. So wurde beispielsweise Ende 1981 und 1982 eine Bausteuer, die Investitionen in Gebäude gegenüber denen in Maschinen benachteiligt, von 10% auf 20% erhöht, als sich herausstellte, dass Unternehmensgewinne, die höher als erwartet ausfielen, zu „übermäßigen“ Investitionen führten. Dieses Beispiel macht deutlich, wie stark die Regierung auf kurzfristige Stabilisierungsbedürfnisse reagierte.[125] Eine solche Feinsteuerung der Volkswirtschaft konnte letztlich nicht erfolgreich sein, insbesondere wegen auftretender „time-lags“ sowie unvollkommener Informationen auf Seiten der Entscheidungsträger.

Aus dem Zusammentreffen einer „Shortage Economy“ mit der „Soft Budget Constraint“, die nicht zuletzt im Steuersystem begründet lag, ergaben sich auch inflationäre Tendenzen. Da die Unternehmen praktisch keine Budgetrestriktion, d.h. auch keine Zahlungsschwierigkeiten kannten, fragten sie entsprechend Güter und Inputs nach. Aufgrund des Nachfrageüberhangs stiegen die Preise bzw. wurden angehoben, sofern sie vom Staat reguliert wurden.[126]

Auch von den ungarischen Haushaltsdefiziten ging wegen ihrer Finanzierung durch die Notenpresse inflationärer Druck aus. Die Steuereinnahmen reichten trotz ihres relativ

---

124 Vgl. KORNAI (1986a), S. 1720.

125 Vgl. World Bank (1984), S. 47ff.

126 Vgl. HILLMAN (1990), S. 59.

großen Anteils am Bruttoinlandsprodukt nicht zur Deckung der Staatsausgaben. Die Zentralbank war zwar nicht de jure, aber doch de facto zur Finanzierung der Defizite verpflichtet. Im Jahr 1982 beispielsweise wurden nur etwa 5% des Defizits über Staatsanleihen und andere Wertpapiere finanziert. Der Rest floss dem Staatshaushalt von der Zentralbank zu. Theoretisch geschah dies über „echte" Kredite, die verzinst und vom Staat zurückgezahlt wurden. Tatsächlich entstand aber ein endloser Kreditkreislauf an den Staat, der zur Ausweitung der Geldmenge führte. Im Gegensatz zu Anleihen, die an die Bevölkerung oder Banken verkauft wurden, ging die Kreditvergabe an den Staat nicht mit einer Reduktion des Geldumlaufs einher. Die öffentlichen Defizite hatten somit eine stark inflationäre Wirkung. Diese wurde noch verstärkt durch die Tatsache, dass ein Teil der staatlichen Subventionen in eher unproduktive Kanäle floss, z.B. an unprofitable Unternehmen. Der durch die Zentralbankkredite geschaffenen Kaufkraft stand dann kein entsprechend höheres Angebot an verkäuflichen Gütern gegenüber.[127]

Angesichts der großen Bedeutung staatlicher Einnahmen und Ausgaben zur Konjunkturbeeinflussung war der Einfluss der Geldpolitik entsprechend gering. Die Dominanz der Fiskalpolitik neutralisierte jeden Versuch der Zentralbank, die Liquidität der Wirtschaft durch geldpolitische Maßnahmen zu steuern. Wenn etwa die Zentralbank die Kreditversorgung der Firmen reduzierte, hatte das wegen des kontinuierlichen Flusses von Mitteln aus dem Staatshaushalt kaum Einfluss auf die Liquidität des Unternehmenssektors. Die Zentralbank versuchte zwar, die durch die wachsenden Haushaltsdefizite induzierte Kreditvergabe an den Staat durch Kreditrestriktionen für Unternehmen zu kompensieren. Staatliche Subventionen oder Steuererleichterungen für diese Unternehmen, die wiederum ursächlich für die Defizite waren, konterkarierten jedoch diese Restriktionen.[128]

Die Erhaltung der Vollbeschäftigung war eines der wichtigsten Ziele des NÖM. Die Regierung wich auch auf Kosten anderer Ziele nicht von dem sozialistischen Prinzip der Arbeitsplatzsicherheit ab. Hierbei griff sie allerdings vor allem auf direkte Regulierung und weniger auf indirekte Instrumente wie die Besteuerung zurück.[129] Dennoch hatte die Unternehmensbesteuerung erhebliche Auswirkungen auf die Arbeitskräftenachfrage. Für Unternehmen war die Einsparung von Arbeitskräften nämlich nur dann interessant, wenn die durch die Reduzierung der Beschäftigtenzahl gesparten Arbeitskosten für Lohnerhöhungen für die vorhandene Belegschaft verwendet werden konnten. Durch die progressive Besteuerung sowohl der Lohnzuwächse als auch des Beteiligungsfonds lohnten sich für die Unternehmen Zuweisungen an letzteren kaum. Nach Steuern blieb nur ein Bruchteil der eingesparten Arbeitskosten für Lohnerhöhun-

127 Vgl. BARTLETT (1997), S. 82f.

128 Vgl. ebd., S. 81f.

129 Vgl. HILLMAN (1990), S. 57.

gen übrig. Entsprechend gering war der Anreiz in diesem System, sparsam mit dem Faktor Arbeit umzugehen. Im Ergebnis war im NÖM anstelle von Arbeitslosigkeit eher Arbeitskräfteknappheit ein Problem.[130] Die schon erwähnten Verzerrungen durch die unterschiedliche steuerliche Belastung von Kapital und Arbeit hatten somit nicht nur negative Auswirkungen auf die Allokationseffizienz, sondern auch auf die Erreichung von Stabilitätszielen.

Der Beeinflussung der Löhne über die Steuerpolitik wird jedoch auch ein positiver Effekt zugesprochen. Die dadurch erreichte Begrenzung der Lohnsteigerungen konnte die Inflation in Ungarn, die durch Preisanpassungen und Preisliberalisierung in den 1980er Jahren angeheizt wurde, im Zaum halten. Die Inflationsraten in dieser Zeit lagen deutlich niedriger als beispielsweise in Polen, wo auch höhere Lohnsteigerungen zu verzeichnen waren (vgl. ABEL/BONIN (1992), S. 10.). Insgesamt war die Stabilisierungspolitik, und damit auch die zu diesem Zwecke eingesetzten steuerpolitischen Maßnahmen, nicht sehr erfolgreich, wie die negative Entwicklung der makroökonomischen Kennzahlen verdeutlicht. Darauf wird noch ausführlicher in Abschnitt II.2.5 eingegangen werden.

2.4.3.3 Steuern und Verteilung

Neben zentralen Vorgaben der Regierung hinsichtlich der Lohnhöhe wurden im NÖM Steuern gezielt dazu eingesetzt, die vom Staat erwünschte Einkommensverteilung zu erreichen. Während jedoch in Marktwirtschaften individuelle Einkommensteuern eine entscheidende Rolle spielen, waren diese in Ungarn von untergeordneter Bedeutung. Statt dessen wurde zur Erreichung von Verteilungszielen - neben der direkten Lohnpolitik - die Besteuerung der Lohnsummen und Lohnzuwächse in den Unternehmen eingesetzt. Dabei wirkten insbesondere die stark progressiven Sätze bei der Besteuerung des Beteiligungsfonds aus Unternehmensgewinnen im Sinne einer egalitären Einkommensverteilung.

Gleichzeitig wurde die Differenzierung der Umsatzsteuersätze nach sozialen Kriterien ausgerichtet, so dass vor allem Güter des Grundbedarfs nur niedrigen Sätzen unterlagen. Die Verteilungswirkungen einer solchen Differenzierung sind allerdings – wie schon im Hinblick auf die Zentralplanwirtschaft erläutert - nicht ganz eindeutig. Problematisch sind insbesondere die vereinfachenden Annahmen über die Konsumstrukturen verschiedener Einkommensgruppen (vgl. Abschnitt II.1.4.3).

Ohne exakt den Beitrag der Steuerpolitik messen zu können, lässt sich dennoch festhalten, dass die Verteilung der Haushaltseinkommen im NÖM - insbesondere auch im internationalen Vergleich - sehr gleichmäßig war. Nach Berechnungen von KNIGHT lag

---

130 Vgl. ADAM (1989), S. 81f.

das Verhältnis der durchschnittlichen Pro-Kopf-Einkommen (einschließlich Transferzahlungen) zwischen dem oberen und dem unteren Dezil der ungarischen Bevölkerung 1967 bei 4,6, d.h. das durchschnittliche Einkommen der „reichsten" Bevölkerungsschicht lag beim 4,6-fachen der einkommensschwächsten 10% der Bevölkerung. Der entsprechende Wert für 1972 war 4,9 und für 1977 4,1. Im Vergleich dazu hatte dieser Quotient beispielsweise in Brasilien 1970 den Wert 44,2 (vgl. KNIGHT (1984), S. 51ff.). NEWBERY hat für 1989 eine ähnliche Analyse durchgeführt und die Verteilungssituation in Ungarn mit der in Großbritannien verglichen.[131] Er stellte fest, dass die Einkommen in Großbritannien sowohl vor als auch nach Steuern und Transfers deutlich ungleicher verteilt waren als in Ungarn. Während das verfügbare Einkommen des unteren Dezils in Ungarn fast 75% des Durchschnittseinkommens betrug, lag dieser Wert in Großbritannien unter 50%. Das obere Dezil in Ungarn verfügte über weniger als 150% des Durchschnitts. In Großbritannien hatte die entsprechende Gruppe mehr als das Doppelte des Durchschnittseinkommens zur Verfügung.[132]

Es existierte jedoch ein Konflikt zwischen Verteilungs- und Effizienzzielen. Einerseits sahen politisch einflussreiche Gruppen, wie die Gewerkschaften, aber auch die Bevölkerung im allgemeinen, geringe Einkommensdifferenzen als sozialistische Errungenschaft an, die sie nicht aufgeben wollten. Andererseits erkannte die ungarische Regierung in den 1980er Jahren offiziell an, dass eine stärkere Differenzierung der Einkommen eine Voraussetzung für die Steigerung von Effizienz und Wachstum war. Bereits 1983 wurde deshalb ein neuer leistungsbezogener Indikator eingeführt, der der erlaubten steuerfreien Lohnsteigerungsrate im selben Jahr entsprach. Er berechnete sich als Quotient aus dem Unternehmensgewinn einerseits und der Summe von gebundenem Kapital sowie der Lohnsumme anderseits. Betrug der Quotient mehr als 6%, wurde die zusätzliche Lohnerhöhung besteuert. Der Steuersatz wurde berechnet als Quotient aus dem Anteil pro Beschäftigtem am Beteiligungsfonds plus dem Durchschnittslohn im laufenden Jahr und dem Durchschnittslohn des vorangegangen Jahres. Die Besteuerung des Beteilungsfonds war ebenfalls abhängig von diesem Quotienten. Das 1983 eingeführte System stellte somit einen direkteren Bezug zwischen Unternehmensgewinn und Löhnen her.[133] Es war jedoch sehr problematisch, den Gewinn von Unternehmen im NÖM als Leistungsindikator zu werten, da er nicht allein von erfolgreicher Unternehmenspolitik sondern von einer Vielzahl von Subventionen, Steuern und von bürokratisch beeinflussten Preisen determiniert wurde.[134]

---

131 In diesem Jahr hatte der Transformationsprozess zwar schon begonnen, aber die Auswirkungen auf die Einkommensverteilung dürften noch nicht allzu groß gewesen sein. Insofern dürfte sich ein Bild von den Verhältnissen in der Endphase des NÖM ergeben.

132 Vgl. NEWBERY (1992), S. 198.

133 Vgl. KNIGHT (1984), S. 70ff.

134 Vgl. World Bank (1984), S. 47.

Insgesamt lässt sich festhalten, dass die ungarische Politik erfolgreicher bei der Erreichung der von ihr gewünschten Einkommensverteilung und der Erhaltung eines bestimmten Lebensstandards war als bei der Schaffung von Anreizen für Produktivitätserhöhungen.[135]

2.5 Zur Funktionsfähigkeit des Neuen Ökonomischen Mechanismus

Der Neue Ökonomische Mechanismus unterschied sich deutlich von der "klassischen" Zentralplanwirtschaft. Es wurde ohne Zweifel eine Reihe positiver Veränderungen am Wirtschaftssystem durchgeführt. So begannen die Unternehmen, ihre Kalkulationen auf der Basis von Preisen, Zinssätzen und Wechselkursen vorzunehmen und Opportunitätskosten zu beachten. Kleine und mittlere Unternehmen wurden unabhängiger von der staatlichen Verwaltung. Insgesamt wurden die Eigentumsrechte zu einem gewissen Grade vom Staat auf die Unternehmen übertragen.[136]

Im NÖM war also die Planerfüllung nicht länger der entscheidende Erfolgsindikator der Unternehmen. Statt dessen führte der NÖM das Gewinnstreben als Bestimmungsfaktor für ökonomische Aktivitäten sowie ein - zumindest theoretisch - einheitliches Steuersystem ein und ermöglichte damit einen Vergleich zwischen dem Erfolg verschiedener Unternehmen und Branchen. Die tatsächliche Leistung, und nicht wie vorher die formale Erfüllung der Planvorgaben, sollte im Mittelpunkt stehen. Die zentrale Allokation von Produktionsfaktoren und produzierten Gütern durch den Staat wurde abgeschafft. Unternehmen kauften ihre Inputs und mussten sie nicht mehr wie früher beantragen. Die erstaunlichste Veränderung im NÖM im Vergleich zum vorherigen System war nach Ansicht BAUERS die Entstehung eines Marktes für Produktionsfaktoren, auf dem zentrale Interventionen zeitlich und nur auf bestimmte Problembereiche begrenzt waren.[137]

Bei der praktischen Umsetzung des NÖM zeigten sich jedoch vielerlei Probleme. Obwohl die Bedeutung des Gewinns zunahm, wurde letztlich die Produktivität von Unternehmen nicht in ihren Gewinnen reflektiert. Neben der oligopolistischen Industriestruktur führte die Komplexität des gesamten Steuer-, Preis- und Subventionssystems zu einer massiven Verzerrung der ursprünglichen Wirtschaftsergebnisse.[138] Dabei

135 Vgl. ebd.

136 Vgl. BAUER (1990), S. 106f.

137 Vgl. BAUER (1983), S. 305ff.; BAUER (1990), S. 106f.

138 Vgl. HARE et al. (1981), S. 74f.

wurde vielfach auch von Ausnahmen Gebrauch gemacht, etwa durch differenzierte Steuern, Kredite oder Subventionen, und damit das auf Gewinne basierende Anreizsystem unterminiert. Darüber hinaus gab es keine Konkurse, und die Expansion dynamischer Unternehmen wurde durch die selektive Politik oft behindert. Der Unternehmensgewinn wurde in der Praxis nicht der wichtigste Erfolgsmaßstab, wie er es in der Logik des NÖM eigentlich hätte sein müssen. Faktoren, wie die Erfüllung von Lieferverpflichtungen in andere RgW-Staaten, das Wachstum der Arbeitsproduktivität oder sogar ein sinkender Anteil an Angestellten im Verhältnis zu Arbeitern, waren oft von gleich großer Bedeutung bei der Bewertung des Unternehmenserfolgs und der Leistung der Manager.[139]

Dennoch und trotz aller Ausnahmen bei Steuern und Subventionen muss es als eindeutiger Fortschritt angesehen werden, dass es überhaupt einheitliche Regelungen gab, von denen Ausnahmen gemacht werden konnten. Falls beispielsweise unrentable Betriebe nur durch Steuererleichterungen oder Subventionen überleben konnten, wurden ihnen diese Vergünstigungen ausnahmsweise gewährt, während ihnen früher im Rahmen des Plans niedrigere Ziele vorgegeben worden waren. Es wurde also offensichtlich, dass es sich nicht um eine reguläre Maßnahme, sondern um eine Konsequenz wirtschaftlichen Misserfolgs handelte.[140]

In der Praxis stellte sich die Feinsteuerung der Wirtschaft durch die Regulatoren wegen der großen Komplexität des Systems als äußerst schwierig heraus. Das Ergebnis der Reformen von 1968 war ein System, in dem die ökonomischen Aktivitäten weder durch traditionelle zentrale Planung noch durch die Marktkräfte gelenkt wurden, sondern in dem gegenseitige Gefälligkeiten und permanentes Verhandeln über Regeln und Ausnahmen davon vorherrschten. Ohne ausreichenden Einfluss der Marktkräfte wurden nur wenige der erwarteten positiven Veränderungen auch erreicht. Es gelang nicht, die Effizienz der Wirtschaft entscheidend zu verbessern.[141]

Die ungarische Wirtschaft wurde in der Periode des NÖM zwar wesentlich flexibler und rationaler als vor 1968; sie war jedoch bei weitem keine Marktwirtschaft. Viele Eigenschaften der Zentralplanwirtschaft blieben unverändert. Die Konzentration des volkswirtschaftlichen Vermögens auf eine kleine Zahl von staatlichen Großunternehmen und Kooperativen, die Zentralisierung der Entwicklung bzw. Entscheidungsfindung über Innovationen, die zentrale Entscheidungsmacht über Investitionen, die weitreichende Manipulation von Preisen, Steuern und Subventionen sowie die häufigen

---

139 Vgl. BAUER (1983), S. 305ff.

140 Vgl. ebd., S. 309.

141 Vgl. BAUER (1990), S. 106f.

Interventionen bei konkreten Transaktionen verhinderten eine entscheidende Verbesserung der wirtschaftlichen Ergebnisse.[142] Der NÖM beendete nicht das dirigistische Eingreifen des Staates, der nun statt über Planvorgaben mit Hilfe von Regulatoren intervenierte. Anstelle von Verhandlungen über Produktionspläne wie vor 1968 traten Verhandlungen über die Anwendung der Regulatoren wie Steuern und Subventionen.[143] Letztlich wurde die Zentralplanwirtschaft mit ihrer direkten bürokratischen Lenkung der Wirtschaft durch ein System indirekter bürokratischer Steuerung ersetzt.[144]

Ein wesentlicher Grund für die Probleme des NÖM lag darüber hinaus in der unzureichenden finanziellen Disziplin.[145] Trotz gegenteiliger Absichtserklärungen bestand im Hinblick auf Steuer-, Subventions- und Kreditpolitik gegenüber Unternehmen eine „Soft Budget Constraint“, die erhebliche Ineffizienzen zur Folge hatte.[146] Im Großen und Ganzen wurde im NÖM eine diskretionäre, die Marktergebnisse verzerrende Politik betrieben - oder, wie KNIGHT es ausdrückte: „It is difficult to find firm statistical evidence that the reforms have succeeded in increasing economic efficiency.“[147]

Der NÖM versuchte, mit Hilfe der Regulatoren Marktbedingungen zu simulieren. Die ungarischen Erfahrungen deuten jedoch darauf hin, dass sich Märkte nicht simulieren lassen. Die inkonsistente Struktur des NÖM, die durch die schwierige Koexistenz von plan- und marktwirtschaftlichen Elementen gekennzeichnet war, trug in starkem Maße zu den wirtschaftlichen Schwierigkeiten bei. KORNAI schätzt die Funktionsfähigkeit der Regulatoren äußert kritisch ein. Seines Erachtens existierte zwar ein komplexes und bis ins kleinste Detail ausgearbeitetes System von Regulatoren. In der Praxis wurden aber die zu regulierenden Wirtschaftssubjekte durch ganz andere Einflüsse gesteuert, so dass die tatsächlichen Wirtschaftsergebnisse stark von den erwarteten und beabsichtigten Ergebnissen abwichen. Diese Abweichungen können durch eine Reihe von Faktoren erklärt werden. Ein Hauptgrund war der „künstliche“ Charakter des Regulatorensystems. Reale Markt- und Wettbewerbsbedingungen ergeben sich durch das Verhalten der Akteure am Markt, das von deren individuellen Interessen gesteuert ist. Solche Bedingungen lassen sich nicht mit komplexen, am Schreibtisch entworfenen Regeln simulieren (vgl. KORNAI (1983), S. 229).

---

142 Vgl. BAUER (1988), S. 454.

143 Vgl. ADAM (1989), S; 88.

144 Vgl. KORNAI (1986a), S. 1701.

145 Vgl. KORNAI (1983), S. 230f.

146 Vgl. Abschnitt II.2.4.3.1.

147 KNIGHT (1983), S.81.

Die Tatsache, dass ein Großteil der Finanzströme in der Volkswirtschaft über den Staatshaushalt abgewickelt wurde, beschränkte gleichzeitig die Rolle von Banken und anderen Finanzinstitutionen, Unternehmen und Haushalten bei der Reallokation von Finanzmitteln. Dies fiel insbesondere bei Investitionen ins Gewicht: Je größer der Anteil der vom Staat finanzierten Investitionen, um so weniger Kapital ist für die Dispositionen anderer Akteure verfügbar und um so geringer ist die Chance für die Entstehung eines funktionsfähigen Kapitalmarkts (vgl. KORNAI (1986a), S. 1711).

Eine der herausragendsten Leistungen der ungarischen Wirtschaft im Vergleich zu anderen RgW-Staaten war die relativ gute Versorgungslage. Das Angebot an Nahrungsmitteln, das für die Bevölkerung besonders wichtig ist, war im NÖM durchaus zufriedenstellend, und eine Reihe von anderen wichtigen Gütern war sogar in Hülle und Fülle vorhanden. Inwieweit dies auf die Wirtschaftsreformen zurückzuführen war, ist allerdings nicht eindeutig geklärt. KORNAI (vgl. KORNAI (1983), S. 244f) hält den Beitrag des NÖM zu diesem Erfolg für gering. Er erklärt ihn vor allem dadurch, dass für die ungarische Wirtschaftspolitik ein hoher Lebensstandard der Bevölkerung schon seit langem eine hohe Priorität hatte und zum anderen die Bedeutung privater Wirtschaftsaktivitäten beständig zunahm. Obwohl die Versorgungslage in Ungarn in vielen Bereichen besser war als in anderen sozialistischen Staaten, war Ungarn in der Periode des NÖM doch weitgehend eine durch Nachfrageüberhänge gekennzeichnete „Shortage Economy KORNAI (1983), S. 245ff. belegt diese Einschätzung durch eine Reihe von Knappheitsindikatoren für die Zeit zwischen 1976 und 1981. Zu diesen Indikatoren gehören u.a. der Anteil abgelehnter Aufträge im Bausektor, die Zahl der offenen Stellen und unerfüllten Anträge auf Telefonanschlüsse sowie Wartezeiten für Wohnungen oder Pkws.

KORNAI hat seine Bewertung des NÖM folgendermaßen zusammengefasst: "The great achievement of the Hungarian reform is the significant extension of choices. And the great shortcoming of the reform is that it did not go far enough in this extension." [148]

Die grundlegenden Probleme des NÖM wurden auch in der Entwicklung der makroökonomischen Kennzahlen reflektiert. Anfänglich hatte die Einführung des NÖM einen positiven Einfluss auf die wirtschaftliche Entwicklung in Ungarn. Der negative Trend, der bis dahin beim Wirtschaftswachstum zu beobachten gewesen war, wurde umgekehrt. So stieg zunächst die Arbeitsproduktivität, die Leistungsbilanz verbesserte sich, und das Wachstum der Reallöhne beschleunigte sich.[149] Diese positive Entwicklung hielt jedoch nicht lange an.

---

148 KORNAI (1986a), S. 1723.

149 Vgl. ADAM (1989), S. 86f.

Tabelle 3: **Makroökomische Kennzahlen 1971-1988 (Veränderung in %, nominale Preise)**

	1971-75	1976-80	1981-85	1985	1986	1987	1988
BIP	6,5	3,2	1,8	-0,3	1,5	4,0	-0,2
Industrieproduktion	6,4	3,3	1,9	0,7	1,9	3,8	0,0
Landwirtschaftliche Produktion	4,6	2,4	0,7	-5,6	2,4	-2,0	4,4
Bruttoanlager-Investitionen	6,9	2,5	-3,2	-3,1	2,9	9,1	-9,0
Privater Verbrauch	4,7	2,6	1,4	1,4	2,0	3,7	-4,3
Konsumentenpreise	2,8	6,3	6,8	7,0	5,3	8,6	15,7
Reallöhne	3,3	0,7	-0,8	1,3	2,0	-0,4	-5,1

Quelle: Commission of the European Communities (1992)

Wie aus Tabelle 3 ersichtlich, verschlechterten sich nach den hohen Wachstumsraten bis Mitte der 1970er Jahre die wirtschaftlichen Ergebnisse drastisch. Die Wachstumsraten des Bruttoinlandsprodukts sowie von Industrie- und landwirtschaftlicher Produktion sanken merklich. In der ersten Hälfte der 1980er Jahre war die Veränderungsrate der Bruttoanlageinvestitionen negativ. Privater Verbrauch und Reallöhne wuchsen zwischen 1971 und 1988 nur langsam oder gingen sogar zurück, während die Konsumentenpreise anstiegen. Die Krisenanfälligkeit der ungarischen Wirtschaft konnte trotz aller Reformanstrengungen nicht reduziert werden. Auf Dauer war ein solches System nicht funktionsfähig.

Das erkannten auch ungarische Ökonomen: ANTAL et al.[150] identifizierten in ihren Vorschlägen zu einem radikalen Reformprogramm, denen ein besonderer Stellenwert bei der Diskussion über die marktwirtschaftlichen Reformen in Ungarn zukam, drei Ebenen von Wirtschaftsproblemen des NÖM. An der Oberfläche sahen sie eine konjunkturelle Verschuldungskrise, die auch im drastischen Rückgang der Investitionsrate und der anhaltenden Stagnation der Wirtschaft zum Ausdruck kam. Es ergaben sich auch negative Auswirkungen auf den Lebensstandard mit sinkenden Realwerten vor allem von Renten und Sozialleistungen. Im Hintergrund der sich gegen Ende der 80er Jahre verschärfenden konjunkturellen Spannungen identifizierten die Autoren sodann eine strukturelle Krise, die in der anhaltenden Verschlechterung der Terms of Trade reflektiert wurde. Als tiefgreifendstes und am schwierigsten zu lösendes Problem wurde jedoch der Wirtschaftsmechanismus als solcher angesehen. Die ihm immanente geringe Anpassungsfähigkeit der Wirtschaft spielte auch bei

150 Vgl. ANTAL et al. (1990), S. 498f.

strukturellen Schwierigkeiten die entscheidende Rolle. Diese grundlegenden und systembedingten Probleme waren nach Ansicht der Autoren nur durch eine umfassende, radikale, auf Demokratisierung und Dezentralisierung ausgerichtete marktwirtschaftliche Reform zu beheben.

2.6 Fazit

Im NÖM wurden zentrale Planvorgaben durch eine indirekte Steuerung der Wirtschaft mittels so genannter Regulatoren ersetzt. Steuern waren ein bedeutender Bestandteil dieses neuen Lenkungsmechanismus. Die wichtigste Rolle spielte dabei die Besteuerung der Gewinne. Durch unterschiedliche Steuersätze auf die Gewinnverwendung für Löhne oder für Investitionen beeinflusste sie die relativen Preise von Kapital und Arbeit und somit den Faktoreinsatz. Darüber hinaus sollte die progressive Besteuerung von Unternehmensgewinnen Nachfrageüberhänge verhindern und das makroökonomische Gleichgewicht sicherstellen. Mit den indirekten Steuern wurden sowohl die Gesamthöhe als auch die Struktur des Konsums beeinflusst.

Typisch für den NÖM war, dass steuerliche Regelungen fallweise angewandt wurden und auch verhandelbar waren. Die Steuern verzerrten sowohl die Substitutionsbedingungen zwischen den Faktoren Kapital und Arbeit als auch die Güterpreise. Während rentablen Betrieben ein großer Teil ihrer Gewinne weggesteuert wurde, erhielt man Verlustbetriebe durch staatliche Subventionen am Leben. Das Steuersystem des NÖM führte also zu Verzerrungen bei der Allokation der Ressourcen. Auch sein Einsatz als Stabilisierungsinstrument war nicht sehr erfolgreich, wie aus den unbefriedigenden makroökonomischen Ergebnissen ersichtlich wurde. Die Verteilung der Haushaltseinkommen im NÖM war im internationalen Vergleich sehr egalitär. Dies wurde jedoch im wesentlichen durch nichtsteuerliche Maßnahmen erreicht. Insgesamt lässt sich festhalten, dass die Zielsetzung des NÖM, mit Hilfe von Regulatoren, wie den Steuern, Marktbedingungen zu simulieren, nicht erreicht wurde. Der NÖM war auf Dauer nicht funktionsfähig.

II. DAS STEUERSYSTEM WÄHREND DES ÜBERGANGS ZUR MARKTWIRTSCHAFT

1. DIE GRUNDKONZEPTION DESTRANSFORMATIONSPROZESSES

Schon Ende der 1980er Jahre wurde in Ungarn mit marktwirtschaftlich orientierten Reformmaßnahmen begonnen, die sich aber regierungsoffiziell noch im Rahmen der sozialistischen Marktwirtschaft bewegten. Anlass dazu war die Erkenntnis, dass sich die ungarische Wirtschaft in einer tiefen Krise befand, in der nur grundlegende Veränderungen Besserung versprachen. Kontroverse Diskussionen wurden nicht zuletzt durch die Studie einer Gruppe von Wirtschafts- und Sozialwissenschaftlern, die Vorschläge zu einem radikalen Reformprogramm vorlegten, ausgelöst (vgl. ANTAL et al. (1987/1990)). "Erst 1989 ging dann mit dem Machtwechsel die Reformpolitik in die Transformationspolitik über" (LÖSCH (1994), S. 188). Ab diesem Zeitpunkt wurden parallel drastische politische Reformen hin zu einer Mehrparteiendemokratie durchgeführt und offiziell die Umwandlung der ungarischen Wirtschaft in eine Marktwirtschaft angekündigt.

Es wurde ein "Programm für die Umgestaltung und Entwicklung der ungarischen Wirtschaft" entworfen, das innerhalb von vier Jahren, von 1991 bis 1994, umgesetzt werden sollte. Als primäres Ziel verfolgte das Programm die Schaffung der institutionellen und rechtlichen Rahmenbedingungen für eine funktionsfähige Marktwirtschaft. Das Programm enthielt daneben eine kurzfristige Stabilisierungsstrategie zur Eindämmung von Inflation und Arbeitslosigkeit.[1]

Ein wesentlicher Bestandteil der Transformation ist die Neuordnung der Eigentumsrechte. Schon Ende der 80er Jahre wurden die Grundlagen für eine spätere Privatisierung durch institutionelle Regelungen wie ein Unternehmensgesetz (1988), ein Gesetz über ausländische Investitionen (1988) oder ein erstes Konkursgesetz (1986) gelegt. Der gesetzliche Rahmen für die eigentliche Privatisierung wurde 1991 mit dem Privatisierungsgesetz geschaffen. Es wurden verschiedene Privatisierungsformen vorgesehen, wie etwa die "spontane Privatisierung", bei der das Unternehmen selbst einen geeigneten Käufer sucht, die "kleine Privatisierung", bei der vor allem kleinere Geschäfte verkauft werden sowie verschiedene Methoden zur Privatisierung von größeren Unternehmen. Die Verfahren wurden im Laufe der Jahre zum Teil geändert.[2]

---

1 Vgl. Regierung der Republik Ungarn (1991).

2 Vgl. Commission of the European Communities (1992), S. 70ff.; Commission of the European Communities (1993b), S. 111f.

Mit dem Konkursgesetz von 1992 fand eine weitreichende Reform des Gesetzes von 1986 statt. So wurde beispielsweise die Möglichkeit abgeschafft, dass durch staatliche Eingriffe die Liquidation von Unternehmen verhindert werden konnte. Aufgrund von Schwächen im Verfahren, die sich in der Praxis herauskristallisierten, erfolgte 1993 eine erneute Gesetzesänderung.[3] Zum 1. Januar 1992 trat ein neues Rechnungslegungsgesetz in Kraft, durch das das ungarische Rechnungswesen den Bedürfnissen der Marktwirtschaft gerecht werden sollte. Seine Anforderungen wurden an die Vorschriften des Europäischen Gemeinschaftsrechts angepasst, um das ungarische Rechnungswesen mit internationalen Standards kompatibel zu machen.[4]

Schon 1987 wurde eine umfassende Reform des ungarischen Bankensektors durchgeführt, bei dem das bestehende Einheitsbanksystem, in dem die Zentralbank alle Aufgaben übernahm, in ein zweistufiges System transformiert wurde. Die ungarische Nationalbank behielt die traditionellen Notenbankfunktionen; ihre Hauptaufgaben waren die Beeinflussung der Geldmenge und der Zinsen, die Verwaltung der Gold- und Währungsreserven, die Festlegung von Mindestreservesätzen für Geschäftsbanken und Offenmarktgeschäfte. Die Geldpolitik stützt sich dabei ausschließlich auf marktkonforme Instrumente. Für kommerzielle Transaktionen mit Unternehmen und Haushalten wurden nun Geschäftsbanken zuständig. Der Bankensektor wurde später durch verschiedene Regelungen weiter liberalisiert. Das Bankengesetz von 1992 sah u.a. eine Mindest-Eigenkapitalquote von 8% vor. 1994 wurde mit der Privatisierung der noch im staatlichen Eigentum befindlichen Banken begonnen.[5]

Im Hinblick auf die Notwendigkeit eines funktionsfähigen Kapitalmarkts wurde 1990 die Budapester Börse eröffnet.[6] Darüber hinaus wurde noch eine Reihe von Gesetzen zur Schaffung der institutionellen Rahmenbedingungen, die für das Funktionieren einer Marktwirtschaft erforderlich sind, geschaffen, wie etwa das Wettbewerbsgesetz (1991) und ein Patentgesetz (1991).[7]

Bereits 1991 wurden sowohl Erzeuger- als auch Verbraucherpreise fast vollständig freigegeben. Auch das Lohnsystem wurde liberalisiert. Die Beschränkungen für den

---

3 Zu weiteren Einzelheiten vgl. z.B. SZANYI (1995).

4 Vgl. OECD (1995b), S. 93.

5 Vgl. Commission of the European Communities (1992), S. 63ff.; Economist Intelligence Unit (1995), S. 26.

6 Vgl. Commission of the European Communities (1993), S. 107.

7 Vgl. ebd., S. 99f.

Außenhandel sowie für die Konvertibilität des Forint wurden weitestgehend aufgehoben.[8]

Der Reform der öffentlichen Finanzen kommt im ungarischen Transformationsprozess eine wesentliche Bedeutung zu. Schließlich hatte Ungarn Ende der 80er Jahre einen der größten öffentlichen Sektoren weltweit, der durch Steuern und Subventionen, die Finanzierung von betrieblichen Investitionen sowie hohe Transferzahlungen an die privaten Haushalte massive Auswirkungen auf die Ressourcenallokation hatte.[9] Die Neugestaltung des Steuersystems wird im Folgenden ausführlich behandelt.

2. Die wirtschaftliche Entwicklung während des Transformationsprozesses

Der Transformationsprozess in Ungarn ist inzwischen weit fortgeschritten. Schon in ihrer Stellungnahme zum ungarischen Beitrittsantrag im Jahr 1997 bezeichnete die Europäische Kommission Ungarn als funktionierende Marktwirtschaft.[10] Anhand der Definition der Kommission ist Marktwirtschaft „dort verwirklicht, wo das freie Spiel der Marktkräfte zu einem ausgewogenen Verhältnis von Angebot und Nachfrage führt. Die Marktwirtschaft funktioniert dann, wenn das jeweilige Land über ein System von Rechtsvorschriften einschließlich zur Regelung der Eigentumsrechte verfügt und die Durchsetzung gewährleistet ist“ (ebd.) Dies bedeutete jedoch nicht, dass im Hinblick auf makroökonomische Stabilisierung, Wettbewerbsfähigkeit sowie strukturelle Reformen nicht noch Fortschritte erzielt werden mussten und weiterhin müssen.

Die Feststellung von 1997 wurde in den jährlichen Fortschrittsberichten der Kommission bestätigt.[11] „Ungarn ist ein Land mit funktionierender Marktwirtschaft und dürfte in absehbarer Zukunft in der Lage sein, dem Wettbewerbsdruck und den Marktkräften in der Union standzuhalten, vorausgesetzt, es weicht nicht von seinem Reformkurs ab und führt die Umsetzung konsequent fort.“[12]

Der Transformationsprozess führte jedoch - nicht zuletzt vor dem Hintergrund des allgemeinen Rückzugs des Staates aus dem Wirtschaftsgeschehen - zunächst zu einer

---

8 Vgl. Ministerium für Internationale Wirtschaftsbeziehungen (1992), S. 27f.

9 Vgl. OECD (1993), S. 33.

10 Vgl. Kommission der Europäischen Gemeinschaften (1997), S. 37.

11 Vgl. Europäische Kommission (1998), S. 22; European Commission (1999), S. 23; Europäische Kommission (2000), S. 32; Kommission der Europäischen Gemeinschaften (2001), S. 41.

12 Kommission der Europäischen Gemeinschaften (2001), S. 113.

drastischen Verschlechterung der ökonomischen Situation. Die makroökonomischen Indikatoren in Tabelle 4 geben einen Eindruck von der wirtschaftlichen Lage Ungarns in den Jahren 1990 bis 2002.

Zunächst kam es zu einer drastischen Kontraktion der Produktion, die sich in negativen realen Wachstumsraten des BIP widerspiegelte. Es fand eine so genannte Transformationsrezession statt. Im Jahr 1991 fiel das BIP gar um 11,9%. Im Zuge des Produktionseinbruchs kam es auch zu einer massiven Freisetzung von Arbeitskräften. Die Arbeitslosenquote, die in der Periode des NÖM bei Null[13] gelegen hatte, stieg auf 12,3% im Jahr 1992 an. Auch die Inflationsrate stieg in der Anfangsphase stark an. So erhöhten sich etwa die Verbraucherpreise im Jahr 1991 um 35%. Es kam zwar nicht zu einer Hyperinflation, doch die Preissteigerungsraten lagen bis 1996 bei über 20%.

1994 war erstmals wieder ein Anstieg des BIP zu verzeichnen. Ab Ende der 1990er Jahre intensivierte sich die wirtschaftliche Erholung. Mit dem Produktionsanstieg erfolgte ein langsamer aber beständiger Rückgang der Arbeitslosenquote. Die Inflationsrate fiel deutlich, blieb jedoch im Vergleich etwa mit den EU-Staaten immer noch sehr hoch.

Im Zusammenhang mit dem Wegbrechen der traditionellen Exportmärkte Ungarns in den RgW-Ländern verschlechterte sich 1993 der Leistungsbilanzsaldo, der bis dahin noch im positiven Bereich gelegen hatte, drastisch. Er konnte sich seither nur langsam verbessern. Der ungarische Forint wertete im Beobachtungszeitraum kontinuierlich gegenüber dem U.S.-Dollar ab. Bedenklich waren die fortdauernden öffentlichen Defizite. Nachdem das Defizit 1994 einen Stand von 8,2% des BIP erreicht hatte, erfolgte ein allmählicher Rückgang auf 3,3% im Jahr 2001. Die hohen Defizite führten zu einem drastischen Anstieg der ohnehin schon erheblichen öffentlichen Verschuldung. Der Schuldenstand stieg von 73,4% des BIP im Jahr 1991 auf einen Höchststand von 88,2% im Jahr 1994 an. Danach konnte dank drastischer Konsolidierungsmaßnahmen ein deutlicher Rückgang verzeichnet werden.

---

13 Man kann davon ausgehen, dass es in dieser Zeit zwar keine offizielle, aber doch verdeckte Arbeitslosigkeit gab.

Tabelle 4: Wichtige makroökonomische Indikatoren 1990-2002

	1990	1991	1992	1993	1994	1995	1996	1997	1998	1999	2000	2001	2002
Reale Wachstumsrate (in % des BIP)	-3,5	-11,9	-3,1	-0,6	2,9	1,5	1,3	4,6	4,9	4,2	5,2	3,7	3.3
Arbeitslosenquote[a]	1,9	7,5	12,3	12,1	10,4	10,4	9,9	8,7	7,8	7,0	6,4	5,7	5,8
Inflationsrate (Verbraucherpreise)	28,9	35,0	23,0	22,5	18,8	28,2	23,6	18,3	14,3	10,0	9,8	9.2	4.8
Leistungsbilanzsaldo (Mrd. USD)	0,1	0,3	0,3	-3,5	-3,9	-2,5	-1,7	-1,0	-2,3	-2,1	-1,3	-1,1	-2.6
Haushaltssaldo (in % des BIP)	0,4	-2,2	-5,5	-6,8	-8,2	-6,5	-5,0	-4,8	-4,8	-3,4	-3,4	-4.7	-9.3
Öff.Schuldenstand (in % des BIP)	k.A.	73,4	77,6	87,9	88,2	86,4	72,8	63,9	61,9	60,7	57,6	52.0	55.1
Wechselkurs (USD/ HUF)	63.2	74.7	79.0	91.9	105.2	125.7	152.6	186.8	214.4	237.1	282.2	286,5	257,9

[a] Bis einschl. 1995: registrierte Arbeitslose, ab 1996: Labour Force Survey

Quellen: EBRD (1997); EBRD (2004); IMF (1997); IMF (2003)

3. Die Reform des Steuersystems

1988 wurde in Ungarn als erstem osteuropäischen Land im Rahmen eines umfassenden Reformpakets ein neues Steuersystem eingeführt, auf das zahlreiche kleinere Veränderungen und weitere Reformschritte folgten. Bemerkenswert dabei ist, dass diese Maßnahmen noch unter einem kommunistischen Regime begannen, und nicht erst, nachdem der Übergang zur Marktwirtschaft erklärtes Ziel der Regierung wurde. Das gegenwärtige ungarische Steuersystem lehnt sich in hohem Maße an die in westlichen Marktwirtschaften und insbesondere in der Europäischen Union vorherrschenden Systeme an.

Ziel der Steuerreform war eine Verlagerung der Steuerlast von der Produktion, d.h. von den Unternehmen, hin zu Konsum und persönlichen Einkommen. Die Reform sollte Transparenz für Produzenten und Konsumenten durch weniger Ausnahmeregelungen und Steuerermäßigungen, eine geringere Zahl von Steuern und den Verzicht auf häufige Änderungen schaffen. Es wurde ein einfaches, neutrales und stabiles Steuersystem angestrebt, bei dem eventuelle Anpassungen vorhersagbar sein sollten und damit die Unsicherheit für die Wirtschaftssubjekte reduziert würde. Hauptfunktion der Besteuerung sollte die Sicherung der notwendigen Einnahmen für den Staatshaushalt sowie die Wahrung horizontaler und vertikaler Verteilungsgerechtigkeit sein. Die Steuerreform sollte den Handlungsspielraum der Unternehmen sowie den Druck zur Steigerung ihrer Effizienz erhöhen. Letztlich erhoffte sich die Regierung davon einen Ausweg aus der wirtschaftlichen Krise und eine Beschleunigung des Wachstums.[14]

3.1 Einführung einer Einkommensteuer

Am 1. Januar 1988 wurde in Ungarn eine persönliche Einkommensteuer eingeführt. Mit den unten genannten Ausnahmen werden alle Einkünfte von Privatpersonen unabhängig von ihrer Quelle besteuert. Von der Summe der Einkünfte können verschiedene Arten von Kosten abgezogen werden.[15] Die ungarische Regierung entschied sich für einen Stufengrenzsatztarif, bei dem der Grenzsteuersatz stufenförmig ansteigt, aber innerhalb des Stufenbereichs konstant bleibt. Der im Jahre 1988 eingeführte Tarif hatte eine stark progressive Struktur, mit zehn verschiedenen marginalen Steuersätzen zwischen 20% und 60%. Steuersätze, Anzahl der Stufen sowie die Höhe der Freibeträge wurden fast jährlich verändert. Ab 1996 gab es keinen Freibetrag mehr, d.h. die erste Stufe des Steuertarifs galt ab dem ersten Forint des Einkommens. Die Entwick-

---

14 Vgl. Koltay (1993), 250f.; Ministry of Finance (1987a), S. 25ff.

15 Vgl. Ministry of Finance (1987c).

lung der Regelungen im Zeitablauf ist in Tabelle 5 dargestellt. Es zeigt sich ein deutlicher Rückgang der Zahl der Progressionszonen, der allerdings 1994 und 1995 umgekehrt wurde. Seit 1999 gab es nur noch drei Stufen, mit Grenzsteuersätzen von 20%, 30% und 40%. 2004 wurden die Grenzsteuersätze wiederum auf 18%, 26% und 38% gesenkt.

Typisch für das Steuersystem war vor allem bei den ursprünglichen Regelungen von 1988 die Vielzahl der Ausnahmetatbestände, die in der Regel eine Begünstigung bedeuteten. So wurden etwa die Einkünfte aus kleinen landwirtschaftlichen Betrieben pro Haushalt addiert und dann durch die Anzahl der Familienmitglieder über 16 Jahren dividiert. Damit wurde der Tatsache Rechnung getragen, dass in diesen Betrieben in der Regel mithelfende Familienangehörige zum Einkommen beitragen. Durch dieses „Splitting" wurde die Steuerlast im Vergleich zur Besteuerung nur eines Familienmitglieds reduziert. Ziel war die Förderung der Produktion landwirtschaftlicher Familienbetriebe. Auch Einkünfte aus „intellektueller Tätigkeit" wurden begünstigt. Pensionen wurden von der Einkommensteuer befreit, genauso wie eine ursprünglich extrem lange Liste von anderen Einkünften, u.a. Sozialtransfers, Stipendien und eine Reihe von „Fringe Benefits" für Arbeitnehmer (z.B. bezuschusste oder kostenlose Kantinenessen, Mietbeihilfen).[16]

Zinseinkünfte von Sparkonten und Staatsanleihen wurden unabhängig vom individuellen Einkommensteuertarif mit einem abgeltenden Quellensteuersatz von 20% besteuert. Seit 1995 sind im Rahmen der Einkommensbesteuerung Zinseinkünfte völlig befreit. Dividendeneinkünfte unterlagen zunächst einer zwanzig- und ab 1994 einer zehnprozentigen Quellensteuer.[17] Der Steuersatz wurde 1997 wieder auf 20% erhöht. Für Dividenden, deren Höhe den doppelten Leitzinssatz der ungarischen Zentralbank überschritt, wurde eine Steuer von 27% eingeführt.[18] Kursgewinne („Capital Gains") werden bei ihrer Realisierung mit 20% besteuert.[19]

---

16 Vgl. ebd.

17 Vgl. EU-Magazin (1995), S. 38.

18 Vgl. DETHIER/JOHN (1998), S. 8f.

19 Vgl. OECD (2000a), S. 128.

Tabelle 5: Tarif der Einkommensteuer 1988-2002

Stufe[a]	1988	1989	1990	1991	1992	1993	1994 & 1995	1996	1997 & 1998	1999	2000	2001	2002
>0	0	0	0	0	0	0	0	20	20	20	20	20	20
>48	20												
>55		17	15	12									
>70	25	23											
>90	35	29	30	18									
>100					25	25							
>110							20						
>120	39			30									
>150	44	35		32			25	25	25				
>180													
>200					35	35							
>220							35	35	35				
>240	48	42											
>300			40	40									
>360	52	49											
>380							40	40	40	30			
>400											30		
>480												30	
>500			50	50	40	40							
>550							44	44	42				
>600	56	56											30
> 800	60												
>900								48					
>1.000										40	40		
>1.050												40	
>1.200													40

[a]Zu versteuerndes Einkommen (in Tsd. HUF/Jahr)

Quellen: Ministry of Finance (1987c)/(1990c)/(1991)/(1992a)/(1993a)/(1994a)/(2002); OECD (1999)

Insgesamt zeichnete sich die ungarische Einkommensteuer zunächst durch eine sehr kleine Bemessungsgrundlage und entsprechend hohe Steuersätze aus. Nachdem erkannt worden war, dass die Vielzahl der Ausnahmeregelungen nicht nur die Bemessungsgrundlage stark beschränkte, sondern auch zu einer sehr ungleichmäßigen Belastung der Steuerzahler führte, wurde ihr Umfang 1992 reduziert. Es wurden mehr als 100 vorher steuerbefreite Einkommenskomponenten in die Bemessungsgrundlage aufgenommen, wie etwa Zahlungen des Arbeitgebers für Miete, Arbeitskleidung, Versicherungen, Urlaub oder Kantinenessen. Auch die Steuererleichterungen für kleine landwirtschaftliche Betriebe wurden beschnitten. In den darauffolgenden Jahren wurde durch weitere Einschränkungen bei den Steuervergünstigungen versucht, die Bemessungsgrundlage zu erweitern.[20] Diese Bemühungen der Regierung waren im Großen und Ganzen erfolgreich, wenn auch häufig die Abschaffung einer Ausnahmeregelung mit der Einführung einer neuen einherging.[21] Die zunehmende Bedeutung der Einkommensteuer bei den Steuereinnahmen insgesamt kann als ein Indikator für die tatsächliche Erweiterung der Bemessungsgrundlage gewertet werden.[22]

3.2 Reform der Gewinnbesteuerung

1989 wurde eine 50%ige Gewinnsteuer eingeführt. Im Prinzip waren alle Unternehmen, ob staatseigene Betriebe, Genossenschaften oder Privatunternehmen, steuerpflichtig. Einige Sektoren und (kleinere) Betriebe wurden mit einem reduzierten Satz besteuert. 1990 wurde die Steuer je nach Höhe des Gewinns auf 35% (Bemessungsgrundlage bis 3 Mio. HUF) bzw. 40% (Bemessungsgrundlage über 3 Mio. HUF) gesenkt. Es existierte eine Reihe von Sonderregelungen, die zu Steuerermäßigungen führten. So wurde etwa die Steuerschuld für Gewinne aus der Bereitstellung so genannter öffentlicher Dienste (z.B. Nahverkehr, Postdienste, Trinkwasserversorgung) und im Gesundheitswesen um 80% und im kulturellen und Sportbereich um 65% reduziert. Für Gewinne aus der Landwirtschaft, der Lebensmittelindustrie und dem Lebensmitteleinzelhandel war eine Steuerermäßigung von 35% vorgesehen. Darüber hinaus gab es noch steuerliche Vergünstigungen für eine Reihe von Aktivitäten wie etwa Forschung und Entwicklung oder Investitionen in wirtschaftlich rückständigen Regionen. Auch Joint Ventures mit ausländischen Investoren wurden steuerlich begünstigt.[23]

---

20 Vgl. Ministry of Finance (1992a) und (1993a).

21 Vgl. OECD (1995a), S. 46f.

22 Vgl. Tabelle 7.

23 Zu weiteren Einzelheiten vgl. Ministry of Finance (1990a), S. 23ff.

Zusätzlich zur eigentlichen Gewinnsteuer wurde eine Art „Dividendenzahlung" für staatseigene Betriebe erhoben. Ziel war es, gleiche Wettbewerbsbedingungen zwischen staatlichen und privaten Unternehmen zu schaffen, indem der Staat als Eigner der Betriebsmittel eine Ausgleichszahlung für deren Überlassung verlangte, die der Belastung durch Dividendenzahlungen im Privatsektor entsprechen sollte. Diese Zahlung wurde auf der Basis des Gewinns nach Steuern und proportional zum Staatsanteil am gesamten Unternehmen berechnet. In der Regel betrug der zu zahlende Satz 18%, es gab jedoch wiederum eine Reihe von Ausnahmeregelungen u.a. für öffentliche Dienste, Gesundheitswesen, Kultur, Land- und Forstwirtschaft und die Lebensmittelindustrie.[24]

Im Jahre 1992 wurde anstelle der oben beschriebenen Gewinnsteuer eine Körperschaftsteuer nach westeuropäischem Vorbild mit einem Satz von 40% eingeführt. Gleichzeitig traten neue Rechnungslegungsvorschriften in Kraft, die auf der 4. EG-Richtlinie basieren und sich damit an westliche Methoden anlehnen. Die Änderungen im Rechnungswesen, insbesondere im Hinblick auf die Abschreibungsmöglichkeiten und die Möglichkeit zum Verlustvortrag über 5 Jahre, reduzierten die Bemessungsgrundlage, so dass die Steuerbelastung der Unternehmen im Allgemeinen sank.[25] Die Körperschaftsteuer wurde von allen Kapitalgesellschaften, einschließlich derer im Staatseigentum, erhoben. Kleine Personenunternehmen unterlagen in der Regel der Einkommensteuer. Wiederum gab es Steuererleichterungen für Joint Ventures mit ausländischer Beteiligung sowie für öffentliche Dienste, das Gesundheitswesen, kulturelle und sportliche Aktivitäten. Des Weiteren wurden bestimmte Investitionen aus strukturpolitischen Gründen steuerlich gefördert.[26]

Im Jahre 1994 erfolgten wiederum einige Steuerrechtsänderungen. Der Körperschaftsteuersatz wurde auf 36% reduziert. Gleichzeitig wurde versucht, die Bemessungsgrundlage zu erweitern, vor allem durch Einschränkungen bei den Abschreibungsmöglichkeiten. Da es bis dato den Unternehmen häufig gelungen war, durch Angabe hoher Kosten ihren zu versteuernden Gewinn auf Null zu reduzieren, wurde außerdem eine "Mindeststeuer" eingeführt. Bei Unternehmen, deren Gewinn nicht einen gewissen Prozentsatz der Umsatzes erreichte, wurde ein hypothetischer "Mindestgewinn" besteuert, sobald das Unternehmen einen positiven Umsatzerlös

---

24 Vgl. Ministry of Finance (1990a), S.78 ff.

25 Vgl. OECD (1995b), S. 93.

26 Zu weiteren Details siehe Ministry of Finance (1992b).

erzielte. Dabei wurde der reguläre Körperschaftsteuersatz auf 2% der Erlöse angewandt.[27]

1995 wurde diese Form der Mindeststeuer durch eine neue Variante ersetzt. Die Zielgruppe für diese Mindestbesteuerung ist nicht identisch mit der bei der vorherigen Regelung und auch deutlich kleiner.[28] Außerdem wurde 1995 bei der Körperschaftsteuer anstelle des bisherigen einheitlichen Satzes von 36% ein gespaltener Tarif eingeführt. Bei Ausschüttungen fällt neben dem Satz von 18% für einbehaltene Gewinne beim Unternehmen eine so genannte Ergänzungssteuer in Höhe von 23% auf die Nettodividende an.[29] 1997 wurde die zweistufige Körperschaftsteuerstruktur wieder abgeschafft und nur der niedrigere Steuersatz beibehalten. Dividenden, die ins Ausland transferiert werden, sind mit einer Quellensteuer von 20% belegt.[30] 2004 wurde der Körperschaftsteuersatz auf 16% gesenkt.

3.3 Einführung einer Mehrwertsteuer

Ungarn war 1988 das erste Land in Mittel- und Osteuropa, das eine Mehrwertsteuer (MWSt) nach dem Modell der EU-Mitgliedstaaten, d.h. eine Nettoallphasenumsatzsteuer, einführte. Die Wahl dieses Modells war nicht zuletzt von dem Wunsch nach einem späteren EU-Beitritt beeinflusst. Der Standardsteuersatz betrug 25%. Er wurde zunächst jedoch nur auf etwa 53% der Konsumausgaben angewandt. Dieser Anteil sank später auf ca. 40%, stieg dann aber wieder auf über 50% an.[31] Bestimmte Dienstleistungen (z.B. Warentransport, Reparaturen, Tourismus) wurden nur mit einem reduzierten Satz von 15% belastet. Eine Vielzahl von Gütern, insbesondere die des täglichen Grundbedarfs (z.B. Nahrungsmittel, Medikamente, Heizmittel wie Kohle und Feuerholz sowie Strom, öffentliche Verkehrsmittel, Bücher) wurden mit einem Satz von Null besteuert.[32] Dieser Nullsatz galt für etwa 40% aller Ausgaben der Privathaushalte.

---

27 Vgl. GEM (1994), S. 29.

28 Vgl. World Bank (1995), S. 24.

29 Vgl. EU-Magazin (1995), S. 38, Ministry of Finance (1995), S. 34.

30 Vgl. VAMOSI-NAGY et al. (1998), S. 492.

31 Vgl. LUKACS (1991), S. 219; SEMJEN (1994), S. 25; OECD (2000), S. 129.

32 Obwohl sie für den Endverbraucher auf den ersten Blick keinen Unterschied macht, ist die Differenzierung zwischen einem Mehrwertsteuersatz von Null und einer Mehrwertsteuerbefreiung von Bedeutung für die Produzenten. Während die Hersteller von mit dem Nullsatz belegten Waren zum Vorsteuerabzug berechtigt sind, besteht diese Möglichkeit bei steuerbefreiten Gütern nicht. Dies führt im letzteren Fall zu höheren Produktionskosten und letztlich durch Überwälzung auch zu höheren Verbraucherpreisen.

Einige andere Produkte (z.B. Finanzdienstleistungen, Gesundheitswesen, Erziehung, Kultur und Sport) unterlagen nicht der MwSt.[33]

Im Jahre 1993 wurde für die meisten Waren, für die bis dahin der Nullsatz galt, ein ermäßigter Satz von 6% eingeführt. Die Anwendung des Nullsatzes wurde auf pharmazeutische Produkte und Strom für private Haushalte beschränkt. Gleichzeitig wurde der ermäßigte Satz von 15% abgeschafft und alle Dienstleistungen (außer Hotel-Dienstleistungen), für die er vorher gegolten hatte, wurden mit dem Normalsatz von 25% belegt. Der ermäßigte Satz wurde im Laufe des Jahres 1993 jedoch auf 10% erhöht, da die Steuereinnahmen insgesamt und insbesondere die Mehrwertsteuereinnahmen hinter den Vorausschätzungen zurückgeblieben waren. Die weitreichenden Ausnahmeregelungen wurden mit der 1993er Reform reduziert. So wurde etwa die Anwendung des Nullsatzes auf pharmazeutische Produkte beschränkt. 1995 wurde der ermäßigte Satz auf 12% angehoben.[34] In den darauffolgenden Jahren wurde die Differenzierung weiter reduziert. 1999 wurde beispielsweise der ermäßigte Steuersatz für eine Reihe von Gütern und Dienstleistungen abgeschafft.[35]

3.4 Die Sozialversicherungsbeiträge

Im Zuge des Übergangs zur Marktwirtschaft wurde ein proportionaler Sozialversicherungsbeitrag eingeführt, der auf Arbeitgeber und Arbeitnehmer aufgeteilt wurde. Für die Arbeitnehmer wurden die Sozialversicherungsbeiträge in die Bemessungsgrundlage für die persönliche Einkommensteuer einbezogen.[36] Ursprünglich wurde nicht zwischen Krankenversicherung und Rentenversicherung unterschieden und ein Gesamtbeitrag in Höhe von 40% des Bruttoarbeitslohns erhoben. 1993 wurde dieser so genannte Sozialversicherungsfonds in zwei Kassen aufgespalten. Der Arbeitgeberanteil für die Krankenversicherung betrug 19,5% und für die Rentenversicherung 24,5%. Die Arbeitnehmer hatten zunächst 4% ihres Bruttoeinkommens für die Krankenversicherung und 6% für die Rentenversicherungen zu entrichten. Neben diesen Beiträgen sind noch Zahlungen an die Arbeitslosenversicherung und ein so genannter Fortbildungsbeitrag zu leisten. Die Beitragsätze wurden später mehrfach geändert. Einen Überblick über die Entwicklung der Beitragssätze gibt Tabelle 6.

---

33 Vgl. Ministry of Finance (1987 und 1990); VAMOSI-NAGY et al. (1998), S. 495.

34 Vgl. OECD (1995a), S. 38 und 45f.; JARVIS/SMITH (1995), S. 11f.; VAMOSI-NAGY et al. (1998), S. 495.

35 Vgl. Europäische Kommission (1998), S. 32; Europäische Kommission (2000), S. 53f.

36 Vgl. KOLTAY (1993), S. 253 und 257.

Tabelle 0: Sozialversicherungsbeiträge (in % des Bruttoarbeitslohns)

	1988	1989-1990	1991	1992	1993	1994	1995	1996	1997	1998	1999	2000	2001	2002
Arbeitgeberanteil[a], davon:	40,0[b]	44,5	46,0	50,5	50,5	50,5	49,7	48,2	44,7	44,6	37,5	37,5	35,5	33,5
Rentenversicherung		43,0[b]	43,0[b]	24,5	24,5	24,5	24,5	24,5	24,0	24,0	22,0	22,0	20,0	18,0
Krankenversicherung				19,5	19,5	19,5	19,5	18,0	15,0	15,0	11,0	11,0	11,0	11,0
Pro-Kopf-Beitrag (HUF)	--	--	--	--	--	--	--	--	1.800	2.100	3.600	3.900	4.200	4.500
Arbeitslosenversicherung		--	1,5	5,0	5,0	5,0	4,2	4,2	4,2	4,1	3,0	3,0	3,0	3,0
Fortbildungsbeitrag	--	1,5	1,5	1,5	1,5	1,5	1,5	1,5	1,5	1,5	1,5	1,5	1,5	1,5
Arbeitnehmeranteil, davon:	10,0[b]	10,0[b]	10,5	11,0	12,0	11,5	11,5	11,5	11,5	11,5	12,5	12,5	12,5	12,5
Rentenversicherung			10,0[b]	6,0	6,0	6,0	6,0	6,0	6,0	7,0	8,0	8,0	8,0	8,0
Krankenversicherung				4,0	4,0	4,0	4,0	4,0	4,0	3,0	3,0	3,0	3,0	3,0
Arbeitslosenversicherung	--	--	0,5	1.0	2.0	1.5	1,5	1,5	1,5	1,5	1,5	1,5	1,5	1,5
Belastung des Bruttoarbeitslohns insgesamt[b]:	50,0	54,5	56,5	61,5	62,5	62,0	61,2	59,7	56,2	56,1	50,0	50,0	48,0	46,0

[a] ohne Pro-Kopf Beitrag zur Krankenversicherung
[b] Rentenversicherung und Krankenversicherung. Bis 1991 umfasste der so genannte Sozialversicherungsfonds beide Versicherungen.

Quelle: Informationen von K. HARASZTI, Ungarisches Finanzministerium

Die Senkung der Beitragssätze zur Sozialversicherung zwischen 1994 und 1997 wurde durch eine Verbreiterung der Bemessungsgrundlage kompensiert. Vorwiegend geschah dies durch die Einbeziehung von „Fringe Benefits" und durch das Schließen einiger Schlupflöcher.[37] 1997 wurde zusätzlich zum proportionalen Beitrag ein vom Arbeitgeber zu zahlender fixer Pro-Kopf-Beitrag zur Krankenversicherung eingeführt. Er betrug zunächst HUF 1.800 pro Monat und wurde jährlich bis auf HUF 4.500 im Jahr 2002 erhöht (Information von K. HARASZTI, Ungarisches Finanzministerium).

Es fällt auf, dass die Beitragssätze der Arbeitgeber um ein Vielfaches höher sind als die der Arbeitnehmer. Summiert man die einzelnen Beitragskomponenten, so ergibt sich eine beträchtliche Gesamtbelastung: Insgesamt beliefen sich die Sozialversicherungsbeiträge bis zum Jahr 2000 auf mindestens 50% des Bruttoarbeitslohns. Zwischen 1992 und 1994 lagen sie sogar bei über 60%. Erst 2001 und 2002 sanken sie unter die 50%-Marke. Die ungarischen Sozialversicherungsbeiträge gehörten bis dahin zu den höchsten in der OECD (vgl. Orosz et al. (1998), S. 228) .

3.5 Sonstige Steuerarten

Neben den oben genannten Steuer- bzw. Abgabenarten mit relativ hohem Aufkommen existieren in Ungarn noch eine Reihe weniger aufkommensintensiver Steuern. Dazu gehören etwa die speziellen Verbrauchsteuern, die auf bestimmte Produkte, wie etwa Tabak, Alkohol, Kosmetika und Schmuck erhoben werden. Weiterhin gibt es eine Kraftfahrzeugsteuer sowie eine Grundsteuer.[38] Auch im Falle von bestimmten Transaktionen werden Steuern fällig: Es werden Grunderwerbsteuern sowie Erbschaft- und Schenkungssteuern erhoben.[39] Eine lokale Gewerbesteuer kann von den Gemeinden erhoben werden, die auch den Steuersatz festlegen.[40]

Zunächst wurde, wie schon in der Periode des NÖM, versucht, die Höhe der Löhne durch eine Lohnzuwachssteuer zu beeinflussen. Es wurde ein Limit für die Lohnsteigerungen gesetzt, das an die Entwicklung der Wertschöpfung des jeweiligen Unternehmens gekoppelt war. Nur Unternehmen, bei denen die gezahlten individuellen Löhne den prozentualen Zuwachs ihrer Wertschöpfung überschritten, wurden steuerpflichtig. Später wurde der Zuwachs der gesamten Lohnsumme eines Unternehmens Bezugsgröße, da das vorherige System zu einer starken Differenzierung der Lohnzu-

37 Vgl. COTTARELLI et al. (1998a), S. 40f.

38 Vgl. Ministerium für internationale Wirtschaftsbeziehungen (1992), S. 36f.

39 Vgl. Ministry of Finance (1994c).

40 Vgl. LIGETI (1996), S. 38.

wächse zwischen den Unternehmen geführt hatte. 1992 wurde die Entwicklung der Durchschnittslöhne relevante Größe, und 1993 schließlich wurde die Besteuerung von Lohnzuwächsen ganz abgeschafft.[41]

Bei der Erhebung von Einfuhrzöllen hat man sich an die Nomenklatur (d.h. die systematische Klassifizierung von Waren) der EU angelehnt. Die Zollsätze betrugen zunächst im Durchschnitt 17%. 1995 wurde eine ergänzende 8%ige Importsteuer eingeführt.[42] Diese wurde schrittweise reduziert und 1997 vollständig abgeschafft. Im Einklang mit Ungarns Verpflichtungen sowohl gegenüber der EU als auch der WTO wurden auch die Zollsätze reduziert. 2001 betrug der durchschnittliche Zollsatz für alle Produkte 11,7%, für Agrarprodukte 31%, für Fischereiprodukte 15% und für Industrieprodukte 7,1%.[43]

3.6 Die quantitative Bedeutung der Steuern

Tabellen 7 und 8 bieten einen umfassenden Überblick über die quantitative Bedeutung und die Struktur der ungarischen Steuern. Tabelle 7 setzt die Einnahmen aus den einzelnen Steuern in Bezug zu den Steuereinnahmen insgesamt, und Tabelle 8 gibt ihren Anteil am BIP wieder. Die Aussagekraft dieser Quoten wird allerdings dadurch beeinträchtigt, dass auch die Bezugsgrößen - Gesamtaufkommen bzw. BIP - im Laufe der Transformation erheblichen Schwankungen unterlagen.

Es fällt auf, dass der Anteil der gesamten Steuereinnahmen am BIP in der betrachteten Periode drastisch zurückgegangen ist. Er sank von nahezu 50% im Jahr 1988 auf einen Tiefstand von 31,9% im Jahr 1998. Danach stieg er wieder leicht an. Besonders auffallend ist der massive Einbruch der Einnahmen aus der Körperschaftsteuer. Das Aufkommen sank von 17% der Steuereinnahmen bzw. 8,4% des BIP im Jahr 1988 auf nur noch 3,9% der Steuereinnahmen bzw. 1,5% des BIP im Jahr 1993. Danach war ein kontinuierlicher Anstieg zu verzeichnen. Dennoch hat die Besteuerung von Unternehmensgewinnen im Laufe des Transformationsprozesses massiv an Bedeutung eingebüßt. Dahingegen nahm die Bedeutung der Einkommensteuer bis 1993 kontinuierlich zu und sank danach nur leicht. Mit einem Anteil von 16,5% der Steuereinnahmen im Jahr 2000 trug sie erheblich stärker zu den Staatseinnahmen bei als etwa die Körperschaftsteuer.

41 Vgl. ADAM (1995), S. 992.

42 Vgl. Commission of the European Communities (1993), S. 110; World Bank (1995), S. 24.

43 Vgl. Kommission der Europäischen Gemeinschaften (2001), S. 101.

Tabelle 7: Struktur der Steuereinnahmen[ab] (in % der gesamten Steuereinnahmen)

	1988	1989	1990	1991	1992	1993	1994	1995	1996	1997	1998	1999	2000
Einkommensteuer	0,7	3,5	6,6	12,6	12,5	15,2	14,8	14,5	16,7	15,3	14,8	15,0	16,5
Körperschaft-/Gewinnsteuer	17,0	17,8	14,6	12,1	5,6	3,9	5,1	5,3	5,4	5,9	6,7	6,8	6,9
Lohnsummensteuer etc.	0,0	0,0	0,2	0,2	0,2	0,2	0,2	0,1	0,2	0,3	0,3	0,3	0,0
Vermögenssteuern	0,1	0,0	0,1	0,0	0,0	0,0	0,0	0,0	0,0	1,2	1,2	1,1	1,3
Sonstige direkte Steuern	0,0	0,0	0,0	3,1	1,7	1,8	1,4	0,4	0,0	0,0	0,0	0,0	0,0
Direkte Steuern gesamt	19,9	21,3	21,4	28,0	19,9	21,0	21,5	20,4	22,3	22,6	23,1	23,3	25,0
Mehrwertsteuern	18,3	17,1	16,8	15,1	15,4	20,6	20,5	21,2	22,1	24,3	24,7	24,4	27,3
Verbrauchsteuern	12,0	12,1	11,6	13,9	14,6	10,7	10,0	10,0	9,5	9,6	10,0	12,0	12,0
Zölle	6,2	6,2	6,9	6,4	8,8	9,2	9,2	12,5	10,7	5,8	4,1	3,7	3,3
Sonstige indirekte Steuern	15,2	8,7	8,7	2,4	2,8	2,1	3,2	2,3	3,0	3,3	3,8	1,4	1,2
Indirekte Steuern gesamt	51,7	44,1	44,0	37,8	41,5	42,6	42,8	46,1	46,3	43,0	42,6	41,5	43,7
Sonstige Steuern	0,6	0,3	0,0	1,3	3,0	2,7	2,6	1,8	1,5	1,4	1,1	0,9	0,8
Sozialversicherungsbeiträge	27,8	34,4	34,6	32,9	35,6	33,7	33,2	31,8	30,9	33,0	33,2	34,3	30,5

[a] einschließlich Sozialversicherungsbeiträgen
[b] Zentralstaat ("Consolidated Central Government")

Quellen: IMF (1995); IMF (2001); eigene Berechnungen

Tabelle 8: Struktur der Steuereinnahmenab (in % des BIP)

	1988	1989	1990	1991	1992	1993	1994	1995	1996	1997	1998	1999	2000
Einkommensteuer	0,4	1,6	2,9	5,0	4,9	6,0	5,6	5,2	5,6	5,0	4,7	5,1	5,4
Körperschaftsteuer	8,4	8,2	6,5	4,8	2,2	1,5	1,9	1,9	1,8	1,9	2,2	2,3	2,3
Lohnsummensteuer etc.	1,0	0,0	0,1	0,1	0,1	0,1	0,1	0,0	0,1	0,1	0,1	0,1	0,1
Vermögenssteuern	0,1	0,0	0,0	0,0	0,0	0,0	0,0	0,0	0,0	0,4	0,4	0,4	0,4
Sonstige direkte Steuern	0,0	0,0	0,0	1,2	0,6	0,7	0,5	0,2	0,0	0,0	0,0	0,0	0,0
Dir. Steuern insgesamt	9,8	9,8	9,6	11,1	7,8	8,3	8,1	7,3	7,5	7,4	7,4	7,9	8,2
Mehrwertsteuern	9,1	7,9	7,5	6,0	6,0	8,1	7,7	7,6	7,5	7,9	7,9	8,3	9,0
Verbrauchsteuern	6,0	5,6	5,2	5,5	5,7	4,2	3,8	3,6	3,2	3,1	3,2	4,1	3,9
Zölle	3,0	2,9	3,1	2,5	3,4	3,6	3,4	4,4	3,6	1,9	1,3	1,2	1,1
Sonstige indirekte Steuern	7,5	4,0	3,9	1,0	1,1	0,8	1,2	0,8	1,0	1,1	1,2	0,5	0,4
Indir. Steuern insgesamt	25,6	20,4	19,7	15,0	16,2	16,8	16,1	16,4	15,3	14,0	13,6	14,1	14,4
Sonstige Steuern	0,3	0,1	0,0	0,5	1,2	1,1	1,0	0,6	0,5	0,4	0,4	0,3	0,3
Sozialvers. Beiträge	13,7	15,9	15,5	13,0	13,9	13,2	12,5	11,3	10,4	10,7	10,6	11,6	10,0
Steuereinnahmen insgesamt	49,5	46,3	44,7	39,7	38,9	39,3	37,6	35,6	33,8	32,6	31,9	33,9	32,8

[a] einschließlich Sozialversicherungsbeiträgen
[b] Zentralstaat ("Consolidated Central Government")
Quellen: IMF (1995); IMF (2001); eigene Berechnungen

Das Volumen der Einnahmen aus indirekten Steuern blieb über die Jahre deutlich größer als das der direkten Steuern. Letztere beliefen sich 1988 auf weniger als 10% des BIP, während der Anteil der indirekten Steuereinnahmen am BIP fast 26% betrugen. Dabei stieg das Mehrwertsteueraufkommen von deutlich unter 20% zu Beginn der 1990er Jahre auf fast ein Viertel des gesamten Steueraufkommens an. Sein Anteil am BIP erhöhte sich in der zweiten Hälfte der Dekade nur in weit geringerem Maße, war jedoch mehr als doppelt so hoch wie die Einnahmen aus speziellen Verbrauchsteuern. Die Bedeutung der Zölle, gemessen am gesamten Steueraufkommen stieg zunächst an, besonders deutlich nach der zeitlich begrenzten Einführung einer Importsteuer im Jahr 1995. Seither geht sie kontinuierlich zurück. Die Sozialversicherungsbeiträge machten im Beobachtungszeitraum etwa ein Drittel der gesamten Steuereinnahmen aus.

4. Institutionelle Rahmenbedingungen für das Steuersystem

Die Existenz von Steuergesetzen ist zwar eine notwendige, aber keine hinreichende Bedingung für die Funktionsfähigkeit eines Steuersystems. Darüber hinaus müssen noch eine Reihe von institutionellen Voraussetzungen erfüllt sein, die beispielsweise ein marktkonformes Verhalten der Wirtschaftssubjekte induzieren oder ohne die die Steuern nicht erhoben werden können. Dazu gehören z.B. die Abschaffung des sozialistischen Preissystems oder der Aufbau der Steuerverwaltung. Andererseits können sich solche institutionellen Veränderungen, wie etwa die Privatisierung staatlicher Unternehmen, - gerade in der Phase des Wandels - auch auf die Funktionsfähigkeit des neuen Steuersystems und die Höhe der erhobenen Steuern auswirken.

4.1 Die Rolle der Eigentumsordnung

Ein wesentliches Element der Systemtransformation in Ungarn war die Neuregelung der Eigentumsordnung. Private und transferierbare Eigentumsrechte sind ein systemprägendes Ordnungselement in Marktwirtschaften.[44] Die Theorie der „Property Rights" definiert „Eigentum als ein Bündel von Rechten, das die rechtlich akzeptierten oder erlaubten Handlungsmöglichkeiten von Individuen in einer Gesellschaft festlegt."[45] Dazu gehören etwa Rechte im Hinblick auf Entscheidungen über Gründung und

44 Vgl. Kloten (1991), S. 26.

45 Bohnet (1987), S. 117.

Auflösung von Unternehmen (Organisationsrechte) oder über deren Verkauf (Übertragungsrechte). Des Weiteren können Verfügungsrechte an verschiedenen Handlungsobjekten bestehen: Dazu zählen die Produktionsrechte, d.h. die Berechtigung zu entscheiden, welche Güter mit welcher Technologie produziert werden, die Konsumrechte an Gütern, sowie die Möglichkeit, über die Verwendung von Gewinnen zu bestimmen.[46] Sind diese Eigentumsrechte eindeutig geregelt und ohne hohe Transaktionskosten durchsetzbar, verringern sich zum einen auch die Transaktionskosten bei Produktion, Lagerung, Transport und Verkauf von Gütern. Zweitens schaffen nur langfristige Eigentumsrechte ausreichende Sicherheit für langfristige Investitionen. Drittens können nur bei eindeutig definierten „Property Rights" Investoren absehen, welche Rechte und Pflichten die Miteigentümer und Dritte (etwa der Staat oder die Beschäftigten) am Unternehmen haben. Viertens gibt es kaum Anreize zu Innovationen, wenn die Verfügungsrechte daran nicht geschützt sind (z.B. durch Patente und Urheberrechte). Auch Handel und Finanzen können sich nur effizient entwickeln, wenn Transaktionen durch verlässliche Eigentumsrechte geschützt sind.[47]

Tendenziell wird um so effizienter gewirtschaftet, je mehr Entscheidungsbefugnisse auf Unternehmen und private Haushalte übertragen werden. Nur die Aussicht, über die erzielten Gewinne und Einkommen selbst verfügen zu können bzw. für entstandene Verluste gerade stehen zu müssen, gibt Anreiz zu größten Anstrengungen im Sinne effizienten Wirtschaftens.[48] Um effizient am Markt agieren zu können, brauchen die Wirtschaftssubjekte neben den Eigentumsrechten jedoch auch eindeutige, transparente und in sich widerspruchsfreie Rahmenbedingungen anstelle der fallweisen Entscheidungen im Sozialismus. Dazu gehört ein möglichst allokationsneutrales und transparentes Steuersystem.

Die Neuregelung der Eigentumsordnung in Ungarn schuf einerseits die Voraussetzung für effizientes Wirtschaften. Andererseits hatte sie Auswirkungen auf die Funktion des Steuersystems. Nach der Privatisierung von Unternehmen konnten deren Gewinne nicht mehr so einfach für den öffentlichen Haushalt in Anspruch genommen werden wie die der Staatsbetriebe. Die Privatisierung führte zum Verlust von Informationen für die Steuerverwaltung. Der vorhandenen Mechanismus der Steuererhebung war in der Marktwirtschaft nicht mehr ausreichend.[49] Die Steuerverwaltung musste sich daher den veränderten Gegebenheiten anpassen. Mit den steuerlichen Regelungen des

---

46 Vgl. ebd., S. 120ff.

47 Vgl. GROS/STEINHERR (1995), S. 96.

48 Vgl. BERNHOLZ (1994), S. 539.

49 Vgl. BUITER (1996), S. 33.

NÖM hätten nach der Privatisierung nicht genügend Einnahmen erhoben werden können. Das Steuersystem wäre auf Dauer nicht funktionsfähig gewesen.

Die Privatisierung der staatlichen Betriebe hatte deutlich negative Auswirkungen auf die Steuereinnahmen. Vor allem war ein drastischer Rückgang der Gewinnsteuern zu verzeichnen, mit denen im NÖM die Staatsbetriebe einen wesentlichen Beitrag zum Aufkommen an direkten Steuern geleistet hatten. Durch die Änderung der Eigentumsordnung erhöhte sich die Anzahl der Marktteilnehmer, was die Erhebung von Steuern schwieriger machte und Steuerhinterziehung sowie Steuerrückstände ermöglichte. Zum anderen ging die Privatisierung in Ungarn mit bestimmten Steuervergünstigungen für Privatunternehmen einher. Dies galt insbesondere auch für den Verkauf an ausländische Investoren. Aber auch in anderen Fällen, etwa bei Management-Buy-Outs, wurden steuerliche Anreize eingesetzt. Während der Anteil der Gewinnsteuern an den gesamten Steuereinnahmen 1988 noch 17% betragen hatte, war er bis 1993 auf nur noch 3,9% zurückgegangen. Darüber hinaus fielen die Gewinnsteuereinnahmen Anfang der 1990er Jahre nicht nur absolut, sondern auch im Verhältnis zu den Unternehmensgewinnen vor Steuern.[50]

Eng verbunden mit der veränderten Eigentumsordnung war die Anpassung des betrieblichen Rechnungswesens und der Gewinnermittlung an das marktwirtschaftliche System. Allgemeinverbindliche Vorschriften sind für die Besteuerung von Unternehmensgewinnen notwendig, damit die Gewinnbesteuerung auf einer für alle Unternehmen einheitlichen, vorhersehbaren und unstrittigen Basis erfolgt. Ein entsprechendes Gesetz, mit dem das ungarische Rechnungswesen an die Bedürfnisse der Marktwirtschaft angepasst werden sollte, trat in Ungarn zum 1. Januar 1992 in Kraft.[51]

Die inhaltliche Gestaltung und rechtliche Umsetzung solcher Rechnungslegungsvorschriften sind mit einem gewissen Zeitbedarf verbunden. Darüber hinaus macht die Einführung solcher in der Regel komplexen Vorschriften betriebliche Umorganisationen sowie eine Einarbeitung der verantwortlichen Mitarbeiter erforderlich. Eine solche Umstellung kann nicht von einem Tag auf den anderen erfolgen. Daher kam es auch zu Verzögerungen bei der Steuererhebung.[52] Darüber hinaus führten in Ungarn die durch die Reform des Rechnungswesens geänderten Regeln für Abschreibungen und Rückstellungen für Kreditrisiken zu einem Rückgang der Steuereinnahmen aus dem Unternehmenssektor.[53]

---

50 Vgl. GASPAR (1993), S. 13ff.; OECD (1993), S. 38.

51 Vgl. Abschnitt III.1.

52 Vgl. BERNHOLZ (1990), S. 304f.

53 Vgl. KISS/SZAPARY (2000), S. 247.

Auch aus einem anderen Grund hatte die wachsende Bedeutung des Privatsektors Schwierigkeiten bei der Steuererhebung zur Folge. Aufgrund der größeren Komplexität des Wirtschaftssystems waren die Steuererhebung schwieriger und damit die Möglichkeiten zur Steuerhinterziehung größer geworden. Entsprechend stieg mit fortschreitender Privatisierung auch die Neigung zur Steuerhinterziehung. So war etwa für Privatunternehmer, die über ihre Gewinne nach Steuern frei verfügen konnten, der Anreiz größer, ihre Steuerzahlungen zu minimieren, als für Staatsunternehmen. Verallgemeinernd kann man daher sagen, dass das Risiko von Einnahmeausfällen um so größer ist, je höher der Anteil des Privatsektors an der Produktion, d.h. je weiter der Transformationsprozess fortgeschritten ist.[54] Dies gilt jedoch nur für das Anfangsstadium der Transformation. Gleichzeitig bewegt sich nämlich die Steuerverwaltung auf einer Lernkurve vorwärts und sammelt Erfahrungen bei der Anwendung der neuen Steuergesetze. Ab einem gewissen „Höhepunkt" der Steuerhinterziehung dürften deshalb die hier dargestellten Probleme wieder geringer werden.

Ungarn führte auch spezielle steuerliche Regelungen ein, die Wettbewerbsverzerrungen während des Privatisierungsprozesses ausgleichen sollten. In der mehrere Jahre dauernden Übergangsphase befanden sich die noch im Staatseigentum befindlichen Unternehmen aufgrund des vom Staat zur Verfügung gestellten Kapitals in einer besseren Wettbewerbsposition. In Ungarn wurde deshalb zeitweise eine Art Ausgleichssteuer für die Überlassung der Betriebsmittel erhoben, die den Dividendenzahlungen im privaten Sektor entsprechen sollten.[55]

Insgesamt führte die Privatisierung zu massiven Veränderungen in der Struktur der Steuereinnahmen. Sie zwang den Staat, unabhängiger von den Zahlungen der öffentlichen Unternehmen zu werden und Steuern auf eine breitere Bemessungsgrundlage zu erheben. Damit entwickelte sich die Körperschaftsteuer für private Unternehmen zu einer wichtigeren Einnahmequelle. Auch die persönliche Einkommensteuer gewann zunehmend an Bedeutung. Darüber hinaus erhöhte sich das Gewicht der indirekten Steuern gegenüber den direkten erheblich.[56]

54 Vgl. KORNAI (1992), S. 12ff.

55 Vgl. Abschnitt III.3.2.

56 Vgl. NEWBERY (1994), S. 11.

4.2 „Erhärtung" der „Soft Budget Constraint"

Die „Soft Budget Constraint" war in der Phase des NÖM eine Art Versicherung für Unternehmen. Gerieten sie in die Verlustzone, sprang der Staat in jedem Falle ein: entweder durch die Zahlung von Subventionen, die Lockerung der Rückzahlungsverpflichtung von Krediten bzw. die Gewährung neuer Kredite oder aber durch Steuererleichterungen und Stundung der Steuerschuld.[57]

Im Rahmen der Systemtransformation war es unabdingbar, diese „weiche Budgetrestriktion" zu „erhärten". In einer marktwirtschaftlichen Ordnung muss die Möglichkeit bestehen, dass unrentable Unternehmen aus dem Markt ausscheiden und nicht wie im Sozialismus durch Subventionen und diskretionäre Steuerpolitik künstlich am Leben gehalten werden. Strengere finanzielle Disziplin zwingt chronisch unrentable Produzenten zur Aufgabe. Dies ist ökonomisch effizient, wenn die Preisstruktur in der Volkswirtschaft tatsächliche Kosten- und Knappheitssignale reflektiert. Darüber hinaus werden die „überlebenden" und neugegründeten Betriebe dazu gezwungen, ihre Kosten zu reduzieren und sich besser als vor den Reformen an die Nachfrage anzupassen. Die „Erhärtung" der „Soft Budget Constraint" erfordert deshalb auch entsprechende Regelungen, etwa in Form von Konkursgesetzen, damit der Prozess des Marktaustritts nach klaren, einheitlichen Regeln verläuft.

In Marktwirtschaften spielen solche Konkursgesetze und andere Regelungen, die für zahlungsunfähige Unternehmen gelten, eine bedeutende Rolle, indem sie Unsicherheiten, die mit der Zahlungsunfähigkeit verbunden sind, reduzieren und zur effizienten Reallokation der Ressourcen beitragen. Eine entsprechende Gesetzgebung hat unterschiedliche Aufgaben. Erstens sorgt sie für das Ausscheiden unwirtschaftlicher Unternehmen aus dem Markt und schützt dabei die Rechte der Gläubiger. Dadurch werden die Transaktionskosten, die sonst beim Abschluss von Verträgen und der Überwachung ihrer Einhaltung entstünden, reduziert und die Kreditaufnahme sowie normale Handelskredite erleichtert. Zweitens steht ein gesetzlicher Rahmen zur Verfügung, innerhalb dessen Gläubiger und Schuldner sich über die Reorganisation von Unternehmen mit Liquiditätsengpässen einigen können, deren Fortführung aber ökonomisch sinnvoller ist als ihre Liquidierung. Drittens ist allein die Gefahr des Konkurses ein Faktor, der die „Soft Budget Constraint" „erhärtet".[58]

In Ungarn schufen drei neue Gesetze, nämlich Konkursgesetz, Rechnungslegungsgesetz und Bankengesetz, 1992 die Grundlage für die Durchsetzung einer „harten"

---

57 Vgl. KORNAI (1993), S. 316.

58 Vgl. OECD (1993), S. 80f.

Budgetrestriktion.[59] Diese Gesetze, die erwartungsgemäß die finanzielle Disziplin erhöhten, führten im Jahr 1992 zu einer Welle von Konkursanträgen. Während der Konkursverfahren stellten die betroffenen Unternehmen die Zahlung von Steuern und Sozialversicherungsbeiträgen ein.[60] Insgesamt erschien die Konkursgesetzgebung als ein erfolgreiches Instrument, um finanzielle Disziplin bei den Unternehmen durchzusetzen und eine Lösung für die auf die jahrelange Existenz der „Soft Budget Constraint" zurückzuführenden strukturellen Probleme zu finden. Verlustbringende Unternehmen wurden nicht mehr um jeden Preis durch Subventionen am Leben gehalten. Es fand eine klare „Erhärtung" der Budgetrestriktion statt, wenn auch um den Preis einer massiven Erhöhung der offenen Arbeitslosigkeit.[61]

Die „harte Budgetrestriktion" wurde jedoch nicht immer konsequent durchgesetzt und zum Teil indirekt wieder „aufgeweicht". So waren Anfang der 1990er Jahre die erheblichen Steuerrückstände der ungarischen Unternehmen ein akutes Problem. Sie stiegen in den Jahren 1993 und 1994 stark an und trugen damit zum Überleben von Unternehmen, die sich in Schwierigkeiten befanden, bei. Einen wesentlichen Anteil an den Rückständen hatten nicht gezahlte Mehrwertsteuern. Der Großteil lag allerdings im Bereich der Sozialversicherungsbeiträge der Unternehmen. Dies führte zu Finanzierungsschwierigkeiten für den Staatshaushalt.[62]

SCHAFFER hat dieses Phänomen sowohl für Ungarn als auch für Polen untersucht. Nach seiner Schätzung betrugen die Rückstände bei Steuer- und Sozialversicherungszahlungen einschließlich aufgelaufener Zinsen und sonstiger Strafzahlungen in Ungarn Ende 1992 5,8% des BIP und Ende 1993 6,9% des BIP. In diesen Zahlen sind jedoch Steuerschulden, für die eine formale Stundung gewährt wurde, nicht enthalten. Unter Einbeziehung dieser Stundungen kommt SCHAFFER auf einen Gesamtwert von etwa 8 bis 10% des BIP für Ende 1993. Geht man davon aus, dass dieser Wert zu Beginn des Transformationsprozesses 1989 bis 1990 nahe Null lag, ergibt sich eine geschätzte Zunahme der Steuerrückstände (einschließlich Zinsen) von etwa 2% des BIP pro Jahr. Auch eine separate Berechnung allein für das Jahr 1993 ergab einen Wert von etwa 2% des BIP. Dabei machten Rückstände bei den Sozialversicherungszahlungen etwa 50% des Gesamtbetrags aus. Bei einem nicht unerheblichen Teil dieser Rückstände war keine Zahlung mehr zu erwarten. Die ungarische Steuerverwaltung ging davon

59 Vgl. SZANYI (1995), S. 26.

60 Vgl. OECD (1993), S. 36.

61 Vgl. CSABA/SEMJEN (1998), S. 297f.; OECD (1993), S. 86.

62 Vgl. OECD (1995a), S. 15 und S. 44; World Bank (1995), S. 16f.

aus, dass nur 15 bis 20% der bis Ende 1993 aufgelaufenen Steuerrückstände noch bezahlt werden würden (vgl. SCHAFFER (1995), S. 8 ff. und 32).

Anhand der Ergebnisse einer von der Weltbank durchgeführten Unternehmensbefragung bei etwa 200 Firmen im verarbeitenden Gewerbe untersuchte SCHAFFER weiter, ob Steuerrückstände und Ertragssituation der Unternehmen korrelierten. Er kam zu dem Ergebnis, dass fast ein Drittel der befragten Unternehmen Steuerrückstände hatten, davon über 20% seit mehr als 3 Monaten und gut 10% seit über einem Jahr. Dabei ergab sich ein eindeutiger Bezug zwischen Rentabilität (gemessen am Verhältnis von Gewinn nach Steuern zu Umsatz) und Steuerrückständen: Nur sehr wenige der rentablen Unternehmen hatten Rückstände, während dies bei den meisten Unternehmen in der Verlustzone der Fall war. Die Schlussfolgerung, dass die Steuerrückstände de facto eine Subvention für das Unternehmen darstellten, liegt nahe (vgl. ebd., S. 11ff. und 35ff).

Die Situation hat sich allerdings im Laufe der Transformation entspannt. Ende der 1990er Jahre war der Prozentsatz der Unternehmen in Ungarn, die Rückstände bei der Steuerzahlung oder der Begleichung von Rechnungen staatlicher Versorgungsbetriebe hatten, einer der niedrigsten in den Transformationsländern. Dabei sollte allerdings nicht übersehen werden, dass die Wirkung von Subventionen und Steuerrückständen im Unternehmenssektor letztlich identisch ist. Dies ist bedeutsam, weil der Prozentsatz der Firmen, die staatliche Subventionen erhielten, in Ungarn (zusammen mit Weißrussland) der höchste in der Region war, so dass eine Substitution der Steuerschulden durch Subventionen durchaus wahrscheinlich ist.[63]

Da Steuerrückstände wie Subventionen Firmen in Finanznöten häufig halfen zu überleben, könnte man in dieser Hinsicht also auch vom Fortbestand der „Soft Budget Constraint" sprechen. Offensichtlich schreckte die Regierung insbesondere zu Beginn des Transformationsprozesses davor zurück, Steuerschulden einzuklagen und die betroffenen Unternehmen dadurch gegebenenfalls auch in den Konkurs zu treiben. Dabei spielten sicherlich zum einen befürchtete soziale und politische Konsequenzen von Firmenschließungen eine Rolle. Zum anderen hoffte man, dass sich das Warten auf Dauer bezahlt machen würde und die betroffenen Unternehmen, etwa im Zuge eines allgemeinen Wirtschaftsaufschwungs, wieder in die Gewinnzone geraten würden (vgl. SCHAFFER (1995), S. 18ff).

Ein solch „weicher" Umgang mit Steuerrückständen birgt jedoch Gefahren. Von der bereits erwähnten allgemeinen Problematik der „Soft Budget Constraint" im Hinblick auf eine effiziente Allokation einmal abgesehen, untergräbt eine solche Politik massiv die Glaubwürdigkeit des Steuersystems als solches. Wenn die Hoffnung besteht, dass

---

63 Vgl. European Bank for Reconstruction and Development (1999), S. 127; SCHAFFER (1995), S. 1.

Steuerschulden letztendlich völlig erlassen werden, ist der Anreiz für Unternehmen, pünktlich zu zahlen, natürlich deutlich schwächer als bei rigoroser Durchsetzung der Steuerpflicht. Entsprechend groß ist die Gefahr, dass Unternehmen - und dabei auch solche, die zahlungsfähig wären - versuchen, sich der Zahlungspflicht zu entziehen.

Eine „Erhärtung" der „Soft Budget Constraint", bei der auch die oben erwähnten Steuerrückstände nicht geduldet werden, kann gegenläufige Auswirkungen auf den Staatshaushalt haben, d.h. über verschiedene Wirkungskanäle kann das Haushaltsdefizit erhöht oder auch reduziert werden. Einerseits bedeutet eine „härtere" Fiskalpolitik die Reduktion von Subventionen an Staatsbetriebe und damit eine Senkung der öffentlichen Ausgaben. Gleichzeitig dürfte sie durch die Abschaffung von bilateralen Verhandlungen und diskretionären Entscheidungen zur Erhöhung der Steuereinnahmen führen, sofern Unternehmen überhaupt genug Gewinn erwirtschaften. Andererseits führt eine Politik, die die „Budget Constraint" effektiver macht, zur Kontraktion der ökonomischen Aktivität und damit der steuerlichen Bemessungsgrundlage. Dadurch gehen nicht nur die Steuereinnahmen des Staates zurück, sondern es steigen zugleich die Ausgaben für die Arbeitslosenunterstützung. KORNAI spricht in diesem Zusammenhang von einer fiskalischen Falle.[64] Auf kurze Sicht scheinen die negativen Konsequenzen der „Erhärtung" der „Soft Budget Constraint" zu überwiegen; langfristig wird jedoch die Allokationseffizienz erhöht. Dies führt zu höherer Produktion bei gegebenem Ressourceneinsatz und damit tendenziell auch zur Erhöhung der Steuerbemessungsgrundlage. Somit ist auf längere Sicht ceteris paribus eine Reduktion des Defizits zu erwarten.

Die Glaubwürdigkeit einer „harten Budgetrestriktion" kann durch den Aufbau eines sozialen Sicherungssystems zum Abfangen des neuen Phänomens der Arbeitslosigkeit erhöht werden. Besteht ein hinreichendes soziales Netz, um die Folgen eines Konkurses für die Arbeitnehmer aufzufangen, werden die Unternehmen einsehen, dass die Regierung nur noch wenig Veranlassung hat, ihre Verluste auszugleichen.[65]

Insgesamt hat sich die „Soft Budget Constraint" in Ungarn im Laufe des Transformationsprozesses insbesondere mit fortschreitender Privatisierung der Staatsunternehmen „erhärtet", wie etwa auch der Anstieg der Konkurse zu Beginn der 1990er Jahre belegt. Allerdings hat es sich gezeigt, dass diese „Erhärtung" ein sehr langsamer Prozess ist, der durch fortbestehende staatliche Subventionen weiterhin konterkariert wird.

---

64 Vgl. KORNAI (1992), S. 11.

65 Vgl. HARDY (1992), S. 328.

4.3 Steuern und Preissystem

Im NÖM wurden die relativen Preise durch ein System von differenzierten Steuern und Subventionen verzerrt. Nur ein neutrales System ermöglicht jedoch die unverzerrte Wirkung von für eine Marktwirtschaft unabdingbaren Preissignalen, die für eine effiziente Allokation erforderlich sind. Im Rahmen der marktwirtschaftlichen Reformen wurden daher die Preise in Ungarn weitestgehend freigegeben. Dies erforderte auch die Abschaffung des alten Umsatzsteuersystems, bei dem eine Vielzahl von nach Produkten differenzierten Steuersätzen gezielt zur Gestaltung der Preise eingesetzt wurden. Auch in Marktwirtschaften erfolgt in der Regel eine gewisse Differenzierung der Umsatzsteuersätze aus verteilungspolitischen Gründen, oder um den Verbrauch so genannter meritorischer Güter zu fördern. Darüber hinaus werden auf bestimmte, so genannte demeritorische Güter höhere Verbrauchsteuern erhoben, vorwiegend mit dem Argument, dass deren Konsum reduziert werden solle. Wie sinnvoll solche Maßnahmen sind, soll an dieser Stelle nicht weiter diskutiert werden.

Ohnehin hätte in einem System, in dem die Preise nicht mehr weitgehend staatlich administriert sind, sondern sich frei am Markt bilden, das alte Umsatzsteuersystem nicht mehr funktionieren können. Die Kalkulation der einzelnen Umsatzsteuersätze im NÖM erfolgte letztlich als Differenz zwischen Herstellerpreis und dem vom Staat gewünschten Verbraucherpreis. Dies war verwaltungstechnisch nur zu bewältigen, weil ein Großteil der gesamten Produktion in einer begrenzten Zahl staatlicher Großbetriebe erstellt wurde, die in enger Abhängigkeit von staatlicher Kontrolle arbeiteten.[66]

4.4 Die Steuerverwaltung

Die Einführung eines neuen Steuersystems ging einher mit völlig neuen Gesetzen und grundlegenden Veränderungen bei der Steuererhebung. Im Vergleich zum NÖM stiegen die Anforderungen an die Steuerverwaltung in erheblichem Maße. Im vorherigen Wirtschaftssystem war ein Großteil der direkten Steuern von einigen wenigen Großunternehmen entrichtet und dabei direkt an der Quelle erhoben worden. Die Gewinnsteuern machten den größten Teil der Steuereinnahmen aus. Die Gewinne von 10.000 großen Unternehmen beliefen sich auf gut 90% aller Gewinne in der gesamten Volkswirtschaft, was die Anzahl der Steuersubjekte in sehr überschaubarem Rahmen hielt.[67] Der Staat, an den Steuern zu zahlen waren, war gleichzeitig Eigentümer der Betriebe, die im Falle finanzieller Engpässe Unterstützungszahlungen von ihm

66 Vgl. TANZI (1991), S. 20f.

67 Vgl. Commission of the European Communities (1992), S. 75.

erwarten konnten. Da diese staatlichen Unternehmen Bestandteil des öffentlichen Sektors waren, war die Steuererhebung letztlich ein Teil des Haushaltsverfahrens. Es bestand eine relativ enge Beziehung zwischen der Verwaltung und den Steuerzahlern, die nicht zuletzt auch in der oben beschriebenen Verhandelbarkeit der Steuerschuld zum Ausdruck kam.

Auch die Erhebung der indirekten Steuern war im NÖM extrem einfach und effektiv gewesen. Es gab so gut wie keine Steuerhinterziehung. Preise und Umsätze waren dem Staat in der Regel bekannt, so dass die fälligen Steuerzahlungen einfach berechnet werden konnten. Da alle Beteiligten Konten bei der ungarischen Staatsbank führten, erfolgte die Steuerzahlung in der Regel durch Transfers zwischen den Konten von Produzenten, Einzelhändlern und Staat.[68]

Die grundlegende Steuerreform und die geänderte Wirtschaftsstruktur führten zu einem enormen Anstieg der von der Steuerverwaltung zu verarbeitenden Informationen und zu einer erheblichen Erhöhung der Zahl der Steuersubjekte. Mit fortschreitender Transformation spielte eine wachsende Zahl kleinerer Privatunternehmen eine immer größere Rolle. Die Anzahl der Einkommensteuererklärungen stieg im Jahr 1988 von vorher Null auf 4,8 Millionen an. In den darauffolgenden Jahren sank sie etwas, blieb aber deutlich über 4 Millionen. Der Verwaltungsaufwand bei der Steuererhebung stieg damit dramatisch an. Die Steuererhebung konnte nicht länger als Nebenprodukt anderer staatlicher Aktivitäten, wie etwa der staatlichen Kontrolle über die Finanzen und das Management in den Staatsunternehmen, durchgeführt werden. Schon allein deshalb erhöhte sich der Personalbedarf in der Steuerverwaltung erheblich.[69]

Darüber hinaus erwies sich die Erhebung der neu eingeführten Einkommensteuer, die heute erheblich zum gesamten Steueraufkommen beiträgt, als äußerst komplex. Bei der Berechnung der Steuerschuld müssen die individuellen Gegebenheiten jedes einzelnen Steuerzahlers berücksichtigt werden, und gleichzeitig ist ein effizientes Kontrollsystem zur Verhinderung von Steuerhinterziehung erforderlich. Zur Erhebung dieser neuen Steuerart waren also völlig neue Verwaltungskapazitäten erforderlich.

Obwohl Ungarn sich in einer im Vergleich zu anderen Transformationsländern vorteilhaften Situation befand, weil die Reform des Steuersystems schon vor der Entscheidung bezüglich des Übergangs zu einer Marktwirtschaft begonnen hatte, waren die Anforderungen an die Steuerverwaltung doch nicht zu unterschätzen. Bei der Umsetzung der neuen steuerlichen Regelungen ergaben sich schwerwiegende

---

68 Vgl. TANZI (1991b), S, 20f.

69 Vgl. HEADY/SMITH (1995), S.8; PITTI/VAZQUEZ-CARO (1998), S. 518.

organisatorische und personelle Probleme. Dabei kam es auch zu einer Reihe praktischer Schwierigkeiten: So mussten etwa Unternehmer tagelang für Mehrwertsteuer-Formulare Schlange stehen. Es dauerte auch einige Zeit, bis sich ein Markt für Steuerberatungsleistungen entwickelte bzw. entsprechend qualifizierte Berater zur Verfügung standen. In der Verwaltung wurden weitreichende Umschulungen und Neueinstellungen erforderlich, um mit der weitaus komplexeren verwaltungstechnischen Handhabung der Steuererhebung fertig zu werden. Eine besondere Schwierigkeit dabei war das Gehaltsgefälle zwischen dem privaten und dem öffentlichen Sektor, das zu massiven Abwanderungen qualifizierten Personals in die Privatwirtschaft führte.[70]

In der Praxis gestaltete sich der Aufbau einer funktionsfähigen Steuerverwaltung äußerst langwierig und stellte damit in gewisser Weise ein Transformationshindernis dar. Eine große Schwierigkeit bestand darin, diese Veränderungen durchzuführen, ohne die Transformationsprozesse in der Wirtschaft zu behindern und gleichzeitig einen möglichst gleichmäßigen Einnahmefluss zu gewährleisten. Die massiven Probleme bei der Steuerverwaltung zu Beginn der Transformation bedeuteten auch, dass die marginalen Kosten der Steuererhebung sehr hoch waren. Man kann davon ausgehen, dass aufgrund von Problemen in der Steuerverwaltung die tatsächlichen Einnahmen deutlich hinter den potentiellen zurückblieben. Des Weiteren bestanden zunächst keine ausreichenden Kapazitäten, um der Steuerhinterziehung entgegenzuwirken.[71] Auf letztere wird im Verlauf dieser Arbeit noch genauer eingegangen.

In einem Steuersystem, das weitgehend von den Steuererklärungen der Steuersubjekte abhängig ist, sind ex post Steuerprüfungen erforderlich. Um die Korrektheit der Angaben zu überprüfen und Steuerhinterziehung zu erkennen, benötigt die Steuerverwaltung ein Mindestmaß an fachlicher Kompetenz sowie geeignete Methoden. Die WELTBANK beurteilte die ungarische Steuerprüfungspraxis in der ersten Hälfte der 1990er Jahre als unzureichend. Zwar wurde eine Vielzahl von Prüfungen durchgeführt; die Auswahl der geprüften Steuersubjekte erschien jedoch unsystematisch und basierte auf diskretionären Entscheidungen der einzelnen Steuerbehörden. Prüfungen wurden in der Regel durch Rechen- oder Formfehler und nicht durch den begründeten Verdacht der Hinterziehung ausgelöst. Es fehlten objektive Prüfungsregeln und eine interne Kontrolle. Insgesamt wurden die Ressourcen der Steuerverwaltung in diesem Bereich ökonomisch nicht sehr rational eingesetzt.[72]

---

70 Vgl. ebd., S. 526; SEMJEN (1995), S. 66f.

71 Vgl. PITTI/VAZQUEZ-CARO (1998), S. 521.

72 Vgl. World Bank (1995), S. 21f.

Schon seit Beginn des Transformationsprozesses bemühte sich die Regierung darum, die Steuererhebung effektiver zu gestalten. Wirkliche Fortschritte wurden jedoch erst in der zweiten Hälfte der 1990er Jahre erzielt, als der Personalbestand der Steuerverwaltung erhöht wurde. So ist etwa die Reduzierung der Rückstände bei der Zahlung der Sozialversicherungsbeiträge von 3,5% des BIP im Jahr 1994 auf 1,6% des BIP im Jahr 1998 auf Verbesserungen bei der Erhebung zurückzuführen.[73]

Zusammenfassend lässt sich feststellen, dass die Erfahrungen im Hinblick auf die Steuerverwaltung besonders deutlich den Zeitbedarf des Transformationsprozesses insgesamt zeigen. Dies widerlegt die These, dass die Transformationsländer sehr schnell westliche marktwirtschaftliche Systeme kopieren könnten. Die ungarischen Erfahrungen zeigen auch, dass ohne eine funktionsfähige Steuerverwaltung eine Steuerreform nicht erfolgreich in die Praxis umgesetzt werden kann. TANZI hält die erfolgreiche Reform der Steuerverwaltung deshalb zu Recht für eine der wichtigsten Determinanten für den Erfolg der Steuerreform überhaupt.[74]

4.5 Haushaltsprozess und -politik

Die Systemtransformation führte zu wichtigen Veränderungen in den institutionellen Rahmenbedingungen der ungarischen Haushaltspolitik. Im NÖM war der Einsatz von finanziellen Ressourcen zur Planerfüllung die Hauptfunktion des Staatshaushalts. Durch die Abschaffung des Zentralen Planbüros erhielt das Finanzministerium eine gänzlich neue Funktion. Es war nun für den Haushaltsprozess und die ordnungsgemäße Verwendung der Staatseinnahmen verantwortlich.[75]

Die Erfüllung dieser Aufgabe bereitete zunächst Schwierigkeiten: „During the first years of transition, the budget management system failed to secure aggregate fiscal control and even to provide information about the ways public moneys were spent."[76] Das Management von Einnahmen und Ausgaben wurde in Ungarn zu Beginn der 1990er Jahre durch komplexe institutionelle Strukturen behindert. So existierten neben dem Staatshaushalt noch mehrere Nebenhaushalte („Central Budgetary Institutions") sowie die Sozialversicherung. Nicht zuletzt durch die Komplexität und Unabhängigkeit dieser Haushalte war es außerordentlich schwierig, öffentliche Einnahmen und Ausgaben vollständig und korrekt im Rahmen einer bestimmten Klassifikation zu erfassen. Dies

---

73 Vgl. KISS/SZAPARY (2000), S. 255 und 262.

74 Vgl. TANZI (1991b), S. 27.

75 Vgl. BARTLETT (1997), S. 195.

76 POLACKAVA BRIXI et al. (1999), S. 37.

erwies sich auch als Hindernis bei der Bewertung der Auswirkungen der öffentlichen Finanzen auf die Wirtschaft.[77]

Inzwischen hat Ungarn bedeutende Fortschritte bei der Erhöhung der Transparenz des Staatshaushalts und der Beachtung der Rechenschaftspflicht im System der öffentlichen Finanzen im Allgemeinen gemacht. Verschiedene institutionelle Reformen führten zu Verbesserungen bei der Haushaltsvorbereitung, -entscheidung und -implementierung sowie bei der nachträglichen Kontrolle. Das Management der öffentlichen Ausgaben und Einnahmen hat sich trotz einiger fortbestehender Schwächen dem in vielen OECD-Staaten angenähert. Die meisten Nebenhaushalte wurden in den zentralen Haushalt integriert. Um die Steuererhebung effektiver zu machen, wurden 1999 verschiedene steuererhebende Institutionen fusioniert. Die Erhebung der Sozialbeiträge findet nun durch die Steuerbehörden statt.[78]

An der Schnittstelle zwischen Einnahmeerzielung und Staatsausgaben wurde zu Beginn des Jahres 1996 eine neue Institution geschaffen: das Schatzamt, eine unabhängige Organisation unter der fachlichen, rechtlichen und haushaltsmäßigen Aufsicht des Finanzministeriums. Das Amt erhielt die Zuständigkeit für die Finanzplanung und die Sicherstellung einer ordnungsgemäßen Ausführung des Haushaltsplanes, einschließlich der Nebenhaushalte und der Sozialversicherung. Darüber hinaus ist es verantwortlich für die Zahlungen zwischen der Zentralregierung und den lokalen Regierungen, das effiziente Management der liquiden Mittel des Staates sowie die Finanzierung des Haushaltsdefizits. Das Schatzamt nimmt die Staatseinnahmen entgegen, führt Zahlungen aus und stellt die Kompatibilität zwischen Ausgabenermächtigungen und Zahlungen sicher. Diese neue Institution hat die Transaktionskosten im Bereich der öffentlichen Haushalte reduziert und die Transparenz und Disziplin der Transaktionen erhöht. Sie förderte zum Beispiel auch das Verständnis für Haushaltsentscheidungen und -prozesse und führte zu stärkerem Wettbewerb um die finanziellen Ressourcen des Staates.[79]

Durch die Schaffung demokratischer Institutionen verbesserte sich die Rechenschaftspflicht der Regierung über Einnahmen und Ausgaben gegenüber der Bevölkerung. Das Parlament, das im NÖM die Entscheidungen der kommunistischen Partei absegnen musste, kann den Haushaltsprozess nun glaubwürdig überwachen. Der Einfluss einzelner Interessengruppen wurde dadurch drastisch reduziert. Größere

---

77 Vgl. COTTARELLI et al. (1998), S. 31.

78 Vgl. Government of the Republic of Hungary/European Commission (2000), S. 4; OECD (2002), S. 71ff.

79 Vgl. THUMA et al. (1998).

Transparenz im Haushaltsprozess sowie größere Einflussmöglichkeiten ermöglichen es den Parlamentsmitgliedern, auch gezielt konkrete Projekte zu beeinflussen.[80]

Die hier beschriebenen institutionellen Reformen haben dazu beigetragen, die Effizienz der Steuererhebung und der Finanzpolitik insgesamt zu erhöhen.

4.6 Neuordnung des Finanzausgleichs

Im Rahmen der Systemtransformation kommt der Neuordnung des Finanzausgleichs besondere Bedeutung zu, da in sozialistischen Ländern der Staatsaufbau in der Regel sehr zentralistisch organisiert war. Bei der Dezentralisierung geht es vor allem um die Erhöhung der Allokationseffizienz, während es zweckmäßig erscheint, die Erfüllung der Verteilungs- und Stabilisierungsaufgabe weitgehend bei der zentralen Ebene zu belassen.

Die effiziente Allokation von Ressourcen in einer Volkswirtschaft erfordert eine optimale Aufteilung von Aufgaben, Ausgaben und Einnahmen auf die verschiedenen staatlichen Ebenen. Dabei sollte die Bereitstellung und Finanzierung von lokalen öffentlichen Gütern im Einklang mit den lokalen Präferenzen und Gegebenheiten erfolgen. Dies spricht für eine Bereitstellung durch kleinere Einheiten auf einer möglichst niedrigen Regierungsebene. Andererseits müssen auch potentielle Skalenerträge größerer Gebietskörperschaften sowie Spillover-Effekte in Betracht gezogen werden. Eine Voraussetzung dafür, dass Entscheidungen einer Gebietskörperschaft dem Prinzip der fiskalischen Äquivalenz genügen, ist das Bestehen institutioneller Kongruenz. Dies setzt voraus, dass sich der Kreis der Nutzer öffentlicher Leistungen mit dem Kreis der Entscheidungsträger sowie dem Kreis der Kostenträger deckt. In Ergänzung zum Äquivalenzprinzip verlangt das häufig in der ökonomischen Theorie des Föderalismus postulierte Subsidiaritätsprinzip, dass die jeweils übergeordnete Gebietskörperschaft eine bestimmte Aufgabe nur dann übernimmt, wenn die untergeordnete Gebietskörperschaft sie nicht erfüllen kann.[81] Im Idealfall sollte die Anwendung des Subsidiaritätsprinzips auf der Ausgabenseite einhergehen mit der Verfügbarkeit entsprechender eigener Einnahmen oder nicht zweckgebundener Zuweisungen, die die einzelnen Gebietskörperschaften dann im Einklang mit ihren eigenen Bedürfnissen verwenden können.[82]

---

80 Vgl. BARTLETT (1997), S. 195f.

81 Vgl. BLANKART (2001), S. 555ff.

82 Vgl. NAM/PARSCHE (2001b), S. 2.

Bis 1990 waren die untergeordneten Gebietskörperschaften in Ungarn in einem dem Sowjetsystem entlehnten System von Räten organisiert. Zwar hatten die untergeordneten Gebietskörperschaften das Recht, eigene Steuern zu erheben, nämlich Gebäude- und Grundsteuern, eine Weinsteuer, Fahrzeugsteuern sowie weitere steuerähnliche Abgaben (z.B. Beiträge zu Straßen- und anderen öffentlichen Bauarbeiten). Dennoch arbeiteten die Räte in weitgehender Abhängigkeit von der Zentralregierung, so dass letztlich auch die Autonomie im steuerlichen Bereich nur theoretisch bestand. In der Praxis führten die Räte vorwiegend Anweisungen der Zentralregierung aus.[83] Die Finanzkraft der lokalen Gebietskörperschaften hing in vielen Fällen davon ab, wie erfolgreich sie beim Aushandeln von Transfers von der Zentralregierung waren. Das Verhältnis zwischen der Zentrale und den unteren Ebenen war letztlich ein von „Soft Budget Constraints" geprägtes System.[84]

Im Rahmen des Transformationsprozesses wurde das Rätesystem abgeschafft. Erklärtes Ziel war die Stärkung der Autonomie der lokalen Regierungen. Anstelle der bis dahin existierenden 1600 Räte entstanden fast 3200 lokale Selbstverwaltungen, über 3000 davon in Dörfern, 140 in Städten, 21 in verwaltungsmäßig unabhängigen Städten und 19 in Kreisen sowie in der Hauptstadt.[85] Es existieren zwei Regierungsebenen, die zentrale und die lokale. Letztere umfasst auch die Kreise, die somit nicht in einem hierarchischen Verhältnis zu den Kommunen stehen.[86]

4.6.1 Dezentralisierung von Aufgaben und Ausgaben

Der „Act on Local Government" von 1990 definierte die Rechte und Pflichten der lokalen Gebietskörperschaften neu. Durch ihn wurden die Gemeinden für die meisten lokalen öffentlichen Aufgaben und insbesondere für die Ausgaben direkt verantwortlich.[87] Sie sind zur Bereitstellung der folgenden Leistungen verpflichtet: Trinkwasser, Grundschulausbildung, Müllbeseitigung, Basisversorgung im Bereich Gesundheit und Soziales, Unterhaltung der lokalen öffentlichen Straßen und Friedhöfe. Des Weiteren existiert eine Liste freiwilliger Leistungen, etwa im Bereich von Kultur und öffentlicher Sicherheit. Die Kommunen sind nicht auf die ausdrücklich genannten Leistungen beschränkt, sondern können darüber hinaus alle Aufgaben übernehmen, die nicht explizit einer anderen Regierungsebene zugeordnet sind. Die Kreise sind verpflichtet

83 Vgl. Ministry of Finance (1991a), S. 41.

84 Vgl. EBEL et al. (1998), S. 424.

85 Vgl. Ministry of Finance (1991a), S. 8 und 40.

86 Vgl. OECD (2001c), S. 10.

87 Vgl. REVESZ/ZALAI (1994), S. 17.

zur Bereitstellung einer Reihe ortsübergreifender Leistungen, etwa von Berufsschulen oder Behinderteneinrichtungen. Sie übernehmen auch Aufgaben im Umweltschutz und der Regionalplanung. Die Neuordnung basierte auf der ausdrücklichen Anerkennung des Subsidiaritätsprinzips, d.h. öffentliche Güter und Dienstleistungen sollen von der kleinsten politischen Einheit angeboten werden, die dazu in der Lage ist.[88]

Tabellen 9, 10, und 11 stellen die Ausgaben der lokalen Gebietskörperschaften nach Funktionen und ökonomischen Arten dar. Die gesamten Ausgaben auf der lokalen Ebene stiegen zwischen 1990 und 1994 von 12,3% auf 17,2% des BIP an. Danach gingen sie auf 12% im Jahr 2000 zurück. Den größten Anteil an den Ausgaben der lokalen Gebietskörperschaften haben die laufenden Ausgaben, insbesondere für Löhne und Gehälter, sowie für Güter und Dienstleistungen. Die Bedeutung ersterer nahm seit 1988 deutlich zu, sank jedoch in der zweiten Hälfte der 1990er Jahre wieder etwas. Die Ausgaben für Güter und Dienstleistungen schwankten im Beobachtungszeitraum um 30% der gesamten Ausgaben bzw. zwischen 3,2% und 5,4% des BIP. Die vermögenswirksamen Ausgaben, die auch Investitionen auf lokaler Ebene umfassen, machten zwischen 16,4% und 22,7% der gesamten Ausgaben und zwischen 2,1% und 3,9% des BIP aus.

Bei Betrachtung der funktionalen Gliederung zeigt sich, dass der bei weitem größte Anteil der lokalen Ausgaben in das Schul- und Bildungswesen fließt. Er betrug zu Beginn der Transformation zeitweise mehr als ein Drittel der gesamten Ausgaben. Zweitwichtigste Kategorie ist das Gesundheitswesen, gefolgt von Ausgaben für Wohnungsbau und kommunale Einrichtungen.

4.6.2 Die Einnahmen der lokalen Gebietskörperschaften

Der erweiterte Entscheidungsspielraum der untergeordneten Gebietskörperschaften bezieht sich auch auf die Möglichkeit zur Einnahmeerzielung. Durch den „Act on Local Government" von 1990 erhielten die Kommunen das Recht, bestimmte lokale Steuern zu erheben, die eine andere Qualität als die in der Periode des NÖM erhobenen Steuern haben sollten. Allerdings war die Liste möglicher Steuerarten eindeutig festgelegt, und die Bemessungsgrundlagen wurden weitgehend zentral vorgegeben.

---

88 Vgl. EBEL et al. (1998), S. 425ff; OECD (2001c), S. 12.

Tabelle 9: **Ausgaben der lokalen Gebietskörperschaften (nach ökonomischen Arten, in % der Gesamtausgaben)**

	1990	**1991**	**1992**	**1993**	**1994**	**1995**	**1996**	**1997**	**1998**	**1999**	**2000**
Laufende Ausgaben,	78,3	83,6	80,7	80,7	77,3	82,8	84,1	80,6	80,1	82,4	80,7
davon:											
- Löhne u. Gehälter	34,7	45,0	41,4	43,0	42,4	44,4	44,0	42,8	42,0	43,2	42,5
- Güter u. Dienstleistungen	26,4	33,6	32,0	31,2	26,3	28,2	29,7	28,5	28,2	29,6	29,1
- Zinszahlungen	0,4	0,6	0,4	0,5	0,9	1,7	1,3	0,8	0,6	0,7	0,6
- Subventionen u. Transfers	16,8	4,4	6,8	6,1	7,8	8,5	9,0	8,5	9,3	8,9	8,6
Vermögenswirksame Ausgaben	21,7	16,4	19,3	19,3	22,7	17,2	15,9	19,4	19,9	17,6	19.3

Quellen: IMF (1995); IMF (2001); IMF (2002); eigene Berechnungen

Tabelle 10: Ausgaben der lokalen Gebietskörperschaften (nach ökonomischen Arten, in % des BIP)

	1990	**1991**	**1992**	**1993**	**1994**	**1995**	**1996**	**1997**	**1998**	**1999**	**2000**
Laufende Ausgaben,	9,6	12,4	13,7	13,6	13,3	11,8	11,1	10,7	10,7	10,6	9,7
davon:											
- Löhne u. Gehälter	4,3	6,7	7,0	7,3	7,3	6,3	5,8	5,7	5,6	5,5	5,1
- Güter u. Dienstleistungen	3,2	5,0	5,4	5,3	4,5	4,0	3,9	3,8	3,8	3,8	3,5
- Zinszahlungen	0,0	0,1	0,1	0,1	0,2	0,2	0,2	0,1	0,1	0,1	0,1
- Subventionen u. Transfers	2,1	0,7	1,2	1,0	1,3	1,2	1,2	1,1	1,2	1,1	1,0
Vermögenswirksame Ausgaben	2,7	2,4	3,3	3,3	3,9	2,5	2,1	2,6	2,7	2,3	2,3
Ausgaben insgesamt	12,3	14,9	16,9	16,9	17,2	14,3	13,2	13,2	13,3	12,8	12,0

Quellen: IMF (1995); IMF (2001); IMF (2002); eigene Berechnungen

Tabelle 11: Ausgaben der lokalen Gebietskörperschaften (nach Funktion, in % der Gesamtausgaben)

	1990	1991	1992	1993	1994	1995	1996	1997	1998	1999	2000
Allg. öff. Dienstleistungen	8,1	9,9	12,3	12,4	12,5	12,7	12,9	14,8	k.A.	12,6	15,7
Öff. Sicherheit u. Ordnung	0,0	0,5	0,4	0,4	0,4	0,4	0,9	0,9	k.A.	0,9	1,1
Verteidigung	0,0	0,2	0,0	0,1	0,0	0,0	0,0	0,0	k.A.	0,0	0,0
Schule/Bildung	41,8	35,2	31,4	31,2	30,5	29,9	29,4	28,6	k.A.	23,1	27,9
Gesundheitswesen	6,4	21,0	20,0	20,6	18,9	18,6	19,1	18,2	k.A.	14,7	16,4
Soziale Sicherheit, Wohlfahrt	7,1	8,7	10,2	10,4	10,8	12,9	12,9	12,5	k.A.	12,4	13,3
Wohnungsbau, kommun. Einrichtg.	10,7	13,3	13,6	13,5	14,6	12,9	12,4	13,9	k.A.	13,5	13,8
Freizeit u. Kultur	6,2	4,2	4,6	4,5	4,4	4,1	4,6	4,6	k.A.	4,3	4,9
Energie	0,0	0,0	0,0	0,0	0,0	0,0	0,0	0,0	k.A.	0,0	0,0
Land- u. Forstwirtschaft	3,2	0,9	0,7	0,7	0,6	0,5	0,7	0,7	k.A.	0,6	0,7
Bergbau, Industrie, Bau	0,0	0,5	0,5	0,4	0,8	0,7	0,7	0,9	k.A.	0,6	0,9
Transport u. Kommunikation	7,9	3,7	2,9	2,7	3,1	3,1	3,0	3,0	k.A.	2,9	3,6
Sonstige Ausgaben	8,7	1,9	3,3	3,1	3,4	4,1	3,4	2,1	k.A.	14,4	1,6

Quellen: IMF (1995); IMF (2001); IMF (2002); eigene Berechnungen

Von 1991 an konnten Kommunen aus der vorgegebenen Liste von fünf Steuern, nämlich einer kommunalen Gewerbesteuer, einer Grund- bzw. Gebäudesteuer, einer so genannten (einer Kurtaxe ähnlichen) Tourismussteuer und zwei Varianten einer „Kommunalsteuer“ (deren Bemessungsgrundlage für Privatpersonen deren Wohn- und Grundstückseigentum ist, für Unternehmen aber die Anzahl der Beschäftigten) wählen und eigenständig die Steuersätze festlegen, jedoch unterhalb zentral vorgegebener Höchstsätze.[89]

Neben diesen Steuern haben die lokalen Selbstverwaltungen noch mehrere andere Finanzierungsquellen. Sie erhalten einen gewissen Anteil an den von der Zentralregierung erhobenen Steuern, der Einkommensteuer und einer eher unbedeutenden Kfz-Zulassungssteuer sowie allgemeine und zweckgebundene Zuweisungen aus dem Staatshaushalt. Darüber hinaus finanziert die Sozialversicherung einen wesentlichen Teil der kommunalen Ausgaben im Gesundheitswesen. Schließlich haben die Kommunen auch die Möglichkeit der Kreditaufnahme. Eine weitere Einnahmequelle sind Gebühren und Beiträge.[90]

Zu Beginn des Transformationsprozesses kamen die Einnahmen aus der Einkommensteuer ausschließlich den Kommunen zu, und zwar in den Jahren 1988 und 1989 in Abhängigkeit von ihrer Einwohnerzahl und 1990 entsprechend den Zahlungen der Steuersubjekte in der jeweiligen Kommune. Danach wurde die Einkommensteuer zu einer Gemeinschaftsteuer. Der Anteil der lokalen Gebietskörperschaften bzw. der Zentralregierung an den gesamten Einkommensteuereinnahmen wird dabei jährlich im Haushaltsplan festgelegt. 1991 und 1992 standen der Zentralregierung und den Kommunen jeweils 50% der Einnahmen zu. Im Haushalt für 1993 wurde der Einkommensteueranteil der Gemeinden auf 30% reduziert. Die sozial-liberale Regierung erhöhte den Gemeindeanteil ab 1995 wieder auf 35%. 1997 betrug er 38% und seit 1998 40%.[91]

Bis einschließlich 1994 floss der Anteil der Kommunen jeweils wieder dorthin zurück, wo die Steuern gezahlt worden waren. Die Einkommensteuereinnahmen sind jedoch sehr ungleich zwischen den Kommunen verteilt. Daher wird seit 1995 über den kommunalen Einkommensteueranteil eine gewisse Umverteilung zwischen finanzstarken und finanzschwachen Gebietskörperschaften vorgenommen. Der Teil der den Kommunen zustehenden Einkommensteuern, der von reicheren zu ärmeren Gebietskörperschaften umverteilt wurde, nahm im Zeitablauf beständig zu. 1996 floss knapp

89 Vgl. Ministry of Finance (1991a).

90 Vgl. OECD (2001c), S. 21f.

91 Vgl. EBEL et al. (1998), S. 430; OECD (2001c), S. 17.

ein Drittel des kommunalen Anteils auf der Basis von Umverteilungsüberlegungen. Seit 1999 sind es über 60%: Vom kommunalen Anteil von 40% an den gesamten Einkommensteuereinnahmen fließen 15% zurück an den Ort der Erhebung, während 25% Umverteilungszwecken dienen. Die Höhe der Zuflüsse an einzelne Kommunen zum Zwecke des Ausgleichs der Finanzkraft wird auch anhand von Faktoren bestimmt, die außerhalb des Einflusses der lokalen Regierungen liegen. So erhalten etwa Kommunen in zurückgebliebenen Regionen besonders hohe Zahlungen. Da die Einnahmen aus der lokalen Gewerbesteuer je nach Gebietskörperschaft große Unterschiede aufweisen und diese Einnahmen im Zeitablauf stark an Bedeutung gewannen, werden sie seit 1999 bei der Verteilung der Einkommensteuereinnahmen in Betracht gezogen. Je höher die Gewerbesteuereinnahmen, umso geringer fällt der Transfer über die Einkommensteuer aus. Bei der Berechnung des Einkommensteueranteils werden jedoch die potentiellen (nicht die tatsächlichen) Gewerbesteuerzahlungen von lokalen Unternehmen unter Annahme eines einheitlichen Steuersatzes zugrunde gelegt. Nur so ist die Vergleichbarkeit zwischen den Kommunen gewährleistet, da diese bis zu einem vorgegebenen Höchstsatz den lokalen Gewerbesteuersatz selbst bestimmen können.[92]

Neben dem kommunalen Einkommensteueranteil existieren verschiedene Typen von Zuweisungen vom Haushalt der Zentralregierung an die untere Regierungsebene. Da ein Großteil der Transfers von der Zentralregierung nicht zweckgebunden ist, können die lokalen Regierungen weitgehend frei über ihr Angebot an öffentlichen Gütern und Diensten entscheiden, sofern sie eine gewisse national vorgegebene Minimalversorgung sicherstellen.[93] Die Höhe der Zahlungen war dabei ursprünglich abhängig von der Einwohnerzahl. Später wurde ein engerer Bezug zu den zu bewältigenden Aufgaben (gemessen etwa an der Anzahl der Kinder in Schulen und Kindergärten) hergestellt. Diese Kategorie macht etwa 80% aller Zuweisungen aus. Eine zweite Art von Zuweisungen darf nur für bestimmte Zwecke ausgegeben werden. Ein Großteil dieser Zahlungen wird für lokale Entwicklungsprojekte, etwa im Bereich öffentlicher Versorgungsbetriebe oder im Katastrophenschutz, eingesetzt. Die zentrale Zuweisung ist in der Regel nicht kostendeckend. Die Differenz zu den tatsächlichen Kosten eines Projektes wird von der unteren Ebene getragen. Außerdem gibt es noch Zuweisungen, die auf fallweisen Entscheidungen des Parlaments beruhen und ebenfalls nur für

---

92 Vgl. EBEL et al. (1998), S. 430; NAM/PARSCHE (2001a), S. 19; OECD (2001c), S. 6, 17, 19.

93 Vgl. OECD (1991a), S. 162f.

bestimmte Zwecke (in der Regel große Infrastrukturprojekte) verwandt werden dürfen. Die beiden letzten Kategorien machen jeweils etwa 10% der Zuweisungen aus.[94]

Tabellen 12 und 13 zeigen die Bedeutung der einzelnen Finanzierungsarten von 1988 bis 2000. Dabei wird deutlich, dass Zuweisungen von der Zentralregierung den bei weitem größten Teil der lokalen Einnahmen ausmachen. 1991 erreichten sie mit gut 67% der gesamten Einnahmen ihren höchsten Stand, ihr Anteil ist seither jedoch gesunken. 1999 lag er erstmals leicht unter 50%. Die Eigenmittel der lokalen Gebietskörperschaften sind dementsprechend gestiegen und machen gut die Hälfte ihrer Gesamteinnahmen aus. Die Steuereinnahmen stellen den Hauptteil der Eigenmittel dar, wobei allerdings in der vorliegenden Statistik nicht zwischen Steuerarten, für die die Steuerhoheit bei den Kommunen liegt, und dem ihnen zustehenden Anteil an den von der Zentralregierung erhobenen Steuern differenziert wird. Insgesamt beliefen sich die Einnahmen der lokalen Ebene Ende der 1990er Jahre auf etwa 13% des BIP.

5 Bewertung des Steuersystems

Im Folgenden werden die Wirkungen der ungarischen Steuerreformen während des Transformationsprozesses anhand der in Abschnitt I.3.3 erwähnten Kriterien bewertet. Neben diesen Kriterien gibt es jedoch noch eine Reihe von anderen Faktoren, die sich auf das Steuersystem und seine Funktionsfähigkeit auswirken, wie etwa das Problem der Steuerhinterziehung oder der angestrebte EU-Beitritt Ungarns. Auch diese Wirkungszusammenhänge sollen im folgenden Kapitel untersucht werden.

5.1 Beachtung der Fundamentalprinzipien

Durch die Einführung einer progressiven Einkommensteuer sowie einer weitgehend einheitlichen Gewinnbesteuerung wurde dem Leistungsfähigkeitsprinzip deutlich mehr Beachtung geschenkt als im NÖM. Auch die „Erhärtung" der „Soft Budget Constraint" und der Rückgang diskretionärer steuerpolitischer Maßnahmen stellten in dieser Hinsicht eine positive Entwicklung dar. Die vor allem zu Beginn des Transformationsprozesses zahlreichen Ausnahmeregelungen bei der Einkommensteuer durchbrachen dieses Prinzip jedoch wieder. Auch dass nicht alle Einkunftsarten einheitlich besteuert wurden, und Zinseinkünfte immer noch ganz von der Einkommensteuer befreit sind, ist nicht mit dem Leistungsfähigkeitsprinzip vereinbar.

---

94 Vgl. OECD (2001c), S. 23f.; OECD (2001d), S. 132.

Tabelle 12: **Einnahmen der lokalen Gebietskörperschaften (in % der gesamten Einnahmen)**

	1990	1991	1992	1993	1994	1995	1996	1997	1998	1999	2000
Steuereinnahmen,	30,9	16,7	18,1	15,3	15,0	19,4	22,2	24,7	27,1	29,1	31,5
davon:											
- Einkommen- u. Gewinnsteuer	30,9	12,0	12,4	8,4	8,7	11,8	11,0	12,3	13,7	13,0	15,0
- Vermögenssteuern	0,0	2,1	2,2	2,4	1,7	2,1	2,9	2,9	3,0	3,3	3,7
- Steuern Güter u Dienstleist.	0,0	2,4	3,3	4,3	4,5	5,3	8,1	9,3	10,3	12,7	12,7
Gebühren u. Beiträge	2,8	8,4	7,7	8,5	8,8	8,7	9,7	9,9	10,2	8,5	8,3
Erwerbseinkünfte	11,8	2,4	3,1	1,7	1,5	1,5	2,0	3,3	2,9	2,7	2,4
Kapitaleinkünfte	4,9	3,0	4,2	6,0	7,4	7,1	7,2	7,3	6,0	5,8	6,8
Sonstige Einnahmen	4,2	2,4	5,3	4,4	4,3	3,4	3,8	3,9	3,7	4,6	4,8
Eigenmittel insgesamt [a]	54,7	32,9	38,4	35,9	37,0	40,2	44,9	49,0	49,8	50,7	53,8
Zuweisungen	45,3	67,1	61,6	64,1	63,0	59,8	55,1	51,0	50,2	49,3	46,2

[a] Die Summe der einzelnen Einnahmearten entspricht aufgrund von Rundungsfehlern nicht exakt den angegebenen gesamten Eigenmitteln.

Quellen: IMF (1995); IMF (2001); IMF (2002); eigene Berechnungen

Tabelle 13: Einnahmen der lokalen Gebietskörperschaften (in % des BIP)

	1990	**1991**	**1992**	**1993**	**1994**	**1995**	**1996**	**1997**	**1998**	**1999**	**2000**
Steuereinnahmen,	3,7	2,6	3,1	2,5	2,4	2,7	3,0	3,2	3,5	3,8	3,7
davon:											
- Einkommen- u. Gewinnsteuer	3,7	1,9	2,1	1,4	1,4	1,7	1,5	1,6	1,8	1,7	1,8
- Vermögenssteuern	0,0	0,3	0,4	0,4	0,3	0,3	0,4	0,4	0,4	0,4	0,4
- Steuern Güter u. Dienstleistungen	0,0	0,4	0,6	0,7	0,7	0,8	1,1	1,2	1,3	1,6	1,5
Gebühren u. Beiträge	0,3	1,3	1,3	1,4	1,4	1,2	1,3	1,3	1,3	1,1	1,0
Erwerbseinkünfte	1,4	0,4	0,5	0,3	0,2	0,2	0,3	0,4	0,4	0,4	0,3
Kapitaleinkünfte	0,6	0,5	0,7	1,0	1,2	1,0	1,0	0,9	0,8	0,8	0,8
Sonstige Einnahmen	0,5	0,4	0,9	0,7	0,7	0,5	0,5	0,5	0,5	0,6	0,6
Eigenmittel insgesamt	6,5	5,1	6,6	5,9	6,0	5,7	6,0	6,4	6,5	6,5	6,3
Zuweisungen	5,4	10,5	10,7	10,5	10,1	8,4	7,4	6,6	6,5	6,4	5,4
Einnahmen insgesamt [a]	12,0	15,7	17,3	16,4	16,1	14,1	13,4	13,0	13,0	12,9	11,8

a Die Summe der einzelnen Einnahmearten entspricht aufgrund von Rundungsfehlern nicht exakt den angegebenen gesamten Einnahmen.

Quellen: IMF (1995); IMF (2001); IMF(2002); eigene Berechnungen

Die 1994 eingeführte „Mindeststeuer" auf hypothetische Gewinne hatte das Ziel, auch diejenigen Unternehmen zu erfassen, denen Steuervermeidung oder -hinterziehung unterstellt wird. Sie wurde unabhängig vom tatsächlichen Gewinn erhoben. Unter Effizienzgesichtspunkten ist eine solche Steuer bedenklich, da unternehmerische Aktivität per se und letztlich die Substanz der Unternehmen ohne Rücksicht auf die tatsächliche Leistungsfähigkeit besteuert werden. Insbesondere neu gegründete Unternehmen oder solche in finanziellen Schwierigkeiten werden dadurch belastet. Gerade im Transformationsprozess, in dem es besonders auf die Stimulierung privatwirtschaftlicher Aktivitäten ankommt, sind solche negativen Anreize sehr problematisch.[95] Offensichtlich hat dies auch die ungarische Regierung erkannt, die diese Steuer 1995 im Prinzip wieder abschaffte und nur in abgeschwächter Form für einen begrenzten Kreis von Unternehmen beibehielt.[96]

Im Hinblick auf das Äquivalenzprinzip ist die Einführung der Einkommensteuer sehr positiv zu bewerten, da durch sie eine gruppenmäßige Äquivalenz zwischen Steuerzahlungen und öffentlichen Leistungen hergestellt wurde. Nachdem sie zunächst keinen sehr großen Anteil an den gesamten Steuereinnahmen hatte, leistet sie heute einen wichtigen Beitrag zur Finanzierung des Staatshaushalts. Im NÖM flossen die Hauptfinanzströme zwischen den staatlichen Unternehmen und dem Staatshaushalt. Die Bürger gingen selbstverständlich davon aus, dass der Staat aus den vorhandenen Mitteln eine Vielzahl von öffentlichen Leistungen finanziert. Die Erhebung von Einkommensteuern bei der Bevölkerung verdeutlicht, dass auch die Haushaltsmittel zunächst erwirtschaftet werden müssen und macht jedem Einzelnen seinen Beitrag dazu bewusst. Damit wird die im Sozialismus besonders krasse Fiskalillusion reduziert und ein bedeutender Schritt hin zu mehr fiskalischer Effizienz getan.[97]

Obwohl in diese Richtung massive Verbesserungen zu beobachten sind, weist KORNAI darauf hin, dass die ungarische Bevölkerung noch kein ausreichendes Bewusstsein für die Zusammenhänge zwischen Staatsausgaben und Steuern entwickelt hat. Viele Bürger erwarten vom Staat die Bereitstellung zahlreicher Dienste, ohne dass ihnen klar ist, dass deren Finanzierung ihre eigenen Einkommen schmälert.[98] Es ist jedoch zu erwarten, dass dieses Erbe der vorherigen Wirtschaftsordnung im Zeitablauf schwächer wird und die Fiskalillusion in Ungarn sich dem auch in Marktwirtschaften existierenden Maß annähern wird.

---

95 Vgl. GEM (1994), S. 29f.

96 Vgl. World Bank (1995), S. 24.

97 Vgl. SEMJEN (1994), S. 23.

98 Vgl. KORNAI (1998), S. 36.

5.2 Beachtung der Besteuerungsgrundsätze

Grundsätzlich kann festgestellt werden, dass die in Ungarn erhobenen Steuern mit einer marktwirtschaftlichen Ordnung kompatibel sind. In seiner Grundstruktur ist das ungarische Steuersystem an die in westeuropäischen Markwirtschaften existierenden Systeme angelehnt. Da aber auch diese Systeme nicht dem Idealbild eines rationalen Steuersystems entsprechen, wird verständlich, dass letzteres auch in Ungarn nicht erreicht wird.

Die Steuererhebung ist in einem marktwirtschaftlichen Steuersystem wesentlich schwieriger als im NÖM. Die Erhebung der Einkommensteuer von einer sehr großen Zahl von Steuersubjekten, die noch dazu die Beachtung von deren individueller Situation erfordert, sticht in dieser Hinsicht besonders hervor. Auch die Besteuerung vieler Privatunternehmen anstelle von einer relativ kleinen Zahl staatlicher Großbetriebe erhöhte die Komplexität.

Die größere Komplexität des Steuersystems erhöht zum einen die Kosten, die den Steuersubjekten im Zusammenhang mit der Entrichtung entstehen („Compliance Costs") und zum anderen die Kosten der Steuerverwaltung. Zu den „Compliance Costs zählen u.a. der Zeitaufwand für Steuererklärungen, die Kosten für Steuerberatung, für entsprechendes Personal in Unternehmen sowie für Material oder Computersoftware. In westlichen Marktwirtschaften machen diese Kosten einen erheblichen Teil der gesamten Steuererhebungskosten aus und übersteigen deutlich die Kosten der staatlichen Steuerverwaltung. Für die USA wurden diese Kosten bei der Erhebung der persönlichen Einkommensteuer auf etwa 9% ihres gesamten Aufkommens geschätzt.[99] Für Deutschland ermittelte RAPPEN Entrichtungskosten für alle Steuerarten von 3,3% des Aufkommens.[100] GRÜSKE bezifferte die gesamten Erhebungs- und Entrichtungskosten auf 15,6% des Steueraufkommens. Diese Zahl schließt Steuererhebungskosten von 2,12% des gesamten Steueraufkommens aufseiten der Steuerverwaltung ein. Bei letzteren machten Personalausgaben den weitaus größten Teil (87%) der Kosten aus.[101]

Die Höhe der „Compliance Costs" hängt auch von der Qualifikation und Erfahrung der Steuersubjekte ab. Es ist davon auszugehen, dass diese Kosten insbesondere zu Beginn der Transformation wegen der noch notwendigen Lernprozesse, insbesondere auch im Hinblick auf das Rechnungswesen in Unternehmen, besonders hoch sind.[102]

---

99 Vgl. BLUMENTHAL/SLEMROD (1992), S. 185ff.

100 Vgl. RAPPEN (1989), S. 232.

101 Vgl. GRÜSKE (1986).

102 Vgl. ICKES/SLEMROD (1992), S. 389f.

Ähnliche Effekte spielen auch auf der Erhebungsseite eine Rolle, da die Bediensteten der Steuerverwaltung zunächst nicht mit den neuen steuerlichen Regeln vertraut sind.

Im Vergleich zum NÖM war die Ergiebigkeit der Besteuerung im Transformationsprozess deutlich geringer. Die größere Komplexität des Steuersystems und daraus resultierende Probleme bei der Steuerverwaltung wirkten sich also nicht nur auf die Steuererhebungskosten sondern auch auf die Höhe der Steuereinnahmen aus. Auch Steuerhinterziehung, auf die im Folgenden noch eingegangen wird, spielte dabei eine Rolle.

Die mangelnde Kontinuität der Steuerpolitik stellte ein wesentliches Problem in Ungarn dar. Wie aus der umfassenden Darstellung in Abschnitt III.3 hervorgeht, wurden die steuerlichen Regelungen in vielen Bereichen beinahe jährlich geändert. Es entstand der Eindruck, dass die konsekutiven Reformen im Steuerbereich ohne klare Strategie und insbesondere ohne eine wissenschaftliche Fundierung durchgeführt wurden, die gezeigt hätte, dass die getroffenen Maßnahmen für die verfolgten Ziele tatsächlich relevant sind.[103]

Besonders auch im Bereich der Gewinnbesteuerung zeigten sich die Inkonsistenz und eine gewisse „experimentelle Natur" der Reformen. Steuerfreibeträge, die Anreize für Investitionen und die Ansiedlung von Unternehmen geben sollten, wurden häufig und unsystematisch geändert.[104] Insbesondere ausländische Investoren betreffende Steuerrechtsänderungen fanden extrem häufig statt. Die Transparenz und Verlässlichkeit dieser Gesetze litten naturgemäß unter solch häufigen Änderungen, in denen auch bereits gewährte Vergünstigungen wieder zurückgenommen wurden, so dass die Planungsgrundlage der Unternehmen massiv gestört wurde. Transparenz und Kontinuität litten auch darunter, dass von der Regierung beschlossene Maßnahmen nachträglich vom Verfassungsgericht für ungültig erklärt wurden.[105]

SEMJEN sah die Gefahr, dass sowohl ausländische als auch inländische Investoren durch die häufigen und zum Teil schwer vorhersehbaren Steueränderungen abgeschreckt würden. Er warnte, dass der zu beobachtende Mangel an Stabilität in der Steuerpolitik mit höheren Wohlfahrtsverlusten einhergehen könne als die potentiell höheren Einnahmen nutzen mögen.[106] Dies ist empirisch jedoch nur schwer zu belegen. So waren insbesondere die ausländischen Direktinvestitionen im Vergleich zu

---

103 Vgl. JARVIS/PUDNEY (1995), S. 26.

104 Vgl. REVESZ/ZALAI (1994), S. 8.

105 Vgl. KPMG (1996), S. 6f.; VEGHELYI/DOBAK (1996).

106 Vgl. SEMJEN (1995), S. 45f.

denen in anderen Transformationsstaaten sehr hoch. Es ist aber nicht klar, ob sie bei einer kontinuierlichen Steuerpolitik noch höher gewesen wären.[107]

Eine klare Philosophie lässt sich hinter den zahlreichen Steuersatzanpassungen auch bei der Einkommensteuer nur schwer erkennen.[108]

Insgesamt war das ungarische Steuersystem vor allem in der ersten Hälfte der 1990er Jahre durch einen offensichtlichen Mangel an Transparenz, Klarheit und Planungssicherheit gekennzeichnet. Inzwischen hat sich die Situation verbessert: Die OECD bescheinigt dem ungarischen Steuersystem einen hohen Grad von Transparenz und betont, dass es mit Blick auf OECD-Standards und EU-Gesetzgebung kontinuierlich weiterentwickelt wird.[109]

5.3 Wirkung auf die Erfüllung der Aufgaben der öffentlichen Finanzwirtschaft

5.3.1 Steuersystem und Allokationseffizienz

5.3.1.1 Allokationswirkungen einzelner Steuerarten

Im Folgenden werden einzelne Steuerarten unter Effizienzgesichtspunkten bewertet und besonders evidente Wirkungen spezifischer Regelungen diskutiert.

5.3.1.1.1 Einkommensteuer

Die Einkommensteuer war vor allem zu Beginn des Transformationsprozesses durch eine Vielzahl von Sätzen, einen hohen Spitzensteuersatz, viele Ausnahmeregelungen und eine besondere Behandlung bestimmter Einkunftsarten, z.B. der Bevorzugung von Einkünften aus intellektueller Tätigkeit und von kleineren landwirtschaftlichen Betrieben, gekennzeichnet. Die Steuervorteile für „Fringe Benefits" führten zu weiteren Verzerrungen.[110] Auch die ungarische Regierung selbst sah es als problematisch an, dass die Steuerlast aufgrund der extrem hohen Zahl von Ausnahmeregelungen und Steuerbefreiungen sehr ungleichmäßig auf verschiedene Bevölkerungsgruppen verteilt und damit keine neutrale Besteuerung gewährleistet war.[111] Dies führte zu Beginn der 1990er Jahre dazu, dass nur von 40% des Gesamteinkommens der ungarischen

---

107 Zur steuerlichen Förderung ausländischer Direktinvestitionen vgl. Abschnitt III.5.3.1.3.

108 Vgl. REVESZ/ZALAI (1994), S. 9.

109 Vgl. OECD (2000c), S. 35.

110 Vgl. SEMJEN (1995), S. 47.

111 Vgl. Ministry of Finance (1991), S. 30f.

Haushalte tatsächlich Einkommensteuer erhoben wurde. Der effektive durchschnittliche Steuersatz betrug deshalb nur 14,5%, während die Belastung der tatsächlich zu versteuernden Einkommen wesentlich höher war.

Effektive Steuersätze sind definiert als Anteil der tatsächlichen gesamten Einnahmen einer Steuerart an deren Bemessungsgrundlage, die als makroökonomisches Aggregat ermittelt wird, also zum Beispiel der Anteil der Mehrwertsteuereinnahmen am privaten Verbrauch. Sie geben einen Eindruck von der tatsächlich Steuerbelastung gegenüber der nominalen Belastung, die sich aufgrund der offiziellen Steuersätze ergibt. In der Praxis weichen die effektiven und nominalen Steuersätze in der Regel voneinander ab. Dies liegt an verschiedenen Faktoren, wie etwa Steuerhinterziehung oder Schwierigkeiten der Steuerverwaltung bei der Steuererhebung. Die Berechnung der effektiven Steuersätze ist allerdings mit methodologischen Schwierigkeiten behaftet. So muss aufgrund mangelnder Verfügbarkeit von Daten häufig auf mehr oder weniger realistische Annahmen zurückgegriffen werden. Ein wesentliches Problem liegt etwa darin, Einkommensteuereinnahmen den Produktionsfaktoren Kapital oder Arbeit zuzuordnen. Daher sind effektive Steuersätze nur unter Vorbehalten zur Analyse von Steuersystemen einzusetzen (vgl. JACK (1996), S. 2 und 10; OECD (2000b).

Vor allem zu Beginn des Transformationsprozesses hatte die Einkommensteuer mit ihrer - für diejenigen Steuersubjekte, die nicht von Steuererleichterungen profitierten, - starken Progression deutliche negative Anreizwirkungen, insbesondere im Hinblick auf Steuervermeidung und -hinterziehung. Die hohen Grenzbelastungen und die insgesamt sehr hohe Steuerbelastung (einschließlich der nicht abzugsfähigen Sozialversicherungsbeiträge) für weite Teile der Bevölkerung wirkten dem Bestreben der Arbeitnehmer nach mehr Leistung und höherem Einkommen entgegen.[112] „The Hungarian personal income taxation system introduced in 1988 - with its high tax rates, steep progressivity, narrow brackets, many and sometimes irrational exemptions - adopted a model which is dying out in developed market economies."[113]

Neben expliziten Vergünstigungen und Ausnahmeregelungen wurde die Neutralität des Steuersystems auch dadurch beeinträchtigt, dass einheitliche Regeln auf Wirtschaftssubjekte in sehr unterschiedlichen Situationen angewandt wurden. Ein typisches Beispiel war das Problem von „sichtbaren" und „unsichtbaren" Einkünften, das in den Transformationsstaaten ausgeprägter war als in westlichen Marktwirtschaften. Da die Einkommen von Lohn- und Gehaltsempfängern weitgehend „sichtbar" waren, unterlagen sie einer überproportionalen steuerlichen Belastung, während Einkünfte in anderen

---

112 Vgl. KOLTAY (1993), S. 258; SEMJEN (1995), S. 47.

113 KOLTAY (1993), S. 258.

Bereichen der Wirtschaft den Steuerbehörden häufig nicht zur Kenntnis gebracht wurden.[114]

Nach 1995 bemühte sich die ungarische Regierung, die zahlreichen Steuervergünstigungen und Ausnahmeregelungen sowie Schlupflöcher, die Steuervermeidung erleichterten, zu eliminieren. So wurde etwa im Jahr 1997 die Besteuerung der Landwirte derjenigen anderer Einkommensteuerpflichtiger angeglichen, um so die reichlich vorhandenen Möglichkeiten zur Steuervermeidung zu reduzieren. Diese Bemühungen, die Bemessungsgrundlage zu vergrößern, waren jedoch nur teilweise erfolgreich. So wurden im Laufe der Jahre wieder einige bestehende Freibeträge erhöht und neue eingeführt. Der effektive durchschnittliche Einkommensteuersatz ist durch diese Ausnahmeregelungen deutlich niedriger als der marginale Steuersatz.[115]

Dennoch muss festgehalten werden, dass sich die Situation inzwischen durch zahlreiche Reformen, die meist auf eine Verbreiterung der Bemessungsgrundlage und eine Reduzierung der Steuersätze abzielten, deutlich gebessert hat. Insbesondere sind die Grenzsteuersätze erheblich gesunken. Der Spitzensteuersatz der Einkommensteuer erscheint im Vergleich zu vielen anderen Staaten relativ niedrig. „The Hungarian income-tax regime provides an advantageous environment for the business sector."[116]

5.3.1.1.2 Gewinnbesteuerung

Ein wichtiger Erfolg im Rahmen der Transformation war, dass verschiedene Arten von häufig sektorspezifisch ausgestalteten Gewinnsteuern des NÖM im Jahr 1989 durch eine im Prinzip einheitliche Gewinnsteuer ersetzt und damit die Basis für eine neutralere und effizientere Besteuerung geschaffen wurde.

Ein strukturelles Problem zu Beginn der Transformation war die implizite Diskriminierung von Privatunternehmen bei der Gewinnbesteuerung: Zwar unterlagen staatseigene und private Unternehmen dem gleichen Steuertarif; sie waren dennoch nicht in einer vergleichbaren Position. Letztere mussten in der Regel einen Teil des erzielten Gewinns (nach Steuern) an die Anteilseigner ausschütten, während Staatsbetriebe keine solche zusätzliche Verpflichtung hatten. Daher standen ersteren weniger finanzielle Mittel, etwa für Investitionen, zur Verfügung. Um diese Ungleichbehandlung

---

114 Vgl. REVESZ/ZALAI (1994), S. 20.

115 Vgl. OECD (2000a), S. 128; VAMOSI-NAGY et al. (1998), S. 489ff.

116 OECD (2002), S. 137.

zumindest zum Teil auszugleichen, wurde 1990 eine zusätzliche Zahlung für staatseigene Betriebe eingeführt.[117]

Obwohl die Gewinnsteuersätze vor 1992 im internationalen Vergleich nicht auffallend hoch waren, führten sie anfangs zu einer hohen Steuerbelastung, von der negative Anreizwirkungen ausgingen. Als problematisch erwies sich dabei insbesondere die Behandlung von Abschreibungen bei der Körperschaftsteuer. Die ursprüngliche Regelung ging von unrealistisch langen Lebensdauern der Vermögenswerte aus. Um die daraus entstehende Belastung der Unternehmen abzuschwächen, wurden eine Vielzahl von speziellen Steuererleichterungen gewährt, so dass die Steuerschuld aus der Gewinnsteuer insgesamt zurückging. Im Gesetz zur Rechnungslegung von 1992 wurden die Abschreibungszeiträume verkürzt; die veränderte Regelung beschränkte sich aber auf neue Investitionen.[118]

Das ungarische Körperschaftsteuersystem macht weiten Gebrauch von Ausnahmeregelungen. Eine Vielzahl von Steuererleichterungen wurde u.a. gewährt, um einen Anreiz für inländische Investitionen zu bieten sowie ausländische Investoren[119] anzuziehen. Insbesondere reduzierte Steuersätze, günstige Abschreibungsmöglichkeiten und Steuergutschriften für Investitionen führten dazu, dass die effektiven Steuersätze deutlich unter den nominalen lagen. Die zahlreichen Steuervergünstigungen führten auch dazu, dass die tatsächlichen Steuereinnahmen schwer vorauszuschätzen waren und in der Regel hinter den Prognosen zurückblieben.[120] Es gab zwar Bemühungen, die Zahl der Ausnahmeregelungen zu reduzieren, aber ähnlich wie bei der Einkommensteuer gelang dies nur zum Teil. Zeitweise wurde der Trend sogar wieder umgekehrt und eine Reihe von neuen Steuervergünstigungen eingeführt. Verschiedene Sektoren werden unterschiedlich durch die Körperschaftsteuer belastet. Dadurch kommt es zu Verzerrungen bei der relativen Rentabilität von Investitionen in verschiedenen Wirtschaftsbereichen. Diese resultieren wiederum in suboptimalen Entscheidungen über die Allokation von Investitionen.[121]

Im Laufe des Transformationsprozesses unterlag die ungarische Gewinnbesteuerung einer Vielzahl von Änderungen. Reformen zielten entweder darauf ab, die Steuerlast insgesamt zu senken, steuerliche Anreize für bestimmte Gruppen zu gewähren oder aber Schlupflöcher zu eliminieren. Dies führte in vielen Fällen zu Zielkonflikten und

---

117 Vgl. KOLTAY (1993), S. 260f.

118 Vgl. DETHIER/JOHN (1998), S. 7; SEMJEN (1994), S. 21f.

119 Zur Behandlung ausländischer Direktinvestitionen Vgl. Abschnitt III.5.3.1.3.

120 Vgl. Ministry of Finance (1995), S. 34; SEMJEN (1995), S. 41ff.

121 Vgl. VAMOSI-NAGY et al. (1998), S. 491ff; World Bank (1995), S. 16.

einem in sich widersprüchlichen Regelwerk. Die Steuer wurde zunehmend komplexer und konnte sich nicht zu einer bedeutenden Einnahmequelle entwickeln.[122] Andererseits kann man davon ausgehen, dass der im internationalen Vergleich niedrige Steuersatz im Zusammenhang mit vielen Steuervergünstigungen ein sehr positives Klima für unternehmerische Aktivitäten bot.

5.3.1.1.3 Indirekte Steuern

Die ungarische Mehrwertsteuer führte durch die vom Gesetzgeber beabsichtigte Lenkungsfunktion zu besonders offensichtlichen allokativen Verzerrungen. Die ursprüngliche, 1988 eingeführte Steuer, die die meisten Güter des Grundbedarfs mit einem Nullsatz belegte, deckte nur knapp die Hälfte der Konsumausgaben ab. Die extensive Anwendung von reduziertem Mehrwertsteuersatz und Nullsatz hatte massive Auswirkungen auf Konsum- und Produktionsentscheidungen, da die deutliche Spanne zwischen niedrigstem und höchstem Satz die relativen Güterpreise verzerrte. Aufgrund der beiden recht hohen Sätze von 15% und 25% und des Einkommensrückgangs in der Bevölkerung verlagerte sich der Konsum auf die nicht besteuerten Produkte. Der Anteil der Mehrwertsteuereinnahmen sowohl an den gesamten Steuern als auch am BIP ging daher zwischen 1988 und 1992 kontinuierlich zurück.[123]

Die Mehrwertsteuer wurde in den darauffolgenden Jahren mehrfach reformiert und ihr Anteil an Steuereinnahmen und BIP stieg wieder deutlich an. Die Problematik der Preisverzerrung wurde durch die weitgehende Abschaffung des Nullsatzes zwar entschärft; sie bleibt aber durch den hohen Abstand zwischen dem reduzierten Satz von 12% und dem Normalsatz von 25% immer noch bestehen. Die Tatsache, dass nur 52% der Güter und Dienstleistungen mit dem Standardsatz belegt sind, führt noch immer zu signifikanten Verzerrungen. Etwa 42% der Konsumausgaben der Haushalte werden mit dem reduzierten Satz von 12% besteuert. Für 2% gilt der Nullsatz und 4,3% sind von der Mehrwertsteuer ausgenommen. Weiterhin reduzieren spezielle Regelungen für kleine Einzelhändler, landwirtschaftliche Betriebe und einige andere Berufsgruppen die Bemessungsgrundlage der Mehrwertsteuer. Auch dadurch wird ihre Neutralität beeinträchtigt.[124]

Eine weitere verzerrende Wirkung der Mehrwertsteuer bestand darin, dass importierte Waren im Durchschnitt stärker belastet, d.h. häufiger mit dem Höchstsatz belegt

---

122 Vgl. World Bank (1995), S. 18f.

123 Vgl. KOSTERNA (1997), S. 36; LUKACS (1991), S. 219; OECD (1993), S. 38ff.

124 Vgl. OECD (2000a), S. 129; VAMOSI-NAGY et al. (1998), S. 497.

wurden als inländische Produkte. So betrug etwa im Jahr 1994 der durchschnittliche effektive Mehrwertsteuersatz auf den ungarischen privaten Verbrauch 10,6%, während sich der effektive Mehrwertsteuersatz für Importe auf 19,0% belief.[125] Die Diskriminierung von Importen wurde durch die 1995 eingeführte Importsteuer noch verschärft.[126] Diese Steuer wurde allerdings 1997 wieder abgeschafft. Auch die Zölle, die eine weitere Zusatzlast bewirken, wurden und werden schrittweise im Hinblick auf den EU-Beitritt Ungarns reduziert.

Der Normalsatz der Mehrwertsteuer in Ungarn ist, neben demjenigen Schwedens, der höchste innerhalb der OECD. Er gibt einen eindeutigen Anreiz zur Steuerhinterziehung. Letztere führt im Zusammenhang mit den zahlreichen Ausnahmeregelungen und dem extensiven Gebrauch des reduzierten Satzes dazu, dass der effektive Steuersatz (d.h. die Steuereinnahmen dividiert durch die Bemessungsgrundlage, den Konsum) wesentlich niedriger als der nominale Satz und nur wenig über dem OECD-Durchschnitt liegt. Im Jahr 1998 betrug er 13,8% in Ungarn und 10,5% im OECD-Durchschnitt.[127]

Die Existenz verschiedener Steuersätze reduziert die Effizienz der Mehrwertsteuer auch indirekt, da sie die Komplexität des Systems und damit die Kosten der Steuererhebung sowohl für die Steuerzahler als auch für die Steuerverwaltung erhöht.[128]

Trotz dieser Kritik an der Mehrwertsteuer muss festgehalten werden, dass sie einen entscheidenden Fortschritt gegenüber dem früheren System mit unzähligen speziellen Verbrauchsteuern darstellt. Die Zusatzlast der indirekten Besteuerung wurde eindeutig reduziert, und der Einfluss von Konsumentscheidungen auf die Ressourcenallokation erhöhte sich deutlich.[129] Darüber hinaus lässt sich konstatieren, dass das ungarische Mehrwertsteuersystem mit dem System der EU kompatibel ist. Die hier vorgebrachte Kritik an den Verzerrungswirkungen gilt, wenn auch in geringerem Maße, ebenfalls für die Mehrwertsteuersysteme der EU-Mitgliedsländer.

Die in Ungarn erhobenen speziellen Verbrauchsteuern verstärken tendenziell die Verzerrungswirkungen der Mehrwertsteuer. So kritisiert etwa die OECD das ungarische Steuersystem als inkonsistent im Hinblick auf seine Umweltwirkungen. Einerseits

---

125 Diese Zahlen müssen jedoch mit Vorsicht betrachtet werden, da mehr als die Hälfte der Mehrwertsteuerschuld, sowohl für inländische als auch für ausländische Güter, durch Rückerstattungen kompensiert wird.

126 Vgl. World Bank (1995), S. 19.

127 Vgl. OECD (2000a), S. 129f; SEMJEN (1994), S. 25.

128 Vgl. JOUMARD (2001), S. 19.

129 Vgl. KORNAI (1998), S. 29.

werden Treibstoffe und Fahrzeuge hoch besteuert, anderseits wird auf den Verbrauch anderer Energiearten nur ein reduzierter Mehrwertsteuersatz angewandt, Pestizide für den Einsatz in der Landwirtschaft sind sogar von der Mehrwertsteuer befreit.[130]

Ungarn hat ein relativ einfaches spezielles Verbrauchsteuersystem, das sich auf einige wenige Güter beschränkt. Der Großteil der Einnahmen stammt von Petroleumprodukten, Tabak und Alkohol. Aufgrund der daraus resultierenden deutlich kleineren Bemessungsgrundlage ist das Gewicht der speziellen Verbrauchsteuern wesentlich geringer als das der Mehrwertsteuer. Im Jahr 2000 betrug beispielsweise der Anteil der Verbrauchsteuern an den gesamten Steuereinnahmen 12,0%, während sich die Mehrwertsteuereinnahmen auf 27,4% beliefen. Daher sind die Allokationswirkungen der Verbrauchsteuern entsprechend geringer. Gleichzeitig wird die komplizierte Steuerverwaltung, wie sie in vielen europäischen Staaten als Ergebnis einer Vielzahl spezieller Verbrauchsteuern zu beobachten ist, vermieden.[131]

5.3.1.1.4 Sozialversicherungsbeiträge

Beiträge zur Sozialversicherung machen in Ungarn einen erheblichen Anteil sowohl an den Gesamteinnahmen des Staates als auch am Bruttoinlandsprodukt aus.[132] Wie in Abschnitt III.3.4 dargestellt, schwankte die Höhe der Sozialversicherungsbeiträge im Zeitablauf erheblich. Arbeitgeber- und Arbeitnehmeranteile zusammengenommen beliefen sich aber bis zum Jahr 2000 auf mindestens 50% des Bruttoeinkommens des Arbeitnehmers. Über mehrere Jahre lag die Belastung sogar bei über 60%. Letztlich wirken die Sozialversicherungsbeiträge wie eine sehr hohe Steuer auf den Faktor Arbeit. Diese hohe Belastung wirkt sich negativ auf die Beschäftigung aus und gibt Unternehmen einen Anreiz dazu, ihre Aktivitäten in den informellen Sektor zu verlagern oder verstärkt den Produktionsfaktor Kapital einzusetzen.[133]

Die hohe Abgabenbelastung des Faktors Arbeit wurde insbesondere häufig als ein Faktor genannt, der zur strukturellen Arbeitslosigkeit von ungelernten oder niedrigqualifizierten Arbeitern in Ungarn geführt hat. Dazu trägt auch bei, dass durch den 1999 eingeführten Pro-Kopf-Beitrag zur Krankenversicherung Niedrigverdiener verhältnismäßig stärker belastet werden. Es wurde die Tendenz beobachtet, dass Arbeitgeber Werkverträge vergeben, anstatt Arbeitnehmer einzustellen, um so die

---

130 Vgl. OECD (2000a), S. 94f.

131 Vgl. VAMOSI-NAGY et al. (1998). S. 497.

132 Vgl. Tabellen 7 und 8.

133 GEM (1994), S. 31f.

Arbeitgeberbeiträge zur Sozialversicherung zu sparen.[134] Mitte der 1990er Jahre erhielten schätzungsweise 10% der Arbeitnehmer gerade soviel Lohn, dass sie in die Kranken- und Rentenversicherung aufgenommen wurden. Der Rest kam ihnen durch andere Kanäle, etwa Sachbezüge und Werkverträge, zu.[135]

Die Scheinselbständigkeit von de facto abhängig beschäftigten Mitarbeitern ist eine weit verbreitete Methode, um die Zahlung von Sozialversicherungsbeiträgen zu vermeiden, da die Sozialabgaben für Selbständige in der Regel geringer sind.[136] Durch diese „Flucht in die Selbständigkeit" wird es für die Steuerverwaltung auch schwieriger, die Einkommen der Steuersubjekte zu überprüfen. Dies führt auf der einen Seite zu mehr Steuerhinterziehung und auf der anderen Seite zu höheren Kosten für die Behörden.[137]

Es entstand ein Teufelskreis: Die hohen Beiträge gaben einen Anreiz zur Vermeidung. Durch den Anstieg der illegalen Beschäftigung wurde die Bemessungsgrundlage erodiert. Dies wiederum veranlasste die Regierung zu Beginn der 1990er Jahre, die Beitragssätze zu erhöhen, so dass die Belastung der Unternehmen im offiziellen Sektor stieg.[138]

5.3.1.2 Gesamte Allokationswirkungen des Steuersystems

Alles in allem führt das ungarische Steuersystem zu einer ungleichmäßigen Belastung der Produktionsfaktoren. Arbeit und Kapital werden in Ungarn sehr unterschiedlich besteuert. So teilte die Einkommensteuergesetzgebung von 1988 Einkommen in zwei bis heute gültige Kategorien ein:

- Einkommen aus unselbständiger Arbeit, bestimmte intellektuelle Aktivitäten, Einkommen von Kleinbauern und aus unternehmerischer Tätigkeit unterliegen einer progressiven Besteuerung.
- Dividendeneinkünfte, Gewinne am Aktienmarkt und die meisten Einkünfte aus Kapitalinvestitionen werden linear besteuert.[139]

---

134 Vgl. OECD (2000a), S. 118.

135 Vgl. OECD (1997), S. 96f.

136 Vgl. GEM (1994), S. 36; OECD (2000a), S. 134ff.

137 Vgl. DETHIER/JOHN (1998), S. 22.

138 Vgl. OECD (1993), S. 45.

139 Vgl. VAMOSI-NAGY et al. (1998), S. 486.

Kapitaleinkünfte werden dabei mit weitaus geringeren Sätzen besteuert als Arbeitseinkünfte. Die Tatsache, dass Zinseinkünfte völlig steuerfrei bleiben, verstärkt die Verzerrung noch.

Nicht zuletzt wegen der unterschiedlichen Bemessungsgrundlagen ist es schwierig, die Belastung durch Körperschaft- und Einkommensteuer zu vergleichen. Es fällt jedoch auf, dass in Ungarn die Spitzensätze der Einkommensteuer in der Regel über dem gültigen Körperschaftsteuersatz lagen. Seit 1997 beträgt letzterer nur noch 18%. Er liegt also sogar zwei Prozentpunkte unter dem Eingangssatz der Einkommensteuer. Eine von NEWBERY/REVESZ durchgeführte Analyse der Durchschnitts- sowie Grenzbelastung von Arbeitnehmern kam ebenfalls zu Werten deutlich über dem Körperschaftsteuersatz. So lag Ende der 1990er Jahre die durchschnittliche Belastung mit direkten und indirekten Steuern sowie Sozialversicherungsbeiträgen für die niedrigste Einkommensgruppe um 50%. Die Grenzbelastung betrug 1995 und 1996 an ihrem Höhepunkt für die niedrigste Einkommensgruppe sogar 68% und für die höchste Einkommensgruppe 73% bzw. 74%. Es zeigt sich deutlich die massive Steuerbelastung des Produktionsfaktors Arbeit. Auch wenn man die indirekten Steuern aus der Betrachtung ausschließt, treiben diese Abgaben einen massiven Keil zwischen die Kosten, die dem Arbeitgeber für den Einsatz von Arbeitskräften entstehen und den Nettolohn, den die Arbeitnehmer nach Hause tragen können.[140]

Die geringere Besteuerung von Kapitaleinkünften im Vergleich zu Arbeitseinkünften verzerrt die Entscheidungen über den Einsatz dieser beiden Produktionsfaktoren. Das Ausmaß, in dem Kapital bevorzugt wird, führt tendenziell zu Überinvestitionen in kapitalintensive Technologien bei gleichzeitiger Unterbeschäftigung des Faktors Arbeit.

Das ungarische Steuersystem besteuert aber nicht nur Arbeits- und Kapitaleinkünfte unterschiedlich. Auch letztere unterliegen keiner neutralen Besteuerung. Die Tatsache, dass Zinseinkünfte steuerfrei bleiben und Zinszahlungen vom zu versteuernden Unternehmensgewinn abgezogen werden können, während Dividenden versteuert werden müssen, wirkt sich auf die Unternehmensfinanzierung aus. Eigenkapitalfinanzierung ist verhältnismäßig teuer. Da insbesondere neugegründete Unternehmen wegen fehlender Sicherheiten oft Schwierigkeiten haben, Kredite zu bekommen, und auf Eigenkapitalfinanzierung angewiesen sind, werden sie, sofern sie Gewinne erzielen, durch das Steuersystem benachteiligt. Darüber hinaus erhöhen steuerliche Anreize zur Schuldenfinanzierung die Gefahr der Überschuldung und letztlich des Konkurses von Unternehmen.[141]

---

140 Vgl. NEWBERY/REVESZ (2000) sowie Tabelle 18.

141 Vgl. DETHIER/JOHN (1998), S. 9 und 33f.

Obwohl die ungarische Steuerquote im internationalen Vergleich nicht auffallend hoch ist, kann die Steuerbelastung des Einzelnen dennoch beträchtlich sein. Dass die Steuereinnahmen insgesamt nicht höher waren und sind, liegt am geringen Volumen der Bemessungsgrundlage. Zum einen kann dies durch die transformationsbedingte Rezession erklärt werden, die zu einem massiven Einbruch von Produktion und Beschäftigung und einem dementsprechenden Rückgang der Bemessungsgrundlage von Körperschaft- und Einkommensteuer führte. Zum anderen sieht das ungarische Steuersystem zahlreiche Ausnahmeregelungen und Steuervergünstigungen vor, die die Bemessungsgrundlage erodieren. Diejenigen, die sich ihrer Steuerpflicht nicht entziehen können, werden mit sehr hohen Steuersätzen belastet.[142]

Trotz erheblicher Bemühungen der ungarischen Regierung, das Steuersystem insgesamt kohärenter zu machen und Ausnahmen zu beschränken, hat sich die angestrebte Erweiterung der Bemessungsgrundlagen der verschiedenen Steuern einschließlich der Sozialversicherungsbeiträge nur unzureichend in einer Erhöhung der Steuereinnahmen insgesamt gezeigt. Ihr Anteil am BIP nahm statt dessen bis 1998 kontinuierlich ab. Es erwies sich als extrem schwierig, in dem neu entstandenen „korporatistischen System" den Forderungen der einzelnen Interessengruppen auf besondere Behandlung zu widerstehen, so dass häufig zwar alte Regelungen abgeschafft, aber gleichzeitig neue Steuererleichterungen gewährt wurden.[143]

5.3.1.3 Exkurs: Steuersystem und ausländische Direktinvestitionen

5.3.1.3.1 Steuerliche Förderung von Direktinvestitionen

Die Förderung ausländischer Direktinvestitionen war ein wesentliches Element der ungarischen Modernisierungsstrategie.[144] Dabei sollten spezielle Steuervergünstigungen ausländische Investitionen in Ungarn besonders attraktiv machen. Seit Ende der 1980er Jahre galten die folgenden Regelungen: Im Prinzip unterlagen ausländische Unternehmen der ungarischen Gewinnbesteuerung. Wenn der Unternehmensanteil von Ausländern mindestens 20% oder 5 Mio. HUF betrug, wurden 20% der Steuerschuld erlassen. Wurde mehr als die Hälfte der Unternehmenserträge in der Industrie oder durch den Betrieb eines vom Unternehmen selbst erstellten Hotels erwirtschaftet, und betrug der ausländische Anteil über 25 Mio. HUF bzw. 30%, so wurde die Steuerschuld fünf Jahre lang um 60% reduziert und vom sechsten Jahr an

142 Vgl. OECD (1997), S. 7.

143 Vgl. SEMJEN (1994), S. 25; Tabelle 8.

144 Vgl. OECD (2002), S. 110.

um 40%. Wenn letztere Voraussetzungen gegeben waren, und die Aktivitäten des Unternehmens für besonders wichtig erachtet wurden (z.B. in den Sektoren Biotechnologie und Elektronik), wurden in den ersten fünf Jahren 100% und danach 60% der Gewinnsteuerschuld erlassen. Darüber hinaus konnte die Regierung fallweise entscheiden, Unternehmen im Finanzsektor noch größere Steuererleichterungen zu gewähren oder den Zeitraum der Begünstigung zu verlängern. Zusätzliche Steuervergünstigungen gab es auch, wenn Gewinne reinvestiert wurden.[145]

Nachdem die bevorzugte Behandlung von Joint Ventures wegen der Benachteiligung ungarischer Unternehmen kritisiert wurde, wurde die 20%ige Steuervergünstigung im Jahr 1991 abgeschafft. Unternehmen mit ausländischer Beteiligung, die zu diesem Zeitpunkt bereits existierten, wurde sie noch bis Ende 1995 gewährt. Die anderen beiden Regelungen wurden mit einigen Veränderungen beibehalten: Allerdings wurde das erforderliche Kapital, um in den Genuss der Vergünstigung zu kommen, auf 50 Mio. HUF angehoben und die Reduktion der Steuerschuld auf zehn Jahre begrenzt; danach sollten die selben Konditionen wie für ungarische Unternehmen gelten. Die Definition von Reinvestitionen wurde so erweitert, dass die Vergünstigung auch gewährt wurde, wenn sie nicht in dem Joint Venture getätigt wurde, in dem der Gewinn erzielt wurde, sondern in einem ungarischen Unternehmen.[146] Diese Regeln liefen 1993 aus. Bereits davon profitierende Unternehmen können sie noch bis zum Ablauf des zehnten Jahres nach Gewährung in Anspruch nehmen.[147] Investitionsanreize, die in der Vergangenheit nur an ausländische Investoren gerichtet waren, wurden teilweise völlig abgeschafft, teilweise auch ungarischen Unternehmen zugänglich gemacht.[148] Die Kriterien für Steuervergünstigungen sind jetzt in der Regel bestimmte regionale und beschäftigungspolitische Ziele, nicht mehr die Nationalität des Investors.[149]

Dies gilt allerdings nicht für die Steuervergünstigungen für so genannte Offshore-Gesellschaften, die die ungarische Regierung 1994 einführte. Voraussetzungen, um in den Genuss dieser Vergünstigungen zu kommen, sind u.a., dass sich die Gesellschaft zu 100% in ausländischem Eigentum befindet, dass sie im Handels- oder Dienstleistungsverkehr ausschließlich mit Drittländern aktiv ist und dass die Mehrheit der leitenden Angestellten ungarische Staatsbürger sind. Für Offshore-Gesellschaften gilt

---

145 Vgl. Ministry of Finance (1990a), S. 25f.

146 Vgl. REPASSY (1991), S. 149f.

147 Vgl. Ministry of Finance (1993b), S. 23.

148 Vgl. OECD (2000c), S. 35.

149 Vgl. OECD (2000a), S. 133f.

ein ermäßigter Körperschaftsteuersatz von 3%. Diese Regelung läuft jedoch im Hinblick auf Ungarns Beitritt zur EU Ende 2005 aus.[150]

Gegenwärtig gelten die folgenden Bedingungen für die Gewährung von Steuervergünstigungen: Werden mindestens 1 Mrd. HUF im Jahr investiert, kann ein 50%iger Steuerabschlag auf die Körperschaftsteuer beantragt werden. Wenn der Investor seine Exporterlöse im Vergleich zum Vorjahr um 25% steigert und das Exportvolumen insgesamt 600 Mio. HUF übersteigt, wird dieser Abschlag für fünf auf das Investitionsjahr folgende Jahre gewährt. Werden mehr als 3 Mrd. HUF im verarbeitenden Gewerbe und in einer als benachteiligt anerkannten Region[151] investiert, werden 100% der Körperschaftsteuer für eine maximale Periode von zehn Jahren erlassen. Dies gilt jedoch nur bis zum Jahr 2011 und für Investitionen, die vor Ungarns EU-Beitritt getätigt wurden. Für Investitionen über 10 Mrd. HUF wird die Körperschaftsteuer für zehn Jahre erlassen, auch wenn die obigen Bedingungen hinsichtlich Region und Sektor nicht erfüllt sind. Diese Regelungen wurden von einigen Beobachtern kritisiert, da sie finanzkräftige, ausländische Großunternehmen gegenüber kleineren ungarischen Firmen bevorzugten. Daraufhin wurden spezifische Steueranreize für kleine und mittlere Unternehmen eingeführt: 40% der Zinszahlungen für kreditfinanzierte Investitionen können bis zu einem Betrag von 5 Mio. HUF von der Bemessungsgrundlage abgezogen werden.[152]

5.3.1.3.2 Wirkung der steuerlichen Förderung auf die ausländischen Direktinvestitionen

Es ist äußerst schwierig, die tatsächliche Wirkung von Steueranreizen auf Direktinvestitionen empirisch nachzuweisen und sie von den Wirkungen anderer Faktoren zu isolieren.[153] Mangels umfassender empirischer Studien speziell für Ungarn wird daher in den folgenden Abschnitten auch auf qualitative Einschätzungen sowie auf allgemeine empirische Studien, die auf Daten anderer Länder basieren, zurückgegriffen.

Steuerliche Anreize sind in der Tat nur ein Faktor unter vielen, die ausländische Investitionen in Ungarn attraktiv machen. Die OECD nennt neben den im internationalen Vergleich sehr niedrigen Gewinnsteuern als weitere Standortvorteile Ungarns u.a. die politische Stabilität, die Verfügbarkeit qualifizierter Arbeitskräfte zu

---

150 Vgl. FAZ-Institut (1999a), S. 294; FAZ-Institut (1999b), S. 42f.; Abschnitt III.5.6.2.

151 Voraussetzung dafür ist u.a., dass die Arbeitslosenquote über dem nationalen Durchschnitt liegt.

152 Vgl. EU-Magazin (1996), S. 38; OECD (2002), S. 29ff.

153 Vgl. OECD (2001b), S. 83f.

moderaten Löhnen sowie die gute Infrastruktur in Budapest und den nordwestlichen Regionen des Landes. Insgesamt hat Ungarn durch diese Faktoren eine im internationalen Vergleich recht gute Wettbewerbsposition als Investitionsstandort.[154]

Eine Veröffentlichung der OECD, die einen Überblick über aktuellere empirische Studien gibt, kommt jedoch zu dem Ergebnis, dass die Besteuerung im Zielland in jüngster Zeit an Bedeutung für Standortentscheidungen gewonnen hat. Dies wird mit der Globalisierung der Produktion und dem Abbau von nicht-tarifären Hemmnissen für Kapitalflüsse, etwa der Abschaffung von Kapitalkontrollen, erklärt. Allerdings sollten diese Ergebnisse laut OECD mit Vorsicht interpretiert werden. Zum einen beziehen sich die meisten empirischen Studien auf die USA, und es ist unklar, inwieweit die Ergebnisse auf andere Staaten übertragen werden können. Zum anderen bestehen auch bei den jüngeren, auf verbesserten Methoden basierenden Studien Probleme etwa hinsichtlich der verfügbaren Daten und restriktiver Modellannahmen. Dennoch argumentiert die OECD, dass der Zusammenhang zwischen Steueranreizen und Direktinvestitionen in anderen Ländern vielleicht nicht in gleichem Maße, aber doch in der gleichen Richtung besteht.[155]

Nach der Einschätzung vieler Experten erwiesen sich großzügige steuerliche Regelungen in Ungarn zu Beginn der Transformation in der Tat als attraktiv für Investoren. In der jüngeren Vergangenheit wurden regionale, export- und technologieorientierte Steueranreize positiv aufgenommen.[156] Vor allem für kleinere Investoren waren die steuerlichen Anreize ein bedeutender Entscheidungsfaktor. Für die Standortentscheidungen größerer Investoren spielten stabile wirtschaftliche und politische Rahmenbedingungen, eine entwickelte Infrastruktur und ein verlässliches Rechtssystem eine weitaus wichtigere Rolle.[157]

Bei zeitlich befristeten Steuerbefreiungen („Tax Holidays") ist außerdem zu beachten, dass bei langfristigen Investitionsprojekten in den ersten Jahren ohnehin keine oder nur geringfügige Gewinne anfallen. Fallen in einer späteren Phase des Projektlebenszyklus mit hohen Gewinnen dann wieder reguläre Steuern an, war die Anreizwirkung gleich Null. Daher empfehlen sich längerfristige Begünstigungen. Das Beispiel Ungarns zeigt, dass langfristige Steuerbefreiungen tatsächlich erfolgreich langfristige Investitionen angezogen haben.[158]

154 Vgl. OECD (2002), S. 110ff.

155 Vgl. OECD (2001c), S. 83.

156 Vgl. OECD (2000c), S. 11; Véghelyi (1995), S. 122.

157 Vgl. DETHIER/JOHN (1998), S. 7f.

158 Vgl. OECD (1995b), S. 33ff.

Ungarn begann früher als andere ehemals sozialistische Länder mit der steuerlichen Förderung ausländischer Direktinvestitionen und war dabei auch effektiver. In der zweiten Hälfte der 1990er Jahre dominierten Firmen in ausländischem Besitz viele wichtige Sektoren der Wirtschaft, einschließlich des verarbeitenden Gewerbes, Versorgungsunternehmen, Handel und Finanzdienstleistungen. Der Anteil der Unternehmen in ausländischem Eigentum stieg von einem zu vernachlässigenden Niveau auf drei Viertel des Kapitalstocks im verarbeitenden Gewerbe und über 60% in der gesamten Volkswirtschaft an. Die Mehrheit der großen multinationalen Unternehmen gründeten Tochtergesellschaften in Ungarn.[159]

Tabelle 14 zeigt die Höhe der ausländischen Direktinvestionen in Ungarn und einigen anderen Transformationsländern zwischen 1993 und 2001. Dabei fällt auf, dass Ungarn zunächst eindeutig die meisten ausländischen Investitionen anzog. In der zweiten Hälfte der 1990er Jahre holten jedoch andere Länder, insbesondere Polen, im Standortwettbewerb auf. Insgesamt blieben die Investitionsflüsse nach Ungarn aber immer noch bedeutend.

Tabelle 14: Zuflüsse an ausländischen Direktinvestitionen (in Mio. USD)

	1993	1994	1995	1996	1997	1998	1999	2000	2001	Gesamt
Ungarn	2.443	1.143	4.810	2.556	3.134	2.649	3.454	3.483	2.445	26.117
Polen	1.715	1.875	3.659	4.498	4.908	6.365	7.270	9.342	5.712	45.344
Tschech. Republik	654	869	2.562	1.428	1.300	3.718	6.324	4.986	4.918	26.759
Slovak. Republik	166	255	300	301	220	684	390	2.117	1.451	5.884

Quelle: OECD (2002), S. 112; OECD Statistical Databases

5.3.1.3.3 Allokationswirkungen ausländischer Direktinvestitionen

Im Folgenden wird auf die Allokationswirkungen ausländischer Direktinvestitionen, d.h. also auf die indirekten Effekte der steuerlichen Förderung eingegangen. Dabei lässt sich jedoch, wie oben erwähnt, nicht eindeutig feststellen, in welchem Maße die

159 Vgl. OECD (2002), S. 110.

Direktinvestitionen steuerinduziert oder aber auf andere Standortfaktoren zurückzuführen sind.

Mit der steuerlichen Förderung ausländischer Direktinvestitionen wird die Hoffnung auf eine Erhöhung der Allokationseffizienz sowie auf die Stimulierung des Wirtschaftswachstums verbunden. Durch besondere steuerliche Regelungen für ausländische Investitionen soll die Ansiedlung von Unternehmen begünstigt und der wirtschaftliche Aufschwung vorangetrieben werden. Der Wunsch, gerade ausländische Investoren anzuziehen, hat mehrere Gründe. So sind die Kapitalmärkte von Transformationsstaaten in der Regel unterentwickelt und können daher nicht den Kapitalbedarf großer Investitionsprojekte decken. Darüber hinaus sind westliche Devisen, die benötigt werden, um im Inland nicht verfügbare Investitionsgüter zu kaufen, nicht immer problemlos zugänglich. Ausländische Direktinvestitionen lösen diese Probleme, da ausländische Investoren Zugang zu externen Quellen für Kapital haben und weder auf den ungarischen Kapitalmarkt noch auf Devisenzuflüsse aus ungarischen Exporten angewiesen sind. Ausländische Investitionen ermöglichen außerdem den Zugang zu modernen Produktionstechniken und -anlagen. Aufgrund der oft nicht westlichen Standards entsprechenden Ausstattung ungarischer Unternehmen ist dies eine wichtige Voraussetzung für internationale Wettbewerbsfähigkeit und Wachstum. Auch die Tatsache, dass ausländische Unternehmen marktwirtschaftliche Managementmethoden in den von ihnen gegründeten Unternehmen anwenden, ist für den Transformationsprozess von großer Bedeutung. Damit ergibt sich nämlich auch für die ungarischen Beschäftigten die Möglichkeit, sich das entsprechende Know-how anzueignen, und auch ein Transfer auf rein ungarische Unternehmen ist möglich. Ein weiterer Vorteil ausländischer Investitionen ist ein erleichterter Zugang zu westlichen Märkten. Westliche Unternehmen bringen ihre bereits existierenden Absatzwege sowie Kenntnisse über Absatzmöglichkeiten auf den Weltmärkten mit, so dass sich die Möglichkeit für eine Ausweitung der ungarischen Exporte quasi von selbst ergibt. Ausländische Investitionen können schließlich auch positive Auswirkungen auf den Privatisierungsprozess haben. Zum einen stellen die neuen Unternehmen in ausländischer Hand schon einen gewissen Grundstock an Privatunternehmen dar, zum anderen kann ein Teil des Kapitalbedarfs bei bestimmten Formen der Privatisierung durch ausländische Mittel gedeckt werden.[160]

Die steuerliche Förderung von ausländischen Direktinvestitionen kann auch der Korrektur von Marktversagen dienen. Beziehen etwa potentielle Investoren die positiven Externalitäten von Investitionen nicht in ihre Entscheidungen ein, kommt es

---

160 Vgl. HOLLAND/OWENS (1996), S. 46f.

zu einem gesamtwirtschaftlich suboptimalen Niveau ausländischer Direktinvestitionen. So werden Unternehmen beispielsweise bei der Entscheidung über Forschungs- und Entwicklungsaktivitäten in ihren ausländischen Tochterunternehmen nicht in Betracht ziehen, welchen Nutzen Spillovers dieser Aktivitäten für die Volkswirtschaft des Gastlandes mit sich bringen können. Nicht-neutrale Steueranreize können diese Form des Marktversagens korrigieren.[161]

Diese positiven Wirkungen ausländischer Direktinvestitionen stellen sich jedoch nicht in jedem Falle ein. Wenn sich die Investitionen auf exportorientierte Niedriglohnproduktion beschränkt, die von der heimischen Wirtschaft isoliert abläuft, dann sind weder Know-how-Transfers noch produktivitätssteigernde Geschäftsbeziehungen zu erwarten. Ausländische Direktinvestitionen sind vor allem dann vorteilhaft für die wirtschaftliche Entwicklung, wenn sie zur Diversifizierung der Produktionsstruktur beitragen und die Beziehungen zwischen exportorientierter Produktion und dem Rest der Volkswirtschaft stärken.[162]

Im konkreten Fall Ungarns generieren ausländische Unternehmen mehr als ein Drittel des ungarischen BIP und 30% der Beschäftigung im privaten Sektor.[163] In Folge der ausländischen Direktinvestitionen stieg zudem der Anteil der „High-Tech"-Produktion und -Exporte massiv an. Diese Investitionen hatten eine herausragende Bedeutung für das Produktivitätswachstum in Ungarn. Die Arbeitsproduktivität in multinationalen Unternehmen (ohne Finanzdienstleistungen) ist 2,7 mal höher als in vergleichbaren ungarischen Unternehmen. Der dynamischste Teil der ungarischen Wirtschaft besteht aus etwa 100 Tochterunternehmen von Multinationals, die von 1994 bis 2000 60% zum BIP-Wachstum beigetragen haben.[164]

Die ungarische Regierung führt daher die internationale Wettbewerbsfähigkeit des Landes in hohem Maße auf ausländische Direktinvestitionen zurück. Die Exporte Ungarns belaufen sich auf über 50% des BIP. Etwa 80% von Ungarns Industrieexporten werden von Unternehmen in ausländischem Eigentum hergestellt. Neben ihrer Bedeutung für Exporte haben die Direktinvestitionen dazu beigetragen, die Lücke zwischen inländischer Ersparnis und Investitionen zu schließen. Dies ist während des Transformationsprozesses in Anbetracht des enormen Modernisierungsbedarfs der Wirtschaft von besonderer Bedeutung. Strukturelle Veränderungen fanden in den Sektoren, die für ausländische Investitionen offen waren, schneller statt als im Rest der

---

161 Vgl. OECD (2001b), S. 79f.

162 Vgl. HERR et al. (1994b), S. 53f.

163 Vgl. OECD (2000c), S. 9.

164 Vgl. OECD (2002), S. 110 und 166.

ungarischen Wirtschaft. Sie waren effektiver und gingen mit überdurchschnittlichen Wachstumsraten von Produktivität und Wettbewerbsfähigkeit einher. Ausländische Direktinvestitionen spielten auch eine entscheidende Rolle bei der Transformation des Finanzsektors, der für die Funktionsfähigkeit von Marktwirtschaften unabdingbar ist.[165]

Es bestehen unterschiedliche Einschätzungen darüber, inwieweit ausländische Direktinvestitionen positive Spillovers in ungarische Firmen bewirkten. Nach Auffassung der OECD war die Leistung der Unternehmen in ausländischem Besitz zwar beachtlich, die erwarteten positiven Auswirkungen auf die heimische Industrie blieben jedoch weitgehend aus. Produktionsbeziehungen und Technologietransfer zwischen beiden Sektoren entwickelten sich nur langsam. Die Produktivitätslücke zwischen ihnen wurde sogar größer. Vergleicht man einzelne Firmen, ist das Ergebnis weniger eindeutig, da einige ungarische Unternehmen sich durchaus auch sehr dynamisch entwickelten.[166]

Eine auf Firmenbefragungen basierende Studie des ifo Instituts liefert dagegen empirische Belege für die positiven Wirkungen ausländischer Direktinvestitionen. Sie kommt zu dem Ergebnis, dass der technologische Fähigkeitsbildungsprozess ungarischer Firmen beschleunigt und durch den Technologietransfer sowohl der Industrie- als auch der Dienstleistungssektor auf spektakuläre Weise modernisiert wurden. Darüber hinaus erhöhte sich die Produktivität auf Firmenebene erheblich.[167]

Zu einer ähnlich positiven Einschätzung kommt SGARD basierend auf der Analyse von ungarischen Unternehmensdaten, die fast 90% des verarbeitenden Gewerbes und des Bausektors für die Jahre 1992 bis 1999 abdecken. Seine Untersuchung zeigt, dass die Investitionszuflüsse in diese Sektoren erhebliche positive Auswirkungen auf die totale Faktorproduktivität aller ungarischen Unternehmen hatten. Als Grund für diese Wirkung nennt er die Exportorientierung der ausländischen Unternehmen. Böten sie ihre Produkte vorwiegend auf dem ungarischen Markt an, würde der negative Effekt der mangelnden Wettbewerbsfähigkeit der einheimischen Konkurrenten überwiegen. Des Weiteren sind die Produktivitäts-Spillovers im Gebiet zwischen Budapest und der Grenze zur EU deutlich stärker als in den weniger entwickelten Regionen.[168]

Den potentiellen Nutzen von Steuererleichterungen für ausländische Direktinvestitionen können jedoch auch Kosten gegenüberstehen. Ein Argument, das häufig gegen solche Maßnahmen vorgebracht wird, ist ihre verzerrende Wirkung. Durch sie ist die Struktur der Erträge aus verschiedenen wirtschaftlichen Aktivitäten nach Steuern

165 Vgl. OECD (2000c), S. 9 f.; OECD (1999), S. 73.

166 Vgl. OECD (2002), S. 112.

167 Vgl. HABUDA (2000), S. 38.

168 Vgl. SGARD (2001).

verschieden von der vor Steuern. Dadurch wird eine Allokation der Ressourcen verursacht, die nicht dem effizienten Gleichgewicht entspricht, das im Idealfall auf dem Markt erreicht wird. Während des Transformationsprozesses sind die für die Funktionsfähigkeit von Märkten und damit für eine effiziente Ressourcenallokation notwendigen Bedingungen jedoch noch nicht (vollständig) erfüllt. In dieser Phase können steuerliche Anreize daher sinnvoll sein, um eine „kritische Masse" an Marktaktivität zu schaffen, bis dies von alleine möglich ist und insbesondere bis funktionierende Kapitalmärkte entstanden sind.[169]

Ein besonders auch im Transformationsprozess relevantes Problem von Steueranreizen für ausländische Direktinvestitionen ist, dass sie die Komplexität des Steuersystems deutlich erhöhen, da die geförderten Aktivitäten genau definiert werden müssen.[170] Unsicherheit in diesem Bereich sowie häufige Änderungen bei der Besteuerung führen dazu, dass das sowohl das Risiko von Investitionen als auch die Kosten der Einhaltung der Steuergesetze als besonders hoch empfunden werden. Dies kann potentielle Investoren abschrecken, insbesondere im Hinblick auf langfristige, kapitalintensive Direktinvestitionen. Dieses Problem dürfte auch in Ungarn eine Rolle gespielt haben, da es häuf ige Änderungen der steuerlichen Anreize gab und insbesondere die Dauer der bevorzugten Behandlung oft unklar war. Die Sonderregelungen führen darüber hinaus durch ihre Komplexität auch zu höheren Verwaltungskosten bei der Steuererhebung.[171]

5.3.1.3.4 Wirkungen auf die Steuereinnahmen

Einerseits ist zu erwarten, dass durch die steuerinduzierten Investitionen, zumindest auf längere Sicht, das BIP und dadurch auch die Steuereinnahmen steigen. Andererseits führen Steuervergünstigungen für ausländische Investoren zunächst zu Einnahmeausfällen. Damit stehen entsprechend weniger Mittel zur Finanzierung von Staatsausgaben zur Verfügung. Werden daraufhin die staatlichen Ausgaben gesenkt, so können davon auch für Investitionsprojekte relevante Standortfaktoren, wie etwa die Infrastruktur, betroffen sein. Bei gleichbleibenden Ausgaben führen die Steuervergünstigungen entsprechend zur Erhöhung des Haushaltsdefizits. Ist das Defizit so groß, dass es die makroökonomische Stabilität gefährdet, können – neben den dadurch

---

169 Vgl. OECD (1995b), S. 29f.

170 Vgl. ebd., S. 31f.

171 Vgl. OECD (2001b), S. 80f.

entstehenden internen Problemen - ausländische Investoren abgeschreckt werden. Die steuerliche Investitionsförderung wäre in diesen Fällen kontraproduktiv.[172]

Verschiedene ökonometrische Studien für OECD-Mitgliedstaaten kommen zum dem Ergebnis, dass meistens die Einnahmeverluste aufgrund von Steuervergünstigungen größer waren als der Zuwachs an Investitionen. Dies wird mit Mitnahmeeffekten erklärt: Ein beträchtlicher Anteil der steuerlichen Anreize kommt Investitionen zugute, die ohnehin stattgefunden hätten.[173] Neben den Steuern gibt es nämlich noch viele andere Faktoren, die Investitionsentscheidungen bestimmen. Wenn die Investitionsmöglichkeiten in Ungarn insgesamt als attraktiv eingeschätzt werden, ist es unwahrscheinlich, dass ohne die Steuervergünstigung überhaupt keine Investitionen stattgefunden hätten. Umgekehrt würden steuerliche Anreize bei ansonsten sehr schlechten Standortbedingungen wohl nur in den wenigsten Fällen Investitionen induzieren.[174]

Neben diesen Mitnahmeeffekten konnte sogar beobachtet werden, dass Kapital mit dem alleinigen Zweck aus Ungarn floss, „reimportiert" zu werden und damit von den Steuererleichterungen zu profitieren. Obwohl es außerordentlich schwierig ist, die Wirkungen steuerlicher Anreize und anderer Faktoren zu separieren, kommen DETHIER/JOHN gar zu der Einschätzung, dass erstere vor allem zu einem Verlust an Steuereinnahmen und nicht entscheidend zu einer Erhöhung des Wirtschaftswachstums beigetragen zu haben.[175] In Anbetracht der Tatsache, dass viele Experten steuerliche Anreize für zumindest einen Grund für den massiven Zufluss von Direktinvestitionen halten, und letztere in starkem Maße zu Produktivitätssteigerungen und Wachstum beitrugen, erscheint diese Bewertung jedoch sehr negativ. Die höhere Wirtschaftsleistung muss letztlich auch zu höheren Steuerzahlungen geführt haben.

Es ist auch zu beachten, dass steuerliche Anreize für Direktinvestitionen in einem Land zu Reaktionen anderer Ländern führen können, die ebenfalls solche Investitionen anziehen wollen. Steuerwettbewerb ist zwar im Prinzip positiv zu bewerten. Im Falle eines Wettlaufs um die attraktivsten Bedingungen für ausländische Investitionen kann er jedoch zu hohen Einnahmeausfällen in den Zielländern und Mitnahmeeffekten für die Investoren führen. Es könnte auch zu Investitionen kommen, die ohne sehr starke

---

172 Vgl. HOLLAND/OWENS (1996), S. 48.

173 BOADWAY/SHAH (1992) kommen in einer Analyse verschiedener empirischer Studien für Entwicklungsländer zum gleichen Ergebnis.

174 Vgl. OECD (1995b), S. 30f.

175 Vgl. DETHIER/JOHN (1998), S. 7f.

steuerlich Anreize nie profitabel wären, so dass eine suboptimale Allokation der Ressourcen stattfindet.[176]

In einer empirischen Studie zum Steuerwettbewerb kommen SEDMIHRADSKY/KLAZAR zu dem Ergebnis, dass eine stark negative Korrelation zwischen Direktinvestitionen in Ungarn und der Tschechischen Republik sowie zwischen Ungarn und Polen besteht. Die Einführung von steuerlichen Investitionsanreizen in Polen hat vermutlich zu einer Stagnation von Investitionszuflüssen nach Ungarn geführt. Zu einem späteren Zeitpunkt resultierten neue Steueranreize in der Tschechischen Republik in einem Rückgang der Direktinvestitionen in Ungarn, jedoch nicht in Polen. Daraus lässt sich schließen, dass Steuerwettbewerb zwischen ähnlich großen Ländern besonders effektiv ist. Andernfalls hat das größere Land einen Wettbewerbsvorteil, da der Zugang zu einem größeren Markt für Investoren attraktiver ist, und Steuern spielen eine geringere Rolle. Die Auswirkungen auf die Höhe der Steuereinnahmen sind weniger eindeutig, da diese von einer Vielzahl von Faktoren beeinflusst werden. So wird die Wirkung von steuerlichen Investitionsanreizen vom Einfluss des Wirtschaftswachstums sowie von Unterschieden in den Steuersystemen insgesamt überlagert. Zudem wurden im Beobachtungszeitraum in den meisten mittel- und osteuropäischen Staaten die Körperschaftsteuersätze, vor allem auch im Hinblick auf die Wettbewerbsfähigkeit der heimischen Unternehmen, gesenkt. Darüber hinaus stellen die Verfügbarkeit und Verlässlichkeit von Daten ein Problem für statistische Analysen dar. Trotzdem kommen SEDMIHRADSKY/KLAZAR zu dem Schluss, dass der Steuerwettbewerb zwischen den Transformationsstaaten zwar Auswirkungen auf die Investitionsflüsse, aber keinen signifikanten Einfluss auf die Höhe der öffentlichen Einnahmen hatte. Dies lässt sich u.a. dadurch erklären, dass aufgrund der Steuervergünstigung zunächst keine oder nur geringe Steuereinnahmen anfallen.[177]

Für den ungarischen Gesetzgeber hatte die gezielte Bevorzugung von Ausländern gegenüber allgemeinen Steuererleichterungen den Vorteil, dass die Einnahmeverluste begrenzt wurden, insbesondere da er davon ausging, dass Inländer in der Regel ohnehin im eigenen Land aktiv werden. Eine solche Differenzierung war insbesondere in der Periode des NÖM sinnvoll: Als 1972 zum ersten Male ausländische Investitionen in Ungarn zugelassen wurden, war das ungarische Steuersystem auf die Aktivitäten von Staatsunternehmen ausgerichtet und die Höhe der für diese Unternehmen geltenden Steuerbelastung von Gewinnen für ausländische Investoren sicherlich nicht

176 Vgl. OECD (2001b), S. 81; vgl. hierzu auch Abschnitt III.5.6.2

177 Vgl. SEDMIHRADSKY/KLAZAR (2002), S. 5ff.

akzeptabel.[178] Auch zu Beginn der marktwirtschaftlichen Reformen mag die Differenzierung zwischen inländischen und ausländischen Investitionen in diesem Sinne noch positiv auf die Attraktivität des Standorts gewirkt haben. Nachdem sich das ungarische Steuersystem im Laufe des Transformationsprozesses jedoch an westliche Systeme angenähert hat und der Körperschaftsteuersatz inzwischen auch im internationalen Vergleich sehr niedrig ist, hat dieses Argument keine Gültigkeit mehr. Die ungarische Regierung hat daher - bis auf die Bevorzugung der Offshore-Gesellschaften - spezielle Regelungen für ausländische Unternehmen weitgehend abgeschafft.

Abschließend lässt sich sagen, dass ausländische Direktinvestitionen für die Entwicklung der ungarischen Wirtschaft von herausragender Bedeutung waren. Steueranreize spielten für diese Investitionen sicherlich eine Rolle. Wie groß sie war, lässt sich allerdings nicht mit Sicherheit bestimmen. Es ist nur schwer zu sagen, wie sich die ungarische Wirtschaft in Abwesenheit der steuerlichen Anreize entwickelt hätte. Es gibt jedoch eine Reihe von Hinweisen, dass Steueranreize vorwiegend in der Anfangsphase der ungarischen Transformation relevant waren. Mit seinem Beitritt zur EU, aber auch im Rahmen seiner Mitgliedschaft in der OECD ist Ungarn verpflichtet, noch bestehende Regelungen, die so genannten schädlichen Steuerwettbewerb verursachen können, abzuschaffen.[179]

5.3.2 Die Rolle des Steuersystems im Hinblick auf Stabilitätsziele

5.3.2.1 Interdependenzen zwischen Steuern, Beschäftigung und Wachstum

Zwischen Steuereinnahmen einerseits und der Entwicklung der wirtschaftlichen Aktivität andererseits gibt es komplexe Wechselwirkungen. Zum einen hängt die Höhe der Steuereinnahmen von Produktion und Beschäftigung ab. Zum anderen ist aber auch die Höhe der Steuern ein Faktor, der die Entwicklung der makroökonomischen Variablen mit beeinflussen kann. So wirken Steuern durch ihre Anpassung an die Konjunkturentwicklung als automatische Stabilisatoren, d.h. die Steuerlast sinkt, wenn Produktion und Beschäftigung zurückgehen, und sie steigt, wenn die wirtschaftliche Situation sich wieder verbessert. Somit reagiert das Steuersystem automatisch antizyklisch. Bei progressiven Steuern steigen (sinken) im Falle eines konjunkturellen Aufschwungs (Abschwungs) die Steuereinnahmen stärker als das Volkseinkommen und dämpfen dadurch die zyklischen Schwankungen. Aber auch diskretionäre Änderungen der Besteuerung beeinflussen die Entwicklung von ökonomischen Aktivitäten.

---

178 Vgl. REPASSY (1991), S. 150.

179 Vgl. Abschnitt III.5.6.2.

5.3.2.1.1 Wirkung des Wachstums auf die Steuereinnahmen

Die Entwicklung der Produktion ist in starkem Maße ausschlaggebend für die Entwicklung der Einnahmen aus direkten Steuern. So ist es in Ungarn durch den mit der Transformationsrezession einhergehenden Einbruch der Produktion und den Kollaps der Unternehmensgewinne zu einem starken Rückgang der vom Unternehmenssektor erhobenen Steuern gekommen. Die Gewinnsteuereinnahmen waren besonders stark von der Transformationsrezession betroffen. Sie fielen überproportional von 12,1% der gesamten Steuereinnahmen im Jahr 1991 auf nur noch 5,6% bzw. 3,9% in den beiden darauffolgenden Jahren. Des Weiteren kam es durch die Reallokation der Produktionsfaktoren zu Arbeitslosigkeit, die einen Rückgang der persönlichen Einkommensteuern sowie der Sozialversicherungsabgaben mit sich brachte. Der Rückgang des privaten Verbrauchs zu Beginn des Transformationsprozesses hatte darüber hinaus negative Auswirkungen auf die Einnahmen aus den Verbrauchsteuern bzw. der neu eingeführten Mehrwertsteuer.[180]

Ein großes Problem war die Erosion der traditionellen Bemessungsgrundlage im Unternehmensbereich. Die großen Staatsunternehmen, die das Herzstück des früheren Steuersystems darstellten, gerieten im Laufe des Transformationsprozesses durch den Wegbruch der Exportmärkte, zunehmenden Wettbewerb durch Importe und zurückgehende Binnennachfrage unter immer stärkeren Druck. Gleichzeitig erzielten die neue gegründeten, vornehmlich kleinen und mittleren Unternehmen zunächst meist keine oder nur geringe Gewinne.[181]

Bestimmte Veränderungen im Rahmen der Systemtransformation wirkten sich über einen Rückgang der von ihnen betroffenen Aktivitäten indirekt auf die Steuereinnahmen aus. So wurden etwa durch die Rechnungslegungs- und Konkursgesetze, die 1992 in Kraft traten, die Staatseinnahmen geschmälert. Diese beiden Gesetze zwangen den Unternehmen finanzielle Disziplin auf und führten dadurch zu einer Welle von Konkursanträgen. Während der Konkursverfahren setzten die betroffenen Unternehmen die Zahlung von Steuern und Sozialversicherungsbeiträgen aus. Einen noch massiveren Einfluss auf die Staatsfinanzen hatte jedoch die Bankengesetzgebung von 1992. Durch das neue Gesetz waren die Banken verpflichtet, die Eigenkapitalstandards der Bank für Internationale Zahlungsausgleich zu übernehmen und aus ihren Einkünften vor Steuern Rücklagen für unsichere Kredite zu bilden. In Anbetracht der allgemein schlechten wirtschaftlichen Lage fielen diese Rücklagen bedeutend höher aus als erwartet. Damit verschlechterte sich ihre Ertragslage beträchtlich. Die Reduktion des zu versteuernden Gewinns im Finanzsektor führte, zusammen mit der Rückzahlung von im Jahr 1991 zuviel gezahlter Steuern, dazu, dass

180 Vgl. CHADHA/CORICELLI (1994), S. 1; GASPAR (1993), S. 6; Tabelle 7.

181 Vgl. OECD (1993), S.38.

das Steueraufkommen in diesem Sektor 1992 nahezu Null betrug. In den Jahren 1990 und 1991 hatten die Banken durch Gewinnsteuern und Dividenden noch zu mehr als 4% der Staatseinnahmen (und damit über 2% des BIP) beigetragen.[182]

Tabelle 15 zeigt, wie das ungarische Finanzministerium die Folgen ausgewählter Maßnahmen bzw. exogener Ereignisse in den Jahren 1991 bis 1993 einschätzt, die über den von ihnen ausgelösten Rückgang wirtschaftlicher Aktivitäten zu Steuerausfällen führten.

Die ab 1994 wieder positiven BIP-Wachstumsraten hatten entsprechende positive Auswirkungen auf die absolute Höhe der Steuereinnahmen. Besonders deutlich wurde das bei den Körperschaftsteuereinnahmen, deren absolute Höhe, wenn auch nicht ihr Anteil am BIP, ab diesem Jahr wieder erheblich anstieg. Die Auswirkungen der Rezession bzw. des darauffolgenden Wachstums auf die Steuereinnahmen wurden jedoch auch von einer Reihe gegenläufiger Effekte überlagert, wie etwa Fortschritten bei der Erfassung und Erhebung. So nahmen etwa die absoluten Einkommensteuereinnahmen auch während der Transformationsrezession permanent und deutlich zu.[183]

Tabelle 15: Ausfall an Staatseinnahmen durch transformationsbedingte Schocks (in Mrd. HUF)

Ereignis	1991	1992	1993
Rechnungslegungsgesetz: - Behandlung von Verlusten - Abschreibungsmöglichkeiten		 3-4 4-6	
Bankengesetz[a]			48[b]
Handelsabkommen mit EU	1		2
Visegrad-Abkommen			1
Kollaps der ex-RgW-Märkte	82,8		

[a] einschließlich der Wirkung von Konkursen
[b] kumulierter Wert für 1991-93

Quelle: SEMJÉN (1995), S. 69 (nach Informationen des ungarischen Finanzministeriums)

182 Vgl. ebd., S. 36f.

183 Vgl. IMF (1995); IMF (2001).

5.3.2.1.2 Wirkung der Steuern auf das Wachstum

Das Steuersystem beeinflusst umgekehrt auch Produktion und Beschäftigung. Auf die Frage, inwieweit die Gestaltung des ungarischen Steuersystems Allokationsentscheidungen beeinflusst und damit die Anreize zu ökonomischer Aktivität schwächen kann, wurde bereits im vorangegangenen Abschnitt eingegangen. Diese Betrachtungsweise bezieht sich jedoch nur auf das Niveau der Steuerbelastung und der Produktion, ist also statisch. Es geht daraus nicht hervor, wie eine konstant hohe Steuerbelastung das langfristige Wachstum der Produktion beeinflusst.[184]

Neben den Auswirkungen von Steuern auf den langfristigen Wachstumspfad ist auch ihre Wirkung auf konjunkturelle Wachstumsschwankungen von Bedeutung. Man kann davon ausgehen, dass der oben beschriebene Rückgang der Steuereinnahmen während der Transformationsrezession antizyklisch wirkte und einen dämpfenden Effekt auf das Ausmaß der Rezession hatte. Allerdings lässt sich aufgrund der Vielzahl der Faktoren, die gleichzeitig das Wachstum beeinflussten, kaum empirisch ermitteln, wie stark diese automatische Stabilisierungswirkung tatsächlich war. Die Tatsache, dass im sich ab 1997 verstärkenden Aufschwung der Anteil der Steuereinnahmen am BIP zunächst noch weiter sank und auch später nicht deutlich anstieg, deutet darauf hin, dass in dieser Phase keine automatische Dämpfung durch die Steuereinnahmen stattfand. Ein Problem automatischer Stabilisatoren ist die Gefahr, dass sie schon im einsetzenden Aufschwung wirken und ihn somit „ersticken". Insofern ist das Fehlen einer automatischen Dämpfung in diesem Falle eher positiv zu bewerten.

GOMULKA/LANE zeigen anhand eines Gleichgewichtsmodells, wie Änderungen der Besteuerung zu einer Transformationsrezession führen können. Die entscheidenden, empirisch belegten Annahmen ihres Modells sind die niedrige Mobilität der Produktionsfaktoren und eine ursprünglich hohe Differenzierung der Besteuerung zwischen den Unternehmen. Ein wesentliches Element der Systemtransformation ist der Wegfall dieser Differenzierung. Die Angleichung der Steuersätze für alle Unternehmen führt zu einer sofortigen und massiven Veränderung der relativen Preise. Damit kommt es zu einem Angebotsschock. Kurzfristig kommt es zu einer Rezession, die proportional zum Ausmaß der ursprünglichen Preisverzerrung ist.[185] Es gibt jedoch keine empirischen Untersuchungen, die die Wirkungszusammenhänge in diesem theoretischen Modell für Ungarn belegen.

---

184 Vgl. TANZI/ZEE (1996), S. 4.

185 Vgl. GOMULKA/LANE (2001).

Ein offensichtlicherer Bezug zwischen Steuern und Wachstum lässt sich in einer dynamischen Betrachtung hinsichtlich der Auswirkungen auf die Investitionsneigung herstellen. In der endogenen Wachstumstheorie, bei der im Gegensatz zur neoklassischen Theorie auch Wirkungen der Wirtschaftspolitik auf das Wachstum betrachtet werden, reduziert eine Gewinnsteuer die Rendite und wirkt damit als negativer Anreiz für Investitionen. Es kann also je nach Produktionsfunktion und Steuerstruktur eine negative Wirkung auf das Wachstum angenommen werden.[186]

Umgekehrt kann dieser negative Effekt reduziert werden, wenn über die Steuerpolitik Anreize zu Investitionen oder zum Sparen gegeben werden. Ziel der ungarischen Wirtschaftspolitik ist es, hohes und nachhaltiges Wachstum und damit letztlich den Anschluss an westeuropäische Lebensstandards zu erreichen. Dies erfordert nicht nur einen effizienteren Einsatz der Ressourcen, sondern auch eine Zunahme der Investitionen. Letztere wiederum werden nur getätigt, wenn für die potentiellen Investoren entsprechende Anreize bestehen bzw. die Steuerpolitik die Anreize nicht verzerrt. Gleichzeitig müssen genügend finanzielle Mittel zur Verfügung stehen. Diese Mittel können entweder aus inländischen oder ausländischen Ersparnissen zufließen.

Seit 1988 haben die verschiedenen ungarischen Regierungen versucht, mit Hilfe des Steuersystems Investitionen und, in geringerem Maße, die gesamtwirtschaftliche Ersparnis zu erhöhen. Unter Ökonomen besteht allerdings kein Konsens über die Wirkungen dieser gezielten Anreize. Einerseits ist offensichtlich, dass sie zu allokativen Verzerrungen führen. Andererseits können sie auch dazu dienen, bestehendes Marktversagen abzumildern, etwa wenn der gesamtwirtschaftliche Nutzen von durch Steuern stimulierten Investitionen die private Rendite der Investoren übersteigt. In diesem Falle könnte ihr Nutzen die durch die Verzerrungen bedingten Wohlfahrtsverluste überkompensieren. Die ungarische Investitions- und Sparquote stiegen zwar nach einem Tiefpunkt in den Jahren 1992 und 1993 wieder an, es ist allerdings nicht klar, inwieweit dies auf die ungarische Steuerpolitik oder aber andere Faktoren zurückzuführen ist. Gleichzeitig kann man davon ausgehen, dass die spezifischen Steueranreize für Investitionen zu Verzerrungen und damit Ineffizienzen führten.[187]

Anderseits stellt sich jenseits spezifischer steuerlicher Anreize die Frage, wie sich die Höhe und Struktur der Gewinnbesteuerung insgesamt auf die Investitionsneigung auswirkten. In Ungarn gingen, besonders in der ersten Hälfte der 1990er Jahre, negative Anreizwirkungen von der auf beschränkten Bemessungsgrundlagen und entsprechend hohen Steuersätzen basierenden Besteuerung aus. Weitere Probleme

186 Vgl. ebd., S.4ff.

187 Vgl. TANZI/ZEE (1996), S. 6f.; VAMOSI-NAGY et al. (1998), S. 483ff. und S. 502f.

waren die überproportionale Belastung von neu gegründeten bzw. kleinen und mittelständischen Unternehmen.[188] „The problem of high and distorted tax rates exists across the whole spectrum of taxes. (...) These tax induced distortions are probably depressing Hungary's growth potential in a significant way, as they happen in the context of a very heavy tax burden."[189]

Ist das Steuersystem häufigen Veränderungen unterworfen, führt dies auch zu Planungsunsicherheit und Schwankungen bei den Einkünften aus Investitionen. Dies resultiert tendenziell in einem Investitionsrückgang und damit in niedrigeren Wachstumsraten.[190] Die häufigen Änderungen der ungarischen Regelungen im Bereich der Gewinnbesteuerung, die zu einem Klima der Instabilität und der Verunsicherung der Wirtschaftssubjekte beitrugen, wurde von vielen Beobachtern als ein ernsthaftes Hindernis für Investitionen und Wachstum betrachtet.[191]

Dieser negativen Einschätzung kann inzwischen jedoch nicht mehr gefolgt werden. Der Körperschaftsteuersatz von 18% war der niedrigste innerhalb der OECD. Der effektive Steuersatz lag Ende der 1990er Jahren sogar nur zwischen 10% und 12%.[192] 2004 wurde der nominale Körperschaftsteuersatz sogar noch weiter auf 16% gesenkt. Es ist also eher unwahrscheinlich, dass diese im internationalen Vergleich niedrige Gewinnbesteuerung negative Anreize auf die Investitionen ausübt.

Indirekt wirken sich auch die Höhe der von Arbeitnehmern zu zahlenden Einkommensteuern sowie die Sozialversicherungsbeiträge auf die Rentabilität der Investitionen aus. Zusätzlich zu der relativen Verteuerung des Einsatzes von (legalen) Arbeitskräften wurden durch die Abgabenbelastung in Ungarn die Kosten der Unternehmen auch absolut nach oben getrieben. Dies führte zu einer Schwächung der Wettbewerbsfähigkeit und wirkte sich negativ auf Investitionen und Wachstum (und damit wiederum auf die Beschäftigung) aus: „Levies and their increase constitute one of the most difficult obstacles for enterprises (...)."[193]

Die Besteuerung von Zinseinkünften und Dividenden kann sich negativ auf die Sparquote auswirken und damit zur Reduktion der vorhandenen Mittel für Investitionen führen. Gleichzeitig können diese Steuern jedoch den Konsum erhöhen und damit wiederum zu höheren Umsatzerwartungen beitragen. Konsumsteuern führen hingegen

---

188 Vgl. z.B. OECD (1995a), S. 43f.
189 World Bank, (1995), S. 16.
190 Vgl. TANZI/ZEE (1996), S. 13f.
191 Vgl. DETHIER/JOHN (1998), S. 10.
192 Vgl. OECD (2002), S. 137.
193 GEM (1994), S. 7.

tendenziell zu einer Erhöhung der Sparquote bei entsprechendem Rückgang der Konsumquote.[194] CNOSSEN argumentiert, dass im Vergleich zur Erhebung einer entsprechenden Einkommensteuer die Mehrwertsteuer zwar den absoluten Sparertrag (d h. den zukünftigen Konsum), nicht jedoch den Nettoertrag des Sparens mindert. Demgegenüber schmälert die Einkommensteuer den Nettoertrag, weil sowohl das ursprüngliche Einkommen als auch der Zinsertrag besteuert werden.[195] „Therefore, if it is assumed that investment increases as saving increases, a VAT is superior to an income tax in promoting economic growth" (ebd.)

In Ungarn sind Zinseinkünfte seit 1995 steuerfrei. Auch Dividenden unterliegen einer im internationalen Vergleich niedrigen Quellensteuer. Demgegenüber sind sowohl der Standardsatz der Mehrwertsteuersatz mit 25% als auch der Anteil der indirekten Steuern insgesamt am Steueraufkommen relativ hoch. Insofern kann man davon ausgehen, dass die Struktur des ungarischen Steuersystems inzwischen durchaus als wachstumsfördernd bezeichnet werden kann.

Wenn es auch an empirischen Studien für Ungarn fehlt, existieren eine Vielzahl von Untersuchungen, die den Zusammenhang zwischen Steuern und Wachstum für andere Staaten analysieren und die sicher auch Rückschlüsse auf Ungarn zulassen. Dabei kommt die empirische Literatur nicht immer zu solch klaren Ergebnissen wie die Theorie. So kommt GERSON nach Analyse einer Vielzahl von empirischen Studien zu dem Schluss, dass Entscheidungen über Arbeitsangebot und Investitionen nur relativ schwach auf Änderungen der Löhne und Renditen reagieren. Daher können auch die Wachstumseffekte von Steuern in der Regel nur relativ gering sein. Allerdings sieht GERSON tendenziell positive Wachstumswirkungen bei einer einnahmenneutralen Verschiebung der Steuerbelastung von Unternehmen zu Haushalten. Diese können dazu führen, dass Gewinne eher thesauriert als ausgeschüttet werden. Da private Haushalte nicht in gleichem Maße weniger sparen werden, kommt es insgesamt zu einer Erhöhung von Ersparnis, Investitionen und Wachstum.[196]

KNELLER ET AL. kommen anhand einer empirischen Analyse basierend auf Daten von 22 Industriestaaten zu dem Ergebnis, dass Steuern, die zu Verzerrungen von Investitionsanreizen führen, wachstumsreduzierend wirken. Der Effekt ist jedoch nicht sehr groß. Nach der Schätzung der Autoren kann die Reduktion verzerrender Steuern um 1% des BIP die Wachstumsrate um 0,1% bis 0,2% pro Jahr erhöhen. Steuern, die die

194 Vgl. GERSON (1995), S. 25.

195 Vgl. CNOSSEN (1991), S. 1995.

196 Vgl. GERSON (1995), S. 47ff.

Investitionsentscheidungen nicht beeinflussen, haben keinen Einfluss auf die Wachstumsrate.[197]

In einer vergleichenden Analyse empirischer Studien kommt MYLES zu dem Schluss, dass die Ergebnisse der verschiedenen Studien zwar leicht divergieren, aber doch insgesamt darauf hindeuten, dass das Niveau der Steuerbelastung keinen signifikanten Einfluss auf das Wirtschaftswachstum hat. Die Struktur der Besteuerung wirkt sich in begrenztem Maße aus: Steuern können die Faktoren beeinflussen, die für das Wachstum verantwortlich sind, wie z.B. Arbeitsangebot oder Investitionen.[198]

5.3.2.2 Steuern und Inflation

Zwischen dem Steuersystem und der Entwicklung des Preisniveaus bestehen vielfältige Interdependenzen, sowohl über direkte und indirekte Steuern als auch im Zusammenhang mit der Existenz eines Haushaltsdefizits. Der Zusammenhang zwischen Steuereinnahmen und Inflation besteht in zwei Richtungen: Zum einen wirkt sich die Inflation auf die Höhe der Steuereinnahmen aus. Zum anderen hat das Steuersystem einen Einfluss auf die Entwicklung der Inflationsraten.

Wenn die Steuertarife nicht an einen Inflationsindex gebunden sind, führen Preisniveauerhöhungen zu einer höheren Abgabenlast sowohl für Unternehmen als auch für Privathaushalte. Im Falle progressiver Steuern steigen die Abgaben sogar überproportional. Für die ungarische Regierung bestand ein gewisser Anreiz, Inflation zuzulassen, da diese durch die Progressivität des Steuersystems zu einem Anstieg der Einnahmen führte. Die Ausgabenseite reagierte deutlich langsamer, vor allem im Fall von unerwarteter Inflation, so dass eine Verbesserung der Haushaltsposition erreicht werden konnte. Trotz dieses vermeintlich positiven Effekts ist eine solche „Inflationssteuer" negativ zu bewerten, da sie verzerrend auf Allokation und Verteilung wirkt.[199]

Die so genannte „kalte Progression" ist in westlichen Marktwirtschaften mit relativ niedriger Inflation in der Regel kein ernsthaftes Problem. Eine typische Erscheinung im Transformationsprozess waren aber ausgeprägt hohe Inflationsraten. GROS und STEINHERR argumentieren angesichts der Erfahrungen in Lateinamerika, dass es wichtig sei, ein Steuersystem im Transformationsprozess so zu gestalten, dass es nicht durch Inflation „verwundbar" ist. Sie beziehen sich dabei auf die Regeln zur Inflationsanpassung, die 1974 in das chilenische Steuersystem eingeführt wurden und einen

---

197 Vgl. KNELLER et al. (1999).

198 Vgl. MYLES (2000).

199 Vgl. BARABAS et al. (1998a), S. 15; THIRSK (1991), S. 37.

wesentlichen Beitrag zur Beseitigung der Ungleichgewichte im öffentlichen Sektor Chiles leisteten.[200]

Es kam in Ungarn zwar nicht zu einer Hyperinflation, wie sie in Lateinamerika beobachtet wurde, die ungarischen Inflationsraten lagen jedoch im zweistelligen Bereich. 1991 wurde ein Anstieg der Verbraucherpreise um 35% gemessen. Auch 1999 und 2000 betrug er noch 10% bzw. 9,8%. Im Gegensatz zu Chile erfolgte in Ungarn jedoch keine formale Indexierung der Steuertarife. Stattdessen wurden wiederholt diskretionäre Senkungen der Einkommensteuerhöchstsätze vorgenommen. Diese Maßnahmen kompensierten die „kalte Progression" jedoch nur zum Teil. Somit trug die Inflation in erheblichem Maße zum Anstieg der realen Steuerbelastung der ungarischen Arbeitnehmer bei.[201]

Ein weiteres häufig in Entwicklungsländern beobachtetes Problem, mit dessen Relevanz für Transformationsstaaten sich einige Autoren beschäftigt haben, ist der so genannte Olivera-Tanzi-Effekt: Aufgrund der Zeitspanne, die zwischen der Veranlagung der ordentlichen Staatseinnahmen und ihrer Verausgabung liegt, fällt der reale Wert der Haushaltsmittel. Dadurch besteht eine Tendenz zur Erhöhung des Defizits. Gleichzeitig kann durch solche „Collection Lags" die inflationäre Entwicklung weiter verstärkt werden.[202] „Hyperinflation may develop if, for example, real tax revenue diminishes drastically due to collection lags and an insufficient indexation of the tax system."[203] Hohe Inflationsraten resultieren nämlich in diesem Falle in einer höheren Geldschöpfung, wenn das geplante reale Ausgabenniveau aufrechterhalten werden soll. Durch die Erhöhung des Geldangebots wird der Inflationsprozess verstärkt, so dass letztlich eine Hyperinflation entstehen kann.[204] In Ungarn kam es zwar nicht zu solch dramatischen Auswirkungen, ein moderater Olivera-Tanzi-Effekt konnte jedoch beobachtet werden.[205] Aufgrund von hohen Inflationsraten und von Steuerrückständen war er in den Jahren 1991 und 1992 besonders stark. Er führte zu einem Rückgang der realen Einkommensteuereinnahmen. Später wurde dieser Effekt langsam schwächer, da sich die Preissteigerungsrate verlangsamte. Da die Steuertarife nicht indexiert waren, kompensierte außerdem die resultierende „kalte Progression" die negative Wirkung der Inflation auf die realen Steuereinnahmen (vgl. GÁSPÁR (1997), S. 77).

---

200 Vgl. GROS/STEINHERR (1995), S. 176.

201 Vgl. DETHIER/JOHN (1998), S. 14f.

202 Vgl. BERNHOLZ (1990), S. 313.

203 HERR et al. (1994b), S. 48.

204 Vgl. z.B. TANZI (1991a), S. 104 ff.

205 Vgl. PITTI/VAZQUEZ-CARO (1998), S. 512f.

Inflation führt auch zu hohen effektiven Steuersätzen[206] auf Einkünfte aus Kapitalvermögen, da Kapitaleigner einen Teil ihrer Zinseinkünfte einsetzen müssen, um den realen Wert ihres Vermögens zu erhalten. Die Besteuerung erfasst aber die gesamten nominalen Zinseinkünfte. Damit sind die realen Steuersätze im Verhältnis zur realen Verzinsung deutlich höher als die nominalen Steuersätze. Inflation kann daher auch als implizite Steuer auf Kapitaleinkünfte interpretiert werden. Bei negativen realen Zinssätzen in Ungarn in den Jahren 1988 bis 1993 wurde der Anreiz zu sparen durch die Besteuerung noch mehr verringert. Im Jahr 1994, bei erstmals positiven realen Zinsen, betrug der effektive Steuersatz immer noch 50% im Vergleich zum nominalen Satz von 10%. Je höher die Inflationsraten, um so stärker ist der Hebeleffekt der Steuern auf Zinseinkünfte. Es ist zwar empirisch nicht eindeutig belegt, dass sich die Sparquote durch eine Reduktion der Zinsbesteuerung erhöhen lässt. Die Besteuerung beeinflusst aber in jedem Fall die Zusammensetzung der Ersparnis, wenn verschiedene Anlageformen unterschiedlich behandelt werden. Durch die Besteuerung von Zinseinkünften kam es im Zusammenhang mit der Inflation zu einer Verzerrung der Ersparnis in Ungarn. Anlageformen, deren Wert sich nicht mit der Inflation anpasst, wurden weniger attraktiv. Es mag nicht zuletzt aus diesem Grunde gewesen sein, dass diese Steuer 1994 abgeschafft wurde.[207]

Es gibt gewisse Anhaltspunkte dafür, dass die Einführung des neuen ungarischen Steuersystems zum Anstieg der Inflationsrate beitrug. So liegt es etwa nahe, dass die Einführung einer Mehrwertsteuer bei gleichzeitiger Abschaffung der Subventionen für viele Güter sich direkt auf die Höhe der Preise niederschlug und somit inflationär wirkte. Zwar deuten Erfahrungen aus OECD-Ländern darauf hin, dass die Einführung einer Mehrwertsteuer keinen allzu großen Einfluss auf die Höhe der Einzelhandelspreise hat[208], andererseits ist die Relevanz solcher Ergebnisse für den konkreten Fall Ungarns fraglich. Dort ist die Mehrwertsteuer eher als Substitut für die bis dahin sehr gewichtigen direkten Unternehmenssteuern zu verstehen als für das komplexe System von Umsatzsteuern und Subventionen, während sie in westlichen Ländern in der Regel eine allgemeine Umsatzsteuer ablöste. Bei einer zunächst monopolistischen Marktstruktur in Ungarn war es schwierig, dem Anstieg der Konsumentenpreise nach Einführung der Mehrwertsteuer entgegenzuwirken. Da kaum Wettbewerb zwischen Unternehmen stattfand, wurde die Reduzierung der Produzentenpreise durch Senkung der direkten Steuern nicht an die Konsumentenpreise weitergegeben. Konsumenten,

---

206 Der effektive Steuersatz ist hier definiert als Anteil der realen Steuerzahlungen an den realen Zinseinkünften.

207 Vgl. DETHIER/JOHN (1998), S. 15ff.

208 Vgl. CNOSSEN (1991), S. 194.

die mit monopolistischen Strukturen und Güterknappheit konfrontiert waren, mussten hohe Preise akzeptieren, während die Unternehmen ihre Gewinne durch die Senkung der Unternehmenssteuern erhöhten.[209] Andererseits wirkte jedoch die zu Beginn der Systemtransformation relativ gute Versorgungslage Ungarns im Vergleich zu anderen Staaten Mittel- und Osteuropas einem extremen, durch einen massiven Nachfrageüberhang verursachten Preisniveauanstieg entgegen.[210] KOLTAY schätzt, dass die Konsumentenpreise im Zusammenhang mit der Einführung der Mehrwertsteuer um 8% stiegen.[211]

Allein im Januar 1993 stiegen die Konsumentenpreise dann aufgrund der Änderung der Mehrwertsteuersätze, der Anhebung bestimmter Verbrauchsteuern auf Gas, Mineralöl, Alkohol und Tabak, der Einfuhrzölle für Agrarprodukte sowie der Preise für einige öffentliche Leistungen (Post, Fernsehgebühren, Transport) und der steigenden Nahrungsmittelpreise noch einmal um 6,8% an. Auch die Mehrwertsteuererhöhung im Jahr 1995 führte zu einer spürbaren Preissteigerung.[212]

Der Effekt der indirekten Steuern auf die Inflation ist nur schwer von den Auswirkungen von administrativen Preisänderungen für bestimmte Güter zu trennen. HAMECZ ET AL. kommen in einer empirischen Analyse der Inflation in der ersten Hälfte der 1990er Jahre zu dem Ergebnis, dass ein Großteil der Varianz der Inflation durch die Veränderung von regulierten Preisen und Mehrwertsteuern erklärt wird.[213] Indirekt trug auch das wachsende Haushaltsdefizit, zu dessen Finanzierung indirekte Steuern erhöht wurden, erheblich zu den hohen Inflationsraten zu Beginn der 1990er Jahre bei.[214] KOLTAY argumentiert weiterhin, dass sich die Einkommensteuer über höhere Lohnforderungen indirekt auf das Preisniveau auswirkte. Durch diesen Druck auf die Löhne wurde zugleich Kostendruck auf die Inflationsrate ausgeübt.[215]

Alles in allem haben die Steuern in Ungarn zum Anstieg der Verbraucherpreise geführt. Allerdings handelte es sich dabei jeweils um einmalige Preiserhöhungen und nicht um eine permanente Erhöhung der Inflationsrate.

---

209 Vgl. KOLTAY (1993), S. 252.

210 Vgl. KUPA (1991), S. 281.

211 Vgl. KOLTAY (1993), S. 252.

212 Vgl. OECD, (1993), S. 11 und 23ff.; OECD (1995a), S. 72.

213 Vgl. HAMECZ et al. (1998), S. 95.

214 Vgl. GASPAR (1998), S. 37.

215 Vgl. KOLTAY (1993), S. 252.

5.3.2.3 Steuern und Haushaltsdefizit

Neben der Transformationsrezession war der Anstieg der öffentlichen Defizite eines der größten makroökonomischen Probleme, das durch die Transformation der mittel- und osteuropäischen Volkswirtschaften verursacht wurde.[216] Dies gilt auch für Ungarn: Während im Jahr 1990 noch ein Haushaltsüberschuss von 0,4% des BIP realisiert wurde, waren die öffentlichen Einnahmen seither geringer als die Ausgaben. Das öffentliche Defizit stieg bis auf 8,2% des BIP im Jahr 1994 an. Danach konnte es zunächst auf 3,4% in den Jahren 1999 und 2000 reduziert werden, erhöhte sich dann aber wieder drastisch und erreichte 2002 einen Wert von 9.3%. Da die Entstehung des Defizits in direktem Zusammenhang mit den Steuereinnahmen steht, soll ihm an dieser Stelle entsprechend viel Raum gewidmet werden.

5.3.2.3.1 Ursachen

Die Ursache für die beständigen Haushaltsdefizite lag vor allem in dem im Transformationsprozess abnehmenden Gewicht der Steuereinnahmen bei weitgehend gleichbleibenden Ausgaben. Wie bereits an anderer Stelle erwähnt, hängt ein Großteil der Staatseinnahmen direkt mit der Entwicklung des BIP zusammen. Bei den Ausgaben ist dies nur bei einem geringeren Anteil der Fall. Das öffentliche Defizit wird also in starkem Maße von Konjunkturentwicklung und Wachstum bestimmt.[217] „So it can be said that in the short run, the budgetary balance is a function of the increase or decrease in GDP, and other factors have only a secondary effect. (...) the budget deficit can only be eliminated permanently in an expanding economy. Growth is a necessary, though not sufficient condition for overcoming this tension."[218]

Darüber hinaus spielen strukturelle Faktoren eine bedeutende Rolle. CORICELLI argumentiert, dass die Geschwindigkeit der Transformation und die relative Entwicklung von staatlichen und privaten Unternehmen die Höhe der Haushaltsdefizite während des Transformationsprozesses in Mittel- und Osteuropa wesentlich beeinflussten. Er stellt eine deutliche Korrelation von Defiziten und Arbeitslosenquoten zwischen 1989 und 1993 fest und begründet diesen Zusammenhang mit dem starken Anstieg der Arbeitslosigkeit und mit sinkenden Realeinkommen, die zu einer Erhöhung der Sozialausgaben geführt haben. CORICELLI untersucht weiterhin den Zusammenhang zwischen Reformgeschwindigkeit und öffentlichem Defizit in den Staaten Mittel-

---

216 Vgl. GASPAR (1993),S. 5.

217 Vgl. KORNAI (1994), S. 10f.

218 Ebd. (1994), S. 10.

und Osteuropas, wobei Ungarn zu der Gruppe der schnellen Reformer gezählt wird. Er kommt zu dem Ergebnis, dass Haushaltsdefizite eher durch ein klares Engagement für schnelle und weitreichende Reformen als durch eine eher populistische Haltung der Regierung und eine Erhaltung des Status Quo über hohe Subventionen verursacht werden. Dies liegt vor allem darin begründet, dass schnelle Reformen mit einem massiven Zusammenbruch staatlicher Unternehmen einhergehen, so dass simultan Steuereinnahmen wegbrechen und die Zahlung von Arbeitslosenunterstützung steigt. Dieser Effekt ist besonders stark, wenn die Steuererhebung auf Staatsunternehmen konzentriert ist, während private Unternehmen - legal oder illegal - weitgehend unbesteuert bleiben.[219]

CORICELLIS Ergebnisse relativieren den Informationsgehalt von Haushaltsdefiziten in der Transformationsphase. Hohe Defizite können nicht immer als Ausdruck „schlechter" Wirtschaftspolitik und dramatischer Krisen interpretiert werden. Im Gegenteil kann man sie eher als positives Zeichen deuten, da im Laufe einer erfolgreichen Restrukturierung parallel zur Entwicklung der Arbeitslosigkeit das Defizit zunächst ansteigt, bevor es zurückgeht.[220] Daher kann es auch zur Verlangsamung des Transformationsprozesses kommen bzw. kann dieser insgesamt gefährdet werden, wenn in der Übergangsphase ein zu großes Gewicht auf den Ausgleich des Staatshaushalts gelegt wird. Da in dieser Phase die Reallokation der Arbeitskräfte vom schrumpfenden staatlichen zum wachsenden Privatsektor mit Arbeitslosigkeit und entsprechenden Sozialleistungen auf der Ausgabenseite sowie niedrigen Steuerzahlungen der Unternehmen und Arbeitnehmer einhergeht, haben Regierungen in Transformationsstaaten einen Anreiz, diesen Prozess im Hinblick auf die Staatsfinanzen zu verlangsamen. Dadurch würde auf kurze Sicht die Arbeitslosigkeit und damit der Druck auf die öffentlichen Haushalte reduziert. Diese schmerzhaften Anpassungsprozesse sind jedoch erforderlich für den Erfolg der Transformation. CHADHA/CORICELLI betonen daher u.a. die Notwendigkeit, schon in einem frühen Stadium des Transformationsprozesses ein funktionsfähiges Steuersystem zu etablieren, das auch den Privatsektor erfasst und damit zumindest dazu beiträgt, das Defizit in Grenzen zu halten.[221]

Eine weitere strukturelle Ursache für die Erosion der Bemessungsgrundlage, die allerdings erst in einer späteren Phase der Transformation zum Tragen kam, waren die Handelsabkommen Ungarns mit der EU sowie den Visegrad-Ländern, die mittelfristig den Abbau von Importzöllen vorsahen. Sie implizierten einen Rückgang der Zollein-

---

219 Vgl. CORICELLI (1996).

220 Vgl. ebd., S. 17.

221 Vgl. Chadha/Coricelli (1994).

nahmen, die vormals eine nicht unbedeutende Einnahmequelle darstellten. Während der Zollabbau natürlich im Hinblick auf die effiziente Allokation der Ressourcen positiv zu beurteilen ist, führt er andererseits zum Verlust von Einnahmen, die relativ leicht zu erheben und auch durchzusetzen waren.[222] Darüber hinaus veränderte er die relativen Preise zu Lasten der heimischen Produktion, was zumindest zeitweise wachstumshemmend war.

PIRTTILÄ hat eine empirische Untersuchung der Determinanten von Haushaltsdefiziten auf der Grundlage von Daten aus 25 Transformationsländern für 1990 bis 1997 durchgeführt. Er findet eine klare positive Korrelation zwischen Preisliberalisierung und Haushaltssaldo, die er mit dem Rückgang von Preissubventionen für Konsumgüter begründet. Restrukturierungen im Unternehmensbereich, gemessen anhand des Wachstums des Privatsektors und des Anstiegs der Arbeitslosigkeit, führen dagegen wegen geringerer Steuereinnahmen zu höheren Defiziten. Diese empirischen Ergebnisse bestätigen CORICELLIS Argumentation, dass eine schnellere Transformation zunächst mit höheren Defiziten einhergeht. Obwohl der Zusammenhang zwischen BIP-Wachstum und Defiziten in Transformationsländern schwächer ist als in den meisten entwickelten Marktwirtschaften, ergibt die empirische Untersuchung auch hier einen negativen Zusammenhang.[223]

Die ungarischen Haushaltsprobleme lagen also zum Teil in der Schwierigkeit begründet, Staatseinnahmen in einer Zeit zu erzielen, in der die wirtschaftliche Aktivität stark zurückging, sowie in den Problemen bei der Besteuerung der sich gerade entwickelnden privaten Unternehmen und der von ihnen gezahlten Einkommen. Im Verlauf der Transformation zeigte sich jedoch, dass die Probleme Ungarns nicht nur temporärer Natur waren: Es besteht das Risiko eines persistenten strukturellen Defizits.

5.3.2.3.2 Wirkungen von Haushaltsdefiziten

Während der transformationsbedingte Teil des Defizits also auch als positives Signal des Wandels interpretiert werden kann, sollten die negativen Wirkungen von Haushaltsdefiziten dennoch nicht vernachlässigt werden. Wird das Defizit über Staatsanleihen finanziert, treibt dies ab einem gewissen Kreditvolumen die Zinsen nach oben. Dies war in Ungarn besonders deutlich vor 1995 zu beobachten.[224] Höhere Zinsen auf die öffentlichen Schulden erhöhten die Belastung des öffentlichen Haushalts durch den

---

222 Vgl. OECD (1993), S.38.

223 Vgl. PIRTTILÄ (2001).

224 Vgl. GASPAR (1998), S. 39.

Schuldendienst. Zinszahlungen machten dadurch einen steigenden Anteil an den Ausgaben aus.[225]

Die steigenden Zinsen führten darüber hinaus zur Verdrängung privater Investoren. Dies lag zum einen daran, dass Investitionen nicht mehr getätigt wurden, wenn der Zinssatz für Kredite eine kritische Grenze im Verhältnis zur erwarteten Rendite eines Investitionsprojekts überstieg. Zum anderen wurden private wirtschaftliche Aktivitäten verdrängt, da Bankkredite an den öffentlichen Sektor die vorhandenen Mittel für Unternehmenskredite reduzierten. Auf dem Kapitalmarkt wurden als risikoarm eingeschätzte Staatsanleihen den risikoreicheren Krediten an Unternehmen sowie Aktien und Unternehmensanleihen vorgezogen.[226] Durch dieses „Crowding Out" wurden die Entwicklung des Privatsektors im Transformationsprozess und letztlich das dringend benötigte Wachstum gehemmt.[227]

Bei der Untersuchung verschiedener wachstumsrelevanter Faktoren in Transformationsländern für 1992 bis 1995 finden FISCHER ET AL., dass Länder mit enger Wechselkursanbindung und solider Fiskalpolitik schneller wuchsen als andere.[228] Auf diese Resultate aufbauend kommen COTTARELLI ET AL. zu dem Ergebnis, dass die relative Verschlechterung der ungarischen Haushaltsposition für das Jahr 1996 etwa einen ¾ Prozentpunkt des Wachstumsrückstands Ungarns im Vergleich zu anderen weit fortgeschrittenen Transformationsländern erklärt.[229]

Neben den oben beschriebenen direkten Auswirkungen von Steuern auf die Inflation, kann auch ein Wirkungszusammenhang über das Budgetdefizit bestehen. BARABAS ET AL. zeigen, dass im Laufe des Transformationsprozesses die ungarische Fiskalpolitik zunächst zur andauernden Inflation und später, bei sinkenden Defiziten, zur Desinflation beitrug. Vor Beginn der Transformation bis zum Jahr 1991 wurden die ungarischen Defizite durch die Notenpresse finanziert. Nach 1992 jedoch funktionierte die Wirkungskette, nach der ein steigendes Defizit über Zentralbankfinanzierung zur Geldmengenausweitung und damit zum Anstieg der Inflation führt, nur noch in geringem Maße in dieser direkten Form.[230]

---

225 Vgl. KORNAI (1995), S. 236f.

226 Vgl. STEPHAN (1999), S. 173 und 225; CORICELLI (1997), S. 44f.

227 Vgl. SEMJEN (1994), S. 37.

228 Das Wachstum war jedoch nicht in allen Fällen nachhaltig. Zum Teil führte insbesondere die Wechselkursanbindung zu einer nicht nachhaltigen Auslandsverschuldung der Unternehmen, weil sie unter Geringschätzung des Wechselkursrisikos den hohen heimischen Nominalzinsen ausweichen wollten.

229 Vgl. COTTARELLI et al. (1998a), S. 50; FISCHER et al. (1996).

230 Vgl. BARABAS et al. (1998a), S. 40ff.

Der Grund dafür war, dass ab 1992 die direkte Finanzierung des Budgetdefizits durch die ungarische Zentralbank eingeschränkt war. Allerdings wurden diese Beschränkungen bis 1995 nicht immer eingehalten. Die neuen Finanzierungsregeln wurden zu Zeiten eingeführt, in denen das Haushaltsdefizit anstieg. Gleichzeitig befand sich der Staatsanleihemarkt in einem frühen Entwicklungsstadium und war nicht sehr liquide. Daher wurde die Möglichkeit der direkten Verschuldung bei der Zentralbank in der Praxis nur schrittweise begrenzt. Bis 1995 trug die Geldmengenausweitung zur Finanzierung des Defizits deshalb immer noch, wenn auch mit abnehmender Tendenz, zum Anstieg des Preisniveaus bei. Ein indirekter Wirkungskanal, durch den das Haushaltsdefizit die Inflationsrate beeinflusste, bestand über die Leistungsbilanz: Die expansive Fiskal- und Geldpolitik erhöhten die inländische Absorption. Dadurch verschlechterte sich die Leistungsbilanz, und die Kreditaufnahme im Ausland stieg an. Dies wiederum führte zu einer Abwertung des Forint, die zum Anstieg der Inflation beitrug. Insgesamt scheint die Haushaltskonsolidierung ab 1995 dennoch einen entscheidenden Beitrag im Desinflationsprozess geleistet zu haben. Die restriktive Geldpolitik der ungarischen Zentralbank spielte dabei zwar eine wichtige Rolle, hätte aber ohne Budgetdisziplin die Inflation nicht hinreichend reduzieren können. Mit Wirkung vom 1. Januar 1997 wurde die direkte Finanzierung des Haushalts durch die Zentralbank dann endgültig verboten. Letztere Regelung steht im Einklang mit der entsprechenden EU-Gesetzgebung.[231]

COTTARELLI ET AL. bestätigen diese Ergebnisse für Ungarn durch eine empirische Untersuchung der strukturellen Ursachen von Inflation in den Transformationsländern im Allgemeinen. Sie identifizieren die Haushaltsposition als robuste erklärende Variable: expansive Fiskalpolitik geht typischerweise mit höheren Inflationsraten einher. Dabei ist die Korrelation zwischen Inflation und Haushaltsdefizit in Transformationsländern stärker ausgeprägt als in Industriestaaten. Bei dieser Analyse wurde allerdings zunächst nicht berücksichtigt, dass das Defizit nicht unabhängig von der Höhe der Inflation ist. Der nominale Zinssatz, der auf die öffentlichen Schulden gezahlt werden muss, wird zu einem gewissen Grad von der Inflationsrate beeinflusst. Daher steigt die Defizitquote mit der Inflation. Diesem Zusammenhang haben COTTARELLI ET AL. durch die Wahl des Primärdefizits (d.h. des Defizits ausschließlich der Zinszahlungen) als erklärender Variable Rechnung getragen. Auch dann wird das obige Resultat bestätigt. Die empirische Analyse ergibt, dass der Einfluss der Fiskalpolitik auf die Inflation in denjenigen Ländern stärker ist, deren Staatsanleihenmarkt am wenigs-

231 Vgl. ebd., S. 16ff; BARABAS et al. (1998b), S. 59ff. und 88.

ten entwickelt ist. Haushaltsdefizite werden dort verstärkt durch die Notenpresse finanziert.[232]

Insgesamt waren die negativen Haushaltssalden gerade in der Anfangsphase der Transformation eines der größten Probleme für die ungarische Wirtschaftspolitik, da sich die öffentlichen Finanzen in Ungarn in der ersten Hälfte der 1990er Jahre auf einem Pfad entwickelten, der eindeutig als nicht nachhaltig bezeichnet werden konnte.[233] Darüber hinaus führte das hohe Haushaltsdefizit in Verbindung mit der steigenden Auslandsverschuldung Ungarns zu Zweifeln an der Glaubwürdigkeit des ungarischen Transformationsprozesses. Dies wird auch daran deutlich, dass wegen des zu hohen Defizits der IWF - Ungarns bedeutendster Kreditgeber - die Auszahlung einer Kredittranche sperrte und die Haushaltskonsolidierung zur Bedingung für weitere Zahlungen machte.[234]

5.3.2.3.3 Gegenmaßnahmen

Anfang 1995 veröffentlichte Finanzminister Bokros ein Stabilisierungsprogramm, dessen Hauptziel neben dem Vorantreiben der Privatisierung die Reduzierung des öffentlichen Defizits war. Zu diesem Zweck waren sowohl Maßnahmen auf der Ausgabenseite als auch auf der Einnahmenseite vorgesehen. Letztere zielten darauf ab, die Steuerlast der Unternehmen zu senken, die Anzahl der Steuerzahler insgesamt zu erhöhen, die Sozialversicherung zu reformieren und Steuerhinterziehung zu bekämpfen. Darüber hinaus waren die Verbesserung des Managements der öffentlichen Finanzen insgesamt sowie eine Strukturreform der öffentlichen Verwaltung geplant.[235]

Durch die Erhöhung der Steuereinnahmen und eine, wenn auch geringere, Reduktion der Staatsausgaben fiel das Defizit 1995 im Vergleich zu 1994 um mehr als zwei Prozentpunkte. 1996 sank es noch einmal um fast drei Prozentpunkte. Die Anpassung wurde durch die zeitweilige Einführung einer Steuer von 8% auf alle Importe außer Energie, Maschinen und Anlagen erleichtert.[236] Mit den Defiziten sank auch der Schuldenstand dank des Stabilisierungsprogramms erheblich.[237] Sodann kam es zu

---

232 Vgl. COTTARELLI et al. (1998b).

233 Vgl. BARABAS et al. (1998), S. 25f.

234 Vgl. Oxford Analytica Daily Brief (1994); STEPHAN (1999), S. 225.

235 Vgl. COTTARELLI et al. (1998a), S. 35f.; Oxford Analytica Daily Brief (1995a).

236 Vgl. LASZLO (1998), S. 146; COTTARELLI et al. (1998a), S. 40.

237 Nicht zuletzt führte natürlich auch das wieder anziehende BIP-Wachstum zum Rückgang der Schuldenquote.

einem Rückgang des Zinsaufschlags auf ungarische Staatsanleihen und zu einer Verbesserung der Leistungsbilanz.[238]

Das Stabilisierungspaket stieß jedoch auf massive politische Widerstände. Ein Verfassungsgerichtsurteil erklärte die darin vorgesehenen drastischen Einschnitte bei den Sozialausgaben für nicht verfassungsgemäß, so dass nicht alle Maßnahmen wie geplant umgesetzt werden konnten.[239] Wegen mangelnder Unterstützung für die Fortführung der Haushaltsreform trat Finanzminister Bokros Anfang 1996 zurück.[240] Sicher nicht zuletzt in Anbetracht der 1998 bevorstehenden Wahlen wurde 1997 die Konsolidierungsstrategie gelockert.[241] Die Regierung wollte in Hinblick auf ihre Popularität die Reduzierung der Steuerbelastung nicht länger verschieben. Angesichts von Verbesserungen in der Leistungsbilanz und einem Rückgang der Inflation nahm man ein höher als geplantes Haushaltsdefizit in Kauf.[242] Ende der 1990er Jahre konnte der Anteil des Defizits am BIP dennoch zurückgeführt werden. Er stieg jedoch seither wieder an und erreichte im Jahr 2002 seinen Höchststand.

5.3.3 Steuern und Verteilung

Eine von der Bevölkerung als gerecht oder zumindest als tragbar angesehene Einkommensverteilung ist eine wesentliche Determinante der Akzeptanz des Transformationsprozesses. Diese Akzeptanz kann durch die während der Transformation stattfindende starke Differenzierung der vorher relativ einheitlichen persönlichen Einkommen gefährdet werden. Die Differenzierung wird dadurch verstärkt, dass der Staat im wachsenden Privatsektor immer weniger Einfluss auf die primäre Einkommensverteilung nehmen kann. Daher werden sozial abfedernde Maßnahmen in einer von hoher Arbeitslosigkeit, niedrigem Einkommensniveau und großer Unsicherheit gekennzeichneten Situation immer wichtiger für die Akzeptanz der Transformation. Entsprechend hat auch die Gerechtigkeit der Besteuerung im Übergang zur Marktwirtschaft eine große Bedeutung. Damit steigt auch die Bedeutung einer differenzierten Besteuerung der Einkommen, und in geringerem Maße des Verbrauchs, als Instrument der Verteilungspolitik.[243]

---

238 Vgl. BARABAS et al. (1998a), S. 42.

239 Vgl. DETHIER/ORLOWSKI (1998a), S. 55; Financial Times (1995b).

240 Vgl. Frankfurter Allgemeine Zeitung (1996a).

241 Vgl. The Economist Intelligence Unit (2000), S. 27.

242 Vgl. KISS/SZAPARY (2000), S. 249f.

243 Vgl. KORNAI (1998), S. 32f.

Im Oktober 1990 belegte der Taxifahrerstreik in Budapest, der durch eine Erhöhung der Benzinpreise ausgelöst worden war, eindrucksvoll, dass Verteilungsfragen den Erfolg oder Misserfolg der Reformen entscheidend beeinflussen können. Durch die so genannte „Taxi-Krise", die auch als Indikator für die allgemeine Unzufriedenheit in der Bevölkerung gewertet wurde, wurde die Regierung zur teilweisen Rücknahme der Preiserhöhungen gezwungen. Im Zusammenhang mit dieser Krise stand auch der Rücktritt von Finanzminister Rabár im Dezember 1990, der mit Divergenzen innerhalb der Regierung über die zu verfolgende Reformstrategie begründet wurde.[244] Diese Ereignisse lassen darauf schließen, dass weiterreichende Protestaktionen die Regierung zu Kursänderungen zwingen und die Transformation gegebenenfalls massiv behindern könnten.

Anfang der 1990er Jahre führten die hohen Grenzbelastungen und eine insgesamt sehr hohe Belastung durch Einkommensteuern und Sozialversicherungsbeiträge zu Widerstand in der ungarischen Bevölkerung. Ständige Forderungen der Arbeitnehmer nach Steuererleichterungen, die von Streikdrohungen und zum Teil tatsächlich von Streiks begleitet waren, gehörten zur Tagesordnung.[245]

Die als ungerecht empfundene Steuerpolitik schlug sich auch in den ungarischen Wahlergebnissen nieder. SEMJEN argumentiert, dass die Unzufriedenheit der Bevölkerung mit den als zu hoch empfundenen Einkommensteuern zum Erfolg der Sozialisten bzw. den Verlusten der vorherigen Koalition bei den Wahlen im Jahr 1994 beigetragen hat. JOSZA interpretiert das Wahlergebnis 1994 als Ausdruck des Protests gegen die hohen sozialen Kosten der Transformation. Insbesondere wurde am ungarischen Einkommensteuersystem zu Beginn der 1990er Jahre kritisiert, dass schon mittlere Einkommensgruppen mit relativ hohen Grenzsteuersätzen belastet wurden. [246]

Wie schwierig es ist, Reformen der Staatsfinanzen durchzusetzen, zeigt auch der Rücktritt des Finanzministers Békesi im Januar 1995. Békesi galt als überzeugter Reformer, der auch unpopuläre Stabilisierungsmaßnahmen durchsetzen wollte, fand aber in der Regierung keine ausreichende Unterstützung.[247] Ähnlich gelagert waren auch die Gründe für den oben erwähnten Rücktritt von Békesis Nachfolger Bokros im Februar 1996. Sie lagen in der Kritik an den von ihm durchgeführten bzw. geplanten Reformen, die im wesentlichen auf makroökonomische Stabilisierung im Hinblick auf das Haushalts- und Leistungsbilanzdefizit und die Verlangsamung der Inflation

244 Vgl. Report on Eastern Europe (1990), S. 40.

245 Vgl. KOLTAY (1993), S. 258.

246 Vgl. JOZSA (1997), S. 165; SEMJEN (1995), S. 52f.

247 Vgl. Financial Times (1995a).

abzielte. Dies bedeutete auch eine Reduzierung der Staatsausgaben, die Erhöhung der Steuereinnahmen und die Beschneidung des Sozialstaates. Da diese Maßnahmen mit Einkommensverlusten für die Bevölkerung einhergingen, waren sie hochgradig unpopulär.[248] Bei der Wahl im Jahr 1998 wurde die Regierung nicht zuletzt wegen des schmerzhaften Stabilisierungsprogramms abgewählt.[249]

Damit sind Regierungen in Transformationsländern wie Ungarn mit einem Dilemma konfrontiert: Einsparungen im sozialen Bereich führen zu Unsicherheit und zumindest kurzfristig zu einer Reduzierung der Lebensqualität für weite Teile der Bevölkerung, die zu einer Gefährdung der Reformen führen können. Werden die Ausgaben jedoch auf hohem Niveau gehalten, bedeutet dies eine hohe Steuerbelastung, die Investoren abschreckt und das wirtschaftliche Wachstum behindert.[250]

Für die Erfassung der Verteilungswirkungen von Subventions- und Steuerpolitik im Übergang zur Marktwirtschaft hat RODRIK ein polit-ökonomisches Modell entwickelt. Das Modell umfasst zwei Sektoren: den hochproduktiven Privatsektor, der zunächst nur einen geringen Teil der Erwerbsbevölkerung beschäftigt, und den staatlichen Sektor mit niedriger Produktivität, in dem zu Beginn der Transformation der Großteil der Arbeitskräfte beschäftigt ist. Anfänglich expandiert der private Sektor langsamer als der staatliche schrumpft - mit dem Ergebnis, dass die Arbeitslosigkeit zunächst steigt und erst in einem späteren Stadium der Systemtransformation fällt. RODRIKs Modell liegen die folgenden Annahmen zugrunde: Solange der Privatsektor expandiert, kommt es dort nie zu Entlassungen, so dass nur neu geschaffene Stellen für potentielle Bewerber zur Verfügung stehen. Neue Stellen in Privatunternehmen können entweder durch Arbeitslose oder durch Arbeitnehmer, die bis dahin im Staatssektor beschäftigt waren, besetzt werden. Die Regierung kann durch Subventionszahlungen an die staatlichen Betriebe, die über Steuerzahlungen von Privatunternehmen finanziert werden und damit deren Gewinne schmälern, erstere am Leben halten und die Expansion privater Unternehmen bremsen. Damit wird der Transformationsprozess verlangsamt. RODRIK untersucht nun die dynamische Entwicklung der Präferenzen der Arbeitnehmer hinsichtlich der Höhe der Subventionen bzw. Steuern. Arbeiter in der Privatwirtschaft werden immer möglichst niedrige Steuern wünschen. Das gleiche gilt für Arbeitslose, da die Subventionen die Anzahl der neu geschaffenen Stellen reduzieren. Demgegenüber haben die im staatlichen Sektor Beschäftigten eine zwiespältige Meinung hinsichtlich der Reformstrategie, die sich auch im Zeitablauf

---

248 Vgl.Oxford Analytica Daily Brief (1995b und 1996b).

249 The Economist Intelligence Unit (2000), S. 6.

250 Vgl. KORNAI (1992), S. 18.

ändert. Sogar wenn zunächst eine Schocktherapie präferiert wird, argumentiert RODRIK, dass die Arbeitnehmer im Staatssektor zu einem späteren Zeitpunkt für eine Verlangsamung der Transformation votieren werden. Der Grund dafür ist, dass die Wahrscheinlichkeit, eine Stelle in der Privatwirtschaft zu finden, mit zunehmender Dauer der Beschäftigung in einem Staatsbetrieb abnimmt, während andererseits die Hoffnung, auch auf Dauer im staatlichen Sektor beschäftigt zu bleiben, im Zeitablauf steigt. Obwohl dieses Modell natürlich keine Aussagen über die tatsächlich zu erwartenden Mehrheiten machen kann, so lässt sich doch folgern, dass die Unterstützung der Bevölkerung für den Übergang zu Marktwirtschaft mit fortschreitender Transformation tendenziell abnehmen wird. Dies erklärt auch die empirische Beobachtung, dass die politische Unterstützung für radikale Reformen mit fortschreitender Transformation zurückgegangen ist, obwohl die wirtschaftliche Lage in vielen Transformationsstaaten sich objektiv verbessert hat (vgl. RODRIK (1995)).

Die ungarische Regierung war offensichtlich bemüht, im Zusammenhang mit ihrer Steuerpolitik Verteilungsfragen nicht zu vernachlässigen. So wurde eine zunächst sehr progressive Einkommensteuer eingeführt, die einen gewissen Ausgleich für den abnehmenden staatlichen Einfluss auf die primäre Einkommensverteilung darstellte. Gleichzeitig mit der Einführung der Einkommensteuer 1988 wurden die Bruttoeinkommen im staatlichen Sektor entsprechend erhöht, um einen starken Rückgang der Nettoeinkommen zu vermeiden (vgl. JARVIS/PUDNEY (1995), S. 10).

Darüber hinaus argumentierte die ungarische Regierung, dass die Mehrwertsteuer wegen ihrer höheren Belastung bestimmter Güter eine nivellierende Wirkung hat. Demgegenüber bezweifelt die OECD generell die Effektivität von differenzierten Mehrwertsteuersätzen zur Entlastung ärmerer Haushalte. In den Konsumstrukturen bei Gütern und Dienstleistungen des Grundbedarfs, die in der Regel mit niedrigeren Sätzen belegt sind, bestehen nämlich zwischen den verschiedenen Einkommensgruppen kaum Unterschiede. Somit profitieren auch wohlhabende Konsumenten von diesen niedrigen Steuersätzen. Dies war auch in Ungarn der Fall. Im Jahr 1999 bewirkte das Mehrwertsteuersystem für die ärmsten 10% der Bevölkerung eine implizite Subvention[251] von 9,7% ihrer Konsumausgaben, nicht viel mehr als der implizite Subventionssatz von 8,7% für das reichste Dezil. Außerdem erhielt das reichste Dezil aufgrund seines insgesamt höheren Konsums 16% des Gesamtwertes der impliziten Subvention, verglichen mit nur 5% für das ärmste Dezil. Auch wenn nur der Nahrungsmittelverbrauch betrachtet wird, waren die implizite Subventionssätze für

251 Die implizite Subvention wird, vereinfacht dargestellt, berechnet als Differenz zwischen den Mehrwertsteuereinnahmen bei differenzierten Steuersätzen und den hypothetischen Einnahmen unter der Annahme, alle Güter würden zum Höchstsatz besteuert.

das ärmste und das reichste Dezil nahezu identisch. Der absolute Anteil des reichsten Dezils an der gesamten impliziten Subvention war sogar um ein Mehrfaches höher als der des ärmsten Dezils. Somit war die Mehrwertsteuer kein geeignetes Umverteilungsinstrument. Sie führte zudem zu beträchtlichen Verzerrungen der relativen Preise, die als Kosten der Besteuerung betrachtet werden müssen.[252]

Mehrere Studien untersuchen die Umverteilungswirkungen des ungarischen Steuersystems im Laufe des Transformationsprozesses. JARVIS/PUDNEY analysieren die Verteilungswirkungen der ungarischen Einkommensteuer für die Jahre 1988 bis 1994. Da keine entsprechende Zeitreihe für die Beobachtungsperiode verfügbar war, führten sie eine Analyse auf der Basis von Daten zur Einkommensverteilung aus einer Befragung der ungarischen Haushalte von 1991 durch. Die Höhe und Verteilung der Haushaltsbruttoeinkommen wurde konstant gehalten und die Struktur der Einkommensteuer für die Jahre von 1988 bis 1994 darauf angewandt, um Veränderungen der Einkommen nach Steuern infolge der regelmäßigen Steuerrechtsänderungen zu simulieren. Um Inflationswirkungen herauszurechnen, erfolgte eine Anpassung der Einkommensklassen zu Preisen von 1991.[253]

Tabelle 16 zeigt deutlich den progressiven Charakter der Einkommensteuer. Betrachtet man etwa das Jahr 1991 und vergleicht die beiden Extreme, so zeigt sich, dass vom unteren Quintil (bezogen auf die Haushaltsausgaben), das 11,6% der Einkommensbezieher umfasst, nur 2,3% der gesamten Einkommensteuer gezahlt wurden, während das obere Quintil mit 28,2% der Einkommensbezieher 58,1% der gesamten Steuern zahlten. Hinsichtlich der Veränderung im Zeitablauf fällt auf, dass der Anteil am Gesamtsteueraufkommen der unteren Gruppen im Verhältnis zu dem der oberen angestiegen ist. Die einzige Ausnahme ist das Jahr 1991, in dem eine leichte Bewegung in die andere Richtung zu beobachten war. Letztere ist wahrscheinlich auf die Ablösung von Arbeitnehmerfreibeträgen durch progressiver wirkende Abschläge von der Steuerschuld zurückzuführen. Besonders fällt die abnehmende Belastung des oberen Quintils durch Steuerrechtsänderungen ins Auge. Unter dem 1988 gültigen Recht zahlte diese Gruppe 61% des Gesamtaufkommens; die steuerlichen Regelungen von 1993 und 1994 haben ihren Anteil auf etwa 55% reduziert. Dieser Trend spiegelt sich wider in der Entwicklung für das untere Quintil, dessen Anteil von 1,8% im Jahr 1988 auf 2,8% im Jahr 1994 anstieg. Auch die Haushalte im 2. und 3. Quintil wurden im Zeitablauf stärker belastet.

---

252 Vgl. OECD (2000a), S. 129f.; OECD (2001a), S. 16; Vergleiche hierzu auch die Diskussion der Verteilungswirkungen indirekter Steuern in der ungarischen Zentralplanwirtschaft und im NÖM.

253 Zu Details über die angewandte Methode Vgl. JARVIS/SMITH (1995).

Aus Tabelle 16 ist darüber hinaus zu ersehen, dass im Zeitablauf die gesamte Steuerbelastung der Haushalte real absolut anstieg. Aufgrund dieser Beobachtung untersuchten JARVIS/PUDNEY weiterhin die Entwicklung der simulierten durchschnittlichen Steuerzahlungen pro Haushalt in den jeweiligen Quintilen im Zeitablauf.

Tabelle 16: Ein Vergleich der simulierten Steuerzahlungen in den Einkommensteuersystemen 1988-1994 (Mio. HUF; Preise von 1991)

Quintile (% der Einkommens-bezieher)[a]	1988	1989	1990	1991	1992	1993	1994
1 (11,6)	1,8	1,8	2,4	2,3	2,7	2,7	2,8
2 (15,8)	5,2	5,3	6,3	6,1	6,7	6,7	6,8
3 (20,0)	10,3	10,4	11,5	11,2	12,0	12,1	12,2
4 (24,4)	21,7	21,7	22,6	22,3	22,8	22,9	23,0
5 (28,2)	61,0	60,8	57,2	58,1	55,8	55,7	55,3
Gesamt (100)	100,0	100,0	100,0	100,0	100,0	100,0	100,0
Gesamte Steuerzahlungen	93.2	94.5	108.0	113.0	127.0	135.0	153.0

[a] Die Quintile beziehen sich auf die Verteilung der Gesamtausgaben von Haushalten. Die Zahlen in Klammern geben den Anteil der Einkommensbezieher im jeweiligen Quintil an.

Quelle: JARVIS/PUDNEY (1995), S. 23.

Besonders interessant sind dabei die Ergebnisse in Tabelle 17, in der die Zahlungen jeweils in Relation zu denen im Jahr 1991 gesetzt werden. Dabei wird deutlich, dass die Steuerbelastung zwischen 1988 und 1994 für die unteren Einkommensgruppen stärker angestiegen ist als in den oberen Quintilen.

Tabelle 17: Ein Vergleich der simulierten Steuerzahlungen in den Einkommensteuersystemen 1988-1994 (1991 = 100)

Quintil	1989	1989	1990	1991	1992	1993	1994
1	63,5	66,7	98,9	100	131,3	140,5	165,9
2	70,5	72,8	98,6	100	123,5	131,6	151,7
3	75,3	76,9	97,4	100	119,2	128,0	146,0
4	80,1	81,2	96,3	100	114,2	122,6	138,5
5	86,2	87,0	93,5	100	107,1	114,2	128,0

Quelle: JARVIS/PUDNEY (1995), S. 24.

Während das Steuersystem von 1994 Steuersubjekte im unteren Quintil durchschnittlich um gut 65% stärker belastet als 1991, ist die durchschnittliche Belastung im oberen Quintil nur 28% höher. Insgesamt kommen JARVIS/PUDNEY zu dem Ergebnis, dass die Einkommensteuer zwar eindeutig progressiv ist, die durchgeführten Reformen der Einkommensteuer ihre Progressionswirkung jedoch im Zeitablauf systematisch abgeschwächt haben (vgl. JARVIS/PUDNEY (1995), S. 26.)

Auch NEWBERY/REVESZ haben die Verteilungswirkungen der Besteuerung natürlicher Personen (d.h. sowohl von direkten als auch von indirekten Steuern und Sozialversicherungsbeiträgen) in Ungarn zwischen 1988 und 1998 untersucht. Sie zeigen, dass die 1988 begonnenen und beständig weiter geführten Steuerreformen von einem zunächst sehr stark progressiven System mit ansteigenden marginalen Steuersätzen zu einem System geführt hat, bei dem sich Durchschnitts- und Grenzbelastung für verschiedene Einkommensgruppen kaum unterscheiden. Die Autoren kommen zu dem Schluss, dass sich im Laufe der Transformation die Steuerstruktur in Ungarn an einen beinahe linearen Tarif angenähert hat. Sowohl die durchschnittliche als auch die marginale Belastung von Arbeitnehmern durch Steuern und Sozialabgaben blieben dabei im internationalen Vergleich hoch.[254]

Tabelle 18 sowie Schaubild 3 zeigen die Durchschnitts- und Grenzbelastung von Arbeitnehmern in verschiedenen Einkommensgruppen. Die Belastung wird dargestellt als Prozentsatz der Bruttoarbeitskosten. Diese wiederum sind definiert als Löhne plus vom Arbeitgeber getragene Steuern und Sozialabgaben. Es fällt auf, dass der Abstand zwischen dem unteren und dem oberen Quintil sowohl bei der Durchschnitts- als auch bei der Grenzbelastung im Zeitablauf tendenziell kleiner wurde. Die Progressivität der Besteuerung nahm also ab. Gleichzeitig stiegen die Durchschnittssteuersätze (inklusive indirekten Steuern und Sozialabgaben) über die Einkommensgruppen (mit Ausnahme von 1994) bis 1996 jedes Jahr. Die Grenzbelastung bewegte sich für einige Jahre um 70% und sank dann wieder.

KATTUMAN/REDMOND haben Daten aus Haushaltsbefragungen für die Jahre 1987 bis 1996 analysiert. Dabei wurde die Einkommensverteilung mit einer Reihe verschiedener Indikatoren gemessen, z.B. dem Gini-Koeffizienten oder dem Theil-Index. Sie stellen fest, dass die Einführung der progressiven Einkommensteuer in Ungarn 1988 dazu beitrug, Einkommensungleichheiten zu reduzieren.

---

254 Vgl. NEWBERY/REVESZ (1997) sowie NEWBERY/REVESZ (2000).

Tabelle 18: Durchschnitts- und Grenzbelastung der Bruttoarbeitskosten

	1988	1989	1990	1991	1992	1993	1994	1995	1996	1997	1998
Durchschnittssteuersatz[a] in % der Bruttoarbeitskosten											
Unteres Quintil (2 Kinder)	37	39	43	45	47	51	51	54	54	54	49
Medianeinkommen (2 Kinder)	42	44	47	50	52	57	56	58	59	58	53
Oberes Quintil (kein Kind)	48	49	52	54	57	61	60	63	63	61	57
Grenzsteuersatz[a] in % der Bruttoarbeitskosten											
Unteres Quintil (2 Kinder)	57	56	55	57	63	64	63	68	68	63	58
Medianeinkommen (2 Kinder)	61	60	64	66	63	70	68	71	69	66	61
Oberes Quintil (kein Kind)	67	67	64	66	69	70	70	73	74	69	64

[a] jeweils Gesamtbelastung durch direkte und indirekte Steuern sowie Sozialversicherungsbeiträge

Quelle: NEWBERY/RÉVÉSZ (2000), S. 227

Schaubild 3: Durchschnitts- und Grenzbelastung der Bruttoarbeitskosten

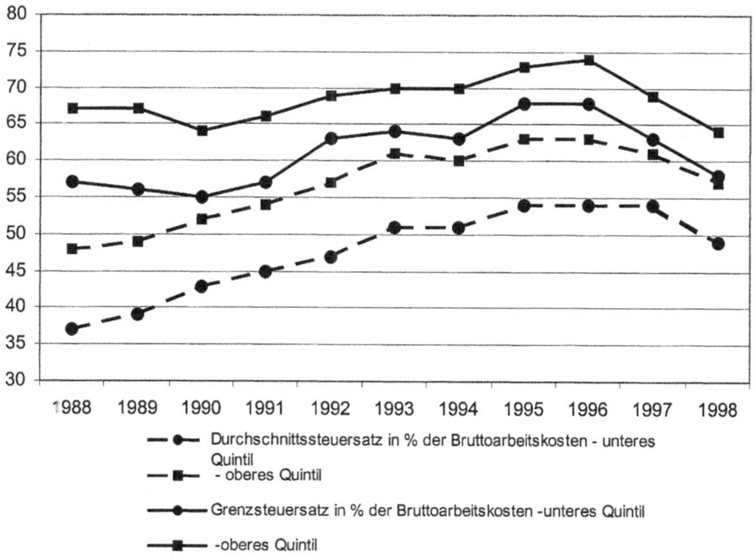

Nach 1991 schwächte sich die Umverteilungswirkung der Einkommensteuer ab. Ein wichtiger Grund dafür war, dass der Anteil der Arbeitseinkommen an den gesamten Einkünften zurückging und zugleich aufgrund einer Vielzahl von Ausnahmeregelungen viele Einkunftsarten, z.B. Transferzahlungen oder landwirtschaftliche Einkünfte, nicht besteuert wurden. Zudem war Steuervermeidung für andere Einkunftsarten einfacher. Schließlich wurde in dieser Zeit auch der Spitzensteuersatz von 50% auf 40% gesenkt. Zwischen 1993 und 1996 wurde die Einkommensteuer wieder progressiver, da der Spitzensteuersatz erhöht wurde. Darüber hinaus hatten Steuerrechtsänderungen im Jahr 1996 das Ziel, die Erfassung anderer Einkunftsarten (neben den Arbeitseinkommen) zu verbessern und damit die Progressivität der Einkommensteuer zu erhöhen. Insgesamt jedoch stieg die Ungleichheit in den Haushaltseinkommen zwischen 1991 und 1996, nicht zuletzt wegen der zunehmenden Divergenz der Primäreinkommen.[255]

Alle hier betrachteten Studien stimmen darin überein, dass das ungarische Steuersystem zu Beginn des Transformationsprozesses zunächst stark progressiv war, seine Umverteilungswirkung im Zeitablauf jedoch stark nachließ. Dies mag darin begründet liegen, dass sich die ungarischen Regierung zunächst noch stark den Gleichheitszielen des Sozialismus verpflichtet fühlte, im Zeitablauf jedoch den Zielen hohe Beschäftigung und Wirtschaftswachstum mehr und mehr Bedeutung zumaß. Später war - u.a. wegen der gestiegenen Realeinkommen - eine stärkere Ungleichheit der Einkommen der Bevölkerung sicherlich auch leichter vermittelbar als zu Beginn der Transformation.

5.3.4 Bewertung des neuen Finanzausgleichssystems

Die Neuordnung des Finanzausgleichs wirkte sich in erster Linie auf die Allokationseffizienz bei der Bereitstellung öffentlicher Güter und bei deren Finanzierung aus. Die Verteilungsaufgabe wurde nur insofern berührt, als es nicht um personelle Umverteilung, sondern um die - zentral entschiedene - Umverteilung von Ressourcen zwischen mehr oder weniger finanzkräftigen Gebietskörperschaften ging, um eine gewisse „Einheitlichkeit der Lebensverhältnisse" herzustellen. Darüber hinaus ist zu beachten, dass, obwohl die Stabilisierungsaufgabe im Prinzip von der zentralen Ebene wahrgenommen wird, unterschiedliche Entscheidungen über Einnahmen und Ausgaben auf lokaler Ebene in Abhängigkeit vom Ausmaß ihrer Autonomie auch unterschiedliche Wirkungen auf Wachstum und Beschäftigung auf dieser Ebene entfalten.

255 Vgl. Kattuman/Redmond (2001).

Das ungarische Finanzausgleichssystem ist gekennzeichnet durch eine auffallende Diskrepanz zwischen dem Grad der Dezentralisierung auf der Einnahmen- und der Ausgabenseite. Die Aufgaben der untergeordneten Gebietskörperschaften in Ungarn sind weit reichender als in anderen OECD-Staaten. Sie sind jedoch nicht mit den entsprechenden Einnahmekompetenzen unterlegt. Auf der Einnahmeseite ist Ungarn eines der am wenigsten dezentralisierten Länder der OECD. Die entstehende fiskalische Lücke wird durch Zuweisungen von der Zentralregierung geschlossen. Insofern wurde keine volle institutionelle Kongruenz erreicht.[256] Sie hat sich aber dennoch im Vergleich zum NÖM erhöht.

In der Praxis ist die Bedeutung der kommunalen Steuern hinter den Erwartungen zurückgeblieben. Die Zahl der lokalen Gebietskörperschaften, die ihre eigenen Steuern erheben, hat sich zwar beständig erhöht. Im Jahr 1999 waren es 2.970 und damit 93% aller lokalen Gebietskörperschaften. Die lokalen Steuern machten 1999 18% ihrer Einnahmen aus, verglichen mit 3,5% im Jahr 1990.[257] Dies bedeutet eine beträchtliche Steigerung, ist aber immer noch ein sehr geringer Anteil an den Gesamteinnahmen. Nur etwa die Hälfte der Gemeinden hat die wichtigste lokale Steuer, die Gewerbesteuer, eingeführt. Die Grundsteuer wird nur von einem Drittel erhoben.[258]

Ein Grund für die Zurückhaltung bei der Erhebung eigener Steuern war wohl die Befürchtung, dass sich dies direkt auf die Wahlentscheidungen der Bürger ausgewirkt hätte. Das System zentraler Finanzzuweisungen ermöglichte es den Gemeinden, auf einschneidende Erhöhung der lokalen Steuern zu verzichten. So wurden auch nach der Senkung des Einkommensteueranteils auf 30% die kommunalen Steuern nicht angehoben. Unter anderem wurde argumentiert, dass den Bürgern aufgrund der bereits sehr hohen Steuerbelastung nicht noch zusätzliche Abgaben zugemutet werden könnten. Daraufhin wurden die Transferzahlungen an die Kommunen erhöht. Der Anteil der Kommunen an der Einkommensteuer wurde sogar zum Wahlkampfthema.[259]

Durch häufige Änderungen der Finanzausgleichsregelungen herrschte zudem Unsicherheit über die Anteile der verschiedenen Finanzierungsquellen an den kommunalen Haushalten. Insbesondere zu nennen ist in diesem Zusammenhang die Vielzahl von Veränderungen hinsichtlich des Anteils der Kommunen an den Einkom-

256 Vgl. OECD (2001d), S. 130.

257 Vgl. OECD (2001c), S. 6.

258 Vgl. OECD (2001d), S. 131.

259 Vgl. SEMJEN (1995), S. 62f.

mensteuereinnahmen, die ursprünglich deren Hauptfinanzierungsquelle sein sollten. Dies trug sicherlich auch zur Zurückhaltung bei der Einführung lokaler Steuern bei.[260]

Ein weiterer Grund für die zögerliche Erhebung lokaler Steuern war der Wettbewerb zwischen den Gebietskörperschaften. Da die unteren Ebenen keine Kontrolle über die Bewegungen von Gütern, Dienstleistungen und Produktionsfaktoren zwischen ihren „Grenzen" haben, könnten relativ hohe Steuern zur Abwanderung von Arbeitsplätzen und Einwohnern in andere Gebietskörperschaften führen.[261] So ist die Gewerbesteuer als wichtigste eigene Steuer der Gemeinden problematisch, weil ihre Bemessungsgrundlage sehr mobil ist und langfristig deren Erosion droht.[262]

SEMJEN argumentiert, dass die ungarische Regierung die rechtlichen Voraussetzungen zur Steuererhebung auf lokaler Ebene nicht zuletzt im Hinblick darauf schuf, einige ihrer Aufgabenbereiche und die damit verbundenen Probleme an die Kommunen zu übertragen. Durch diese Strategie wurde die politisch schwierige Reform der öffentlichen Finanzen, die unvermeidlich mit Einschnitten in den öffentlichen Leistung verbunden war, auch mit auf die lokale Ebene transferiert. Damit sollte die Verantwortung für unpopuläre Maßnahmen und deren Durchsetzung auf die Kommunen übergehen.[263]

Ein hinreichendes Maß an Autonomie bei der Einnahmenerzielung ist Voraussetzung für Autonomie bei der Entscheidung über Ausgaben. Bei Abhängigkeit von Zuweisungen einer anderen Ebene ist die Wahrscheinlichkeit der Einflussnahme dieser Ebene sehr hoch.[264] Der in Ungarn geringe Anteil der lokalen Steuern an den gesamten Steuereinnahmen bei einem relativ hohen Anteil der Kommunen an den gesamten Ausgaben legt nahe, dass die untergeordneten Gebietskörperschaften letztendlich immer noch vor allem für die Ausführung und Überwachung zentraler Entscheidungen verantwortlich sind. Die angestrebte Stärkung der lokalen Autonomie wäre dann nicht gelungen.[265] Folgendes Beispiel untermauert diese These: 1990 wurde den lokalen Regierungen das Eigentum an den Einrichtungen des Gesundheitswesens übertragen. Alle Unterhaltungskosten und Investitionen (jedoch nicht die laufenden Ausgaben) mussten von der lokalen Ebene getragen werden. Diese Maßnahme ging jedoch nicht

---

260 Vgl. ebd.

261 Vgl. EBEL et al. (1998), S. 431.

262 Vgl. OECD (2001d), S. 151f.

263 Vgl. ebd., S. 61f.

264 Vgl. PEFFEKOVEN (1980), S. 618.

265 Vgl. KAMINSKI (o.J.) S. 21.

mit einer entsprechenden Übertragung von Rechten im Hinblick auf Finanzierung, Regulierung und Aufsicht über diese Institutionen einher.[266]

Ein weiteres Problem lag darin, dass Zuweisungen und eigene Einnahmen der lokalen Ebene häufig nicht ausreichend waren, um ihre Ausgaben zu decken. 1994 beliefen sich die Ausgaben der untergeordneten Gebietskörperschaften auf 17,2% des ungarischen BIP, während die gesamten Einnahmen 16,1% betrugen. Da keine Beschränkungen für die Aufnahme von Krediten bestanden, stieg die Neuverschuldung auf der lokalen Ebene. 1994 hatte über die Hälfte der untergeordneten Gebietskörperschaften ein Haushaltsdefizit zu verzeichnen. Einige Kommunen konnten ihren Zahlungsverpflichtungen nicht mehr nachkommen und forderten zusätzliche Mittel von der übergeordneten Ebene. Diese Situation lag zum Teil an der Unausgewogenheit von Aufgaben und Einnahmen, aber auch an mangelnder Transparenz in der Verwendung öffentlicher Mittel. Die Tatsache, dass die Zentralregierung letztendlich für die finanziellen Verpflichtungen der untergeordneten Gebietskörperschaften einstehen musste, trug ebenfalls zu diesem Problem bei.

Im Rahmen des Stabilisierungsprogramms von 1995 wurde eine Obergrenze für die Neuverschuldung der Kommunen eingeführt. Darüber hinaus erließ die Regierung ein Konkursgesetz für Kommunen, das u.a. das Eintreten der Zentralregierung („Bail-Out") verbot und letztere ermächtigte, im Falle der Insolvenz einer Gebietskörperschaft einen Verwalter über die lokalen Finanzen zu bestellen. Diese Maßnahmen resultierten dann auch tatsächlich in einem Rückgang der lokalen Ausgaben und Defizite.[267]

In Ungarn führen Einkommensteueranteile und zweckgebundene Zuweisungen zu einer massiven Umverteilung zugunsten der ärmeren Gebietskörperschaften.[268] Dies erscheint in dem Maße sinnvoll, in dem diese Gebietskörperschaften etwa durch geographische Gegebenheiten und historische Entwicklungen benachteiligt und zumindest auf kurze Sicht nicht in der Lage sind, ihre Situation selbst zu verbessern. Weit reichende Umverteilungsmaßnahmen können jedoch auch negative Anreizwirkungen sowohl auf reichere als auch auf finanzschwächere Gebietskörperschaften haben, da „gute" Politik, etwa im Sinne sparsamen Umgangs mit den zur Verfügung stehenden Haushaltsmitteln oder der Schaffung attraktiver Investitionsbedingungen, auf lokaler Ebene nicht belohnt werden. Der geringe Einfluss der Kommunen auf die Höhe ihrer Einnahmen reduziert den Anreiz für sie, individuelle Anstrengungen zu unternehmen, um etwa neue Unternehmen anzusiedeln oder die öffentlichen Dienst-

266 Vgl. OROSZ/ELLENA/JAKAB (1998), S. 233 und 249.

267 Vgl. OECD (1996), S. 70; World Bank (1999), S. 56.

268 Vgl. LUTZ et al. (1997), S. 670.

leistungen den lokalen Bedürfnissen anzupassen. Die Abhängigkeit der unteren Ebene von der Zentralregierung bleibt hoch. Dies untergräbt tendenziell auch die lokale Haushaltsdisziplin.[269] Zudem wird durch die regionale Umverteilung die Äquivalenz zwischen Einnahmen und Ausgaben durchbrochen.

Darüber hinaus gibt das System der Zuweisungen den untergeordneten Gebietskörperschaften wenig Anreiz, die Qualität ihrer Leistungen zu verbessern. Es schafft außerdem Probleme im Hinblick auf die Verantwortlichkeit („Accountability") der lokalen Entscheidungsträger gegenüber Steuerzahlern bzw. Wählern für die von ihnen beschlossenen Ausgaben.[270]

Ungarn hat zur Zeit zwei Ebenen von Gebietskörperschaften. Es fehlt eine regionale Ebene, die zwischen den lokalen Gebietskörperschaften und der Zentralregierung angesiedelt ist. Freiwillige Zusammenschlüsse mehrerer lokaler Regierungen zur Bereitstellung bestimmter Leistungen sind eher selten. Die OECD empfiehlt angesichts dieses Problems die Einführung einer weiteren regionalen Regierungsebene. Dafür spricht, dass in anderen Ländern mit vergleichbarer Größe und Einwohnerzahl (z.B. in Dänemark, Finnland, den Niederlanden, Portugal, Österreich und der Tschechischen Republik) drei Ebenen existieren. Belgien hat nach seinen föderalen Reformen der 1990er Jahre sogar vier verschiedene Ebenen.[271]

Nach Einschätzung der OECD kann man die Aufteilung der Aufgaben zwischen zentraler und lokaler Ebene trotz aller Kritik im Großen und Ganzen als gelungen betrachten. Ungarn hat entscheidende Fortschritte bei der politischen und fiskalischen Dezentralisierung gemacht. Obwohl in der Praxis einige Schwierigkeiten auftraten, ging im Prinzip die Zuweisung neuer Aufgaben auf die untere Ebene mit der Zuweisung entsprechender Zahlungen oder dem Recht, Einnahmen zu erheben, einher.[272] Trotz der in diesem Abschnitt beschriebenen Probleme fand eine bemerkenswerte Dezentralisierung des ungarischen öffentlichen Sektors statt. Entscheidungen werden nicht länger auf einer einzigen Ebene getroffen, sondern wurden tendenziell auf die Ebene verlagert, die sie am effizientesten treffen kann. „Indeed, in many ways the country serves as a model for not only Eastern and Central Europe, but also other parts of the world that are sorting out fiscal power among central and subnational governments."[273]

---

269 Vgl. OECD (2001d), S. 130 und 150.

270 Vgl. ebd., S. 130.

271 Vgl. OECD (2001c), S. 7f.; OECD (2001d), S. 159.

272 Vgl. OECD (2001c), S. 38; OECD (2001d), S. 156.

273 Ebel et al. (1998), S. 423.

Man könnte argumentieren, dass letztlich in einem relativ kleinen Land wie Ungarn mit seinen etwa 10 Mio. Einwohnern die Bedeutung des Finanzausgleichs vergleichsweise gering ist. Die Verteilung von Aufgaben, Ausgaben und Einnahmen auf verschiedene staatliche Ebenen spielt in einem solchen Land von vorneherein eine weniger wichtige Rolle als in größeren Staaten. Bei der Transformation anderer ehemals sozialistischer Volkswirtschaften, wie etwa der GUS, treten naturgemäß in diesem Bereich wesentlich größere Probleme auf. Andererseits sollte die Bedeutung des Finanzausgleichs auch in kleineren Ländern nicht unterschätzt werden, insbesondere wenn die Interessen der dort lebenden Bevölkerungsgruppen sehr uneinheitlich sind: In Staaten mit ähnlicher Bevölkerungsgröße, wie etwa Belgien oder der ehemaligen Tschechoslowakei, hat(te) die Kompetenzverteilung innerhalb des Staates einen herausragenden Stellenwert. Aber auch unabhängig von eventuellen regional unterschiedlichen Präferenzen ist eine rationale Zuweisung von Aufgaben, Ausgaben und Einnahmen auf verschiedene Gebietskörperschaften auch in einem kleinen Land von großer Bedeutung und kann die ökonomische Effizienz bei der Bereitstellung und Finanzierung öffentlicher Güter erheblich erhöhen.

5.4 Die Ausgabenseite als Determinante der Steuererhebung

Die benötigten Steuereinnahmen einschließlich der Sozialversicherungsbeiträge werden letztendlich von der Höhe der im Haushalt vorgesehenen Ausgaben bzw. den Ausgaben des Sozialversicherungssystems determiniert. „(...) Hungary's very large fiscal expenditures (...) have resulted not only in large deficits, but also in a very heavy tax burden (...), and in very high tax rates."[274] Die Reform von Niveau und Struktur der öffentlichen Ausgaben ist somit ein Hauptproblem der Fiskalpolitik im Transformationsprozess.[275]

Voraussetzung für eine erfolgreiche Steuerreform ist daher eine klare Konzeption, die Schätzungen über die zukünftige Entwicklung der Staatseinnahmen und als Konsequenz auch die Ausgabenseite des Staatshaushalts mit einbezieht. Einseitige Reformen auf der Einnahmenseite oder unkoordinierte Veränderungen auf beiden Seiten des Budgets führen in der Regel zu Schwierigkeiten, insbesondere für den Haushaltsausgleich.[276]

---

274 World Bank (1995), S. viii.

275 Vgl. BUITER (1996), S. 38.

276 Vgl. KOLTAY (1993), S. 264.

Durch die Transformation ändern sich die Art und Struktur der staatlichen Aufgaben und Ausgaben. Der Staat muss nicht mehr wie vorher den großen bürokratischen Apparat finanzieren, den die zentrale Planung, aber auch noch der NÖM erforderlich machten. Unprofitable Betriebe oder gar ganze Wirtschaftssektoren müssen nicht mehr auf Dauer unterstützt werden, so dass das darauf ausgelegte Subventionssystem abgebaut werden kann.[277] Dies bedeutet jedoch nicht notwendigerweise, dass die Staatsquote im Transformationsprozess sinkt. Gerade durch die Transformationsrezession steht die Regierung unter massivem politischen Druck, durch Transferzahlungen soziale Härten abzufedern. Auch Reformen des bestehenden Systems im Sinne von Ausgabenkürzungen sind gerade in diesem Bereich besonders problematisch, weil ein einmal erreichtes Niveau an Sozialleistungen von der Bevölkerung als Besitzstand angesehen wird und sich nur schwer wieder reduzieren lässt. KORNAI beschreibt dieses Phänomen als „Institutional Ratchet Effect".[278]

In den folgenden Tabellen sind die Anteile der öffentlichen Ausgaben am BIP dargestellt. Tabelle 19 zeigt die Bedeutung einzelner Ausgabenarten nach ihren Funktionen. Tabelle 20 stellt die Ausgaben nach ökonomischen Arten dar.

Zwischen 1988 und 1999 fielen die Staatsausgaben in Ungarn von über 56% auf 43,4% des BIP. Im Jahr 2000 stiegen sie jedoch wieder auf 47,1% an. Insgesamt blieben sie auf einem hohen Niveau. Die Höhe der ungarischen Staatsausgaben ist nicht zuletzt deshalb problematisch, weil während des Transformationsprozesses die Steuereinnahmen stärker sanken als die öffentlichen Ausgaben und deshalb während des gesamten Beobachtungszeitraums die Ausgabenquote signifikant über der Einnahmenquote lag. Mitte der 1990er Jahre belief sich die Differenz zwischen beiden Quoten auf etwa zehn Prozentpunkte. Wie bereits diskutiert, führten die aus dieser Differenz resultierenden Defizite zu ernsthaften Problemen für die Stabilität der ungarischen Wirtschaft. Im Falle Ungarns ging die Steuerreform offensichtlich nicht mit darauf abgestimmten Anpassungen der Ausgabenseite einher. Es fand keine umfassende und in sich geschlossene Reform der gesamten öffentlichen Finanzen statt.[279]

---

277 Vgl. KORNAI (1998), S. 26f.

278 Vgl. KORNAI (1992), S. 16.

279 Vgl. KOLTAY (1993), S. 264.

Tabelle 19: Staatsausgaben[a] 1988-2000 (funktionale Gliederung, in % des BIP)

	1988	1989	1990	1991	1992	1993	1994	1995	1996	1997	1998	1999	2000
Allg. öff. Dienstleistungen	9,9	6,7	7,0	2,2	4,0	4,0	3,2	2,7	2,1	2,0	2,4	2,1	1,9
Öff. Sicherheit u. Ordnung	0,0	1,8	1,7	1,9	2,0	1,9	1,8	1,5	1,5	1,7	1,7	1,5	1,3
Verteidigung	2,7	2,1	1,9	1,5	1,6	4,3	1,3	1,0	0,9	1,2	1,0	0,9	0,8
Schule/Bildung	1,2	1,5	1,7	4,3	4,4	4,2	3,7	3,6	3,7	3,8	3,8	3,3	3,0
Gesundheitswesen	1,0	1,2	4,1	2,9	1,4	2,8	2,9	2,2	2,1	2,4	2,6	2,3	2,1
Soziale Sicherheit, Wohlfahrt	15,4	16,0	14,9	20,4	21,1	20,6	19,7	16,7	15,0	14,3	13,2	11,7	10,3
Wohnungsbau, kommunale Einr.	0,7	0,8	3,4	4,8	1,1	0,9	0,9	1,0	0,8	0,6	0,7	0,6	0,5
Freizeit u. Kultur	1,0	1,1	1,0	1,6	1,8	2,0	1,7	1,5	1,2	0,7	0,8	0,7	0,6
Energie	1,0	1,2	1,4	0,3	0,2	0,0	0,0	0,0	0,0	0,0	0,0	0,0	0,0
Land- u. Forstwirtschaft	3,5	2,3	2,1	2,0	1,6	1,9	2,3	1,8	1,7	1,3	1,6	1,4	1,2
Bergbau, Industrie, Bau	6,1	1,6	1,2	0,2	0,1	0,1	0,1	0,2	0,1	0,1	0,1	0,1	0,1
Transport u. Kommunikation	2,0	1,4	2,1	1,0	1,6	1,6	2,7	1,5	1,9	1,7	1,8	1,0	1,4
Sonstige Ausgaben[b]	11,7	18,5	9,4	11,6	12,8	11,9	13,1	15,6	12,9	14,0	15,2	17,7	23,9
Ausgaben insgesamt[c]	56,2	56,1	52,1	54,8	55,4	56,2	53,5	49,4	43,9	43,9	44,8	43,4	47,1

[a] Zentralregierung („Consolidated Central Government")
[b] v.a. Zinszahlungen u. allgemeine Transfers zwischen Gebietskörperschaften
[c] Summe einschließlich so genannter „Ergänzungen"

Quelle: MF (1995); IMF (2001); eigene Berechnungen

Tabelle 20: Staatsausgaben[a] 1988-2000 (nach ökonomischen Arten, in % des BIP)

	1988	1989	1990	1991	1992	1993	1994	1995	1996	1997	1998	1999	2000
Laufende Ausgaben,	52,4	52,4	50,2	50,2	49,9	48,6	47,3	45,2	40,1	39,8	40,8	39,7	41,4
davon:													
- Löhne u. Gehälter	12,1	11,3	13,8	9,2	10,1	11,2	10,3	8,3	7,6	7,7	7,1	7,0	7,2
- Güter u. Dienstleistungen	2,9	3,2	3,0	3,6	5,4	4,5	6,6	9,0	8,1	9,7	7,7	7,4	6,1
- Zinszahlungen	37,4	37,9	33,3	33,8	32,4	30,6	29,7	25,9	23,6	21,5	23,2	25,3	20,8
- Subventionen u. Transfers	0,0	0,0	0,0	3,7	2,0	2,4	0,7	2,0	0,8	0,8	2,8	0,0	7,3
Vermögenswirksame Ausgaben	3,8	3,8	1,9	4,6	5,4	7,6	6,1	4,1	3,8	4,1	4,1	3,6	5,7
Ausgaben insgesamt	56,2	56,1	52,1	54,8	55,4	56,2	53,5	49,4	43,9	43,9	44,8	43,4	47,1

[a] Zentralregierung („Consolidated Central Government")

Quelle: IMF (1995); IMF (2001); eigene Berechnungen

Bei der Betrachtung der einzelnen Ausgabenarten zeigt sich, dass Zinszahlungen den größten Teil der ungarischen Ausgaben ausmachen. Sie fielen jedoch im Beobachtungszeitraum von über 37% des BIP auf 20,8%. Auffallend sind auch Ungarns sehr hohe Ausgaben für Löhne und Gehälter zu Beginn der Transformation, die auf den aus dem Sozialismus übernommenen hohen Anteil der im öffentlichen Sektor Beschäftigten zurückzuführen sind. Mit dem Fortschreiten des Transformationsprozesses sanken die Ausgaben in dieser Kategorie jedoch deutlich. Die Kategorie „vermögenswirksame Ausgaben", die zwischen 1,9% und 7,6% des BIP schwankten, umfasst die öffentlichen Investitionen. Diese spielen im Transformationsprozess eines Landes wie Ungarn, in dem beispielsweise die Infrastruktur noch verbessert werden könnte, eine wichtige Rolle. Staatliche Investitionen können hier die Voraussetzungen für höhere Wachstumsraten im privaten Sektor schaffen und die internationale Wettbewerbsfähigkeit ungarischer Unternehmen positiv beeinflussen. Insofern kann eine Kürzung dieser Ausgaben problematisch sein und sich indirekt auch auf die Höhe der Steuereinnahmen auswirken.

Der traditionell hohe Anteil von Sozialausgaben am ungarischen Staatshaushalt blieb auch nach Beginn der Systemtransformation bestehen. Der bei weitem gewichtigste Posten in der funktionalen Untergliederung sind Ausgaben für die soziale Sicherheit. Sie betrugen zunächst über 15% des BIP und stiegen von 1991 bis 1993 auf über 20% an. Seither weisen sie wieder eine fallende Tendenz auf.

Das großzügige System der sozialen Sicherung in Ungarn führte auf der Finanzierungsseite zu beträchtlichen Problemen.[280] Um die Ausgaben der Sozialversicherung auf Dauer zu finanzieren, müsste die Belastung des einzelnen Beitragszahlers auf ein nicht tragbares Niveau ansteigen. Die EUROPÄISCHE KOMMISSION bezeichnete in ihrer Stellungnahme zum Beitrittsantrag Ungarns die Reform des Gesundheitswesens und des Rentensystems als zwingende Voraussetzung für eine nachhaltige Sanierung der öffentlichen Finanzen Ungarns.[281] Auch in ihrem Fortschrittsbericht für das Jahr 2001 wies sie darauf hin, dass die unzureichenden Fortschritte bei der Rentenreform und deren ungewisse Zukunft Zweifel an der mittelfristigen Sanierung der öffentlichen Finanzen aufkommen lassen.[282]

Die Finanzierung der Rentenversicherung stellte sich zu Beginn der 1990er Jahre als besonders problematisch dar. Dies lag an der Reduktion der Erwerbsquote, die zwischen 1990 und 1994 von 85% auf 76% sank, an höherer Arbeitslosigkeit und

---

280 Vgl. OECD (1993), S. 44f.

281 Vgl. Kommission der Europäischen Gemeinschaften (1997), S. 32.

282 Vgl. Kommission der Europäischen Gemeinschaften (2001), S. 41.

einem Anstieg der Frühpensionierungen und Pensionierungen wegen Arbeitsunfähigkeit. Dadurch kam es zu einem Rückgang der Einnahmen, der jedoch relativ stabile Ausgaben für die Rentenversicherung gegenüber standen.[283]

Die ungarische Regierung reagierte auf die massiven Probleme des Rentensystems mit einer grundlegenden Rentenreform. Ein Bestandteil des Reformpakets war die Einführung einer kapitalgedeckten zweiten Säule im Jahr 1998, die die Zahlungen aus dem gleichzeitig leistungsreduzierten Umlagesystem ergänzen soll. Zunächst waren Arbeitnehmer, die seit Juli 1998 in den Arbeitsmarkt eingetreten sind, zu Beitragszahlungen in das neue System verpflichtet. Ältere Beitragszahler können zwischen dem neuen System und dem reformierten Umlagesystem wählen.[284] Fast doppelt so viele Arbeitnehmer, wie die Regierung erwartet hatte, entschieden sich für das neue System. Damit reduzieren sich die Beiträge für das Umlagesystem drastisch. Die ungarische Regierung erwartet, dass die Rentenreform in den Übergangsjahren mit einem Einnahmeverlust von 0,5% des BIP einhergeht. Da die Auszahlungen sich zunächst nicht ändern, erhöht sich das Defizit der Rentenversicherung.[285] Die Finanzierungslücke muss letztlich durch Steuermittel geschlossen werden. Somit hat die Reform des Rentensystems potenziell auch Rückwirkungen auf das Steuersystem.

Seit Beginn des Jahres 2002 ist die Teilnahme an der zweiten Säule des Rentensystems für alle Arbeitnehmer freiwillig. Gleichzeitig wurde die Attraktivität der ersten Säule durch niedrigere Beiträge und die Anhebung der Renten erhöht. Diese Maßnahmen erhöhen wiederum auf längere Sicht die Gefahr massiv ansteigender Ausgabenverpflichtungen aus dem Umlagesystem mit den entsprechenden Folgen für die Finanzierungsseite.[286]

Ein weiterer wichtiger Posten auf der Ausgabenseite ist das Gesundheitssystem. Auch hier ist ein deutliches Ungleichgewicht zwischen Einnahmen und Ausgaben zu verzeichnen.[287] In Anbetracht der demographischen Entwicklung wird die Finanzierung der Krankenversicherung in Zukunft ein noch größeres Problem werden. Es wird eine dramatische Erhöhung der Ausgaben erwartet. Die so entstehende Finanzierungslücke muss auch hier aus Steuermitteln gedeckt werden.[288]

---

283 Vgl. PALACIOS/ROCHA (1998), S. 180 ff.

284 Vgl. COTTARELLI et al. (1998a), S. 43.; OECD (1997), S. 136ff.

285 Vgl. Government of the Republic of Hungary (2000), S. 19; OECD (1999), S. 70.

286 Vgl. OECD (2002), S. 139f.

287 Vgl. OROSZ/ELLENA/JAKAB (1998), S. 223.

288 Vgl. OECD (2000a), S. 20ff. und 141ff.

5.5 Steuerhinterziehung im Transformationsprozess

5.5.1 Ursachen für Steuerhinterziehung

Durch die Reform des Steuersystems, seine höhere Komplexität und insbesondere die enorme Erhöhung der Zahl der Steuersubjekte im Rahmen der Transformation ergeben sich auch mehr Möglichkeiten zur Steuerhinterziehung. Vieles deutet darauf hin, dass seit Beginn des Transformationsprozesses die Bedeutung der Schattenwirtschaft stark zugenommen hat. KORNAI identifiziert ein so genanntes „graues" Segment der Wirtschaft, mit dem er ökonomische Aktivitäten beschreibt, die zwar nicht völlig illegal, also „schwarz" betrieben werden, bei denen aber andererseits bestimmte Regeln und Gesetze nicht beachtet werden. Wie unterschiedlich solche „grauen" Aktivitäten auch sein mögen, ihre gemeinsame Eigenschaft ist in der Regel die Erzielung von „unsichtbaren Einkünften", auf die die Steuerverwaltung keinen Zugriff hat. Während es nun im NÖM für die Verwaltung relativ einfach war, die Kontrolle über die Einnahmen zumindest der großen Staatsbetriebe zu behalten, hat sich die Lage mit dem fortschreitenden Transformationsprozess und der damit immer größer werdenden Komplexität der Wirtschaftsabläufe grundlegend geändert. [289] Neben der illegalen Steuerhinterziehung werden diejenigen Aktivitäten vermieden, die zur Besteuerung führen, etwa durch Änderung der Konsumstruktur bei indirekten Steuern oder durch die Reduktion der Einkünfte zur Vermeidung von Einkommensteuern. Grundsätzlich ist die Steuervermeidung legal. Allerdings können die Grenzen zum von KORNAI beschriebenen „grauen" Segment der Wirtschaft fließend sein.

KORNAI beobachtet eine bestimmte Steuermentalität in der Bevölkerung: „It seems that as Hungary moves towards a market economy, citizens and authorities have adopted an 'Italian style' attitude to taxation rather than a Dutch or Swedish one, in which people dutifully pay their taxes" (ebd.).Die Einstellung zu Steuern hängt nicht zuletzt auch mit dem Verhältnis zum Staat im Allgemeinen zusammen. Letzteres wurde in Ungarn sicherlich auch durch die Rolle des Staates während des Sozialismus geprägt. Obwohl in dieser Zeit die ungarischen Bürger größere Freiheiten genossen als in den meisten anderen mittel- und osteuropäischen Staaten, waren die Bürgerrechte im Vergleich zu westlichen Demokratien dennoch eingeschränkt. Die Gefühle der Bürger waren traditionell durch Misstrauen, Gleichgültigkeit und Ablehnung gegenüber dem Staat gekennzeichnet.[290] Deshalb halten weite Teile der Bevölkerung Steuerhinterziehung auch nicht für unmoralisch. In einer Meinungsumfrage des ungarischen Gallup Instituts zu Beginn der 1990er Jahre stimmten 44% der Aussage zu, dass die Men-

289 Vgl. KORNAI (1992), S. 12.

290 Vgl. ebd. (1992), S. 13.

schen auf jede mögliche Art versuchen, zu Wohlstand zu gelangen, und deshalb auch nicht verurteilt werden sollten, wenn sie einen Teil ihrer Einkünfte vor den Steuerbehörden verbergen.[291] Nur langsam kann es den staatlichen Institutionen im Laufe des Transformationsprozesses gelingen, das Vertrauen der Bürger zu erlangen und sie vom demokratischen Wandel des Staates zu überzeugen.

Das Ausmaß der Steuerhinterziehung hängt neben der Einstellung zum Staat im Allgemeinen entscheidend mit der Akzeptanz des Steuersystems im Besonderen in der Bevölkerung zusammen. Schätzt eine Person das System als ungerecht oder ineffizient ein oder geht sie davon aus, dass andere Steuersubjekte sich nicht korrekt verhalten, steigt die Wahrscheinlichkeit, dass auch sie Steuern hinterziehen wird.[292] Gerade im Bereich der Sozialversicherung schätzen die Bürger die Gegenleistung für ihre Beiträge häufig als zu gering ein. So erklärte das ungarische Finanzministerium die massive Hinterziehung von Rentenversicherungsbeiträgen damit, dass die Bevölkerung keinen direkten Zusammenhang zwischen Beiträgen und Auszahlungen erkennen konnte.[293]

Steuerhinterziehung findet vor allem dann statt, wenn die Steuersubjekte ihre Belastung als zu hoch empfinden. Vor allem zu Beginn des Transformationsprozesses war dies bei den im internationalen Vergleich hohen ungarischen Steuern sicher der Fall. So gaben etwa bei der Einkommensteuer die relativ hohen Grenzsteuersätze bei relativ kleinen Bemessungsgrundlagen entsprechende Anreize zur Steuerhinterziehung. Die indirekten Steuern wiederum erhöhen die Preise von Gütern und Dienstleistungen zum Teil erheblich. Schwarzmarktaktivitäten sind demgemäss bei solchen Gütern besonders stark, wo - wesentlich mitbestimmt durch die Steuerpolitik - die Preise deutlich höher sind als etwa im Ausland, z.B. im Bereich der Unterhaltungselektronik.[294]

Die Entscheidung von Individuen, Steuern zu hinterziehen, hängt weiterhin davon ab, wie hoch die Wahrscheinlichkeit ist, entdeckt zu werden, und wie hoch die in diesem Falle zu erwartenden Strafen sind. Steuersubjekte maximieren ihr erwartetes Einkommen, wenn ihr verheimlichtes Einkommen so hoch ist, dass die Grenzkosten der Steuerhinterziehung, d.h. der mit der Entdeckungswahrscheinlichkeit gewichtete Strafsteuersatz, dem Grenzeinkommen aus der Hinterziehung, d.h. dem vermiedenen marginalen Steuersatz, entsprechen.[295]

---

291 Vgl. MANCHIN/NAGY (1991), S. 8f. [auf Ungarisch], zitiert nach KORNAI (1992), S. 13f.

292 Vgl. ICKES/SLEMROD (1992), S. 391.

293 Vgl. PALACIOS/ROCHA (1998), S. 211.

294 Vgl. Semjén (1995), S. 54; Oxford Analytica (1996b).

295 Vgl. Allingham/Sandmo (1972).

5.5.2 Ausmaß der Steuerhinterziehung

Die OECD schätzte 1997, dass etwa 30% der ökonomischen Aktivitäten in Ungarn unbesteuert blieben. Der Anteil der Steuereinnahmen an den aggregierten Bemessungsgrundlagen war viel niedriger als er unter Anwendung der offiziellen Steuersätze hätte sein sollen. So machten etwa im Jahr 1995 die Einnahmen aus Mehrwertsteuer und anderen Verbrauchsteuern weniger als 17% des privaten Konsums aus, obwohl allein die Mehrwertsteuersätze 12% bzw. 25% betrugen. Für 1994 schätzte JACK schätzte sogar einen effektiven Mehrwertsteuersatz von nur 8,5%. Die Einkommensteuereinnahmen betrugen etwa 8% der Haushaltseinkommen, obwohl der durchschnittliche Arbeiter theoretisch mit einem marginalen Satz von 43,5% besteuert wurde. Die gesamten Beiträge zur Rentenversicherung hätten sich auf über 30% der Löhne und Gehälter belaufen sollen, erreichten aber nur 25%. Dies kann zum einen auf Hinterziehung zurückzuführen sein, aber, in geringerem Maße, sicher auch auf eine Vielzahl von Ausnahmeregelungen und Freibeträgen, z.B. der Anwendung des Nullsatzes bei der Mehrwertsteuer.[296]

Insbesondere im Bereich der Mehrwertsteuer, die einen Vorsteuerabzug ermöglicht, war betrügerische Steuerhinterziehung relativ leicht und daher weit verbreitet. Viele Steuerpflichtige fälschten Mehrwertsteuerquittungen, um so ihre eigene Steuerschuld zu reduzieren. In einigen Fällen wurden sogar regelrechte Ketten gebildet, um mit Hilfe gefälschter Rechnungen Mehrwertsteuerrückerstattungen zu beantragen.[297] „Cheating with refunds became almost a national sport."[298] Darüber hinaus gaben viele Steuersubjekte ihre Mehrwertsteuerschuld mit Null oder einem sehr niedrigen Betrag an, in dem Wissen, dass die Wahrscheinlichkeit, entdeckt zu werden, äußerst gering war.[299]

Eine Studie der Budapester Unternehmensberatung Kopint-Datorg kam 1996 zu dem Ergebnis, dass die Bevölkerung zu diesem Zeitpunkt 20% ihres Einkommens in der Schattenwirtschaft ausgab. Im Bereich der Dienstleistungen war der (geschätzte) Anteil mit 39% aller Ausgaben besonders hoch, gefolgt von Lebensmitteln und sonstigen Konsumgütern. Die Rolle des schwarzen Marktes war auch dort besonders groß, wo - nicht zuletzt wegen unterschiedlicher steuerlicher Regelungen - die Preise in Ungarn deutlich über denen im Ausland lagen. Stellte der Verkäufer keine Rechnung aus, wurden in der Regel sowohl seine Einkommensteuer als auch die Mehrwertsteuer hinterzogen. Die Kopint-Datorg-Studie geht davon aus, dass fast 22% der Käufer von

296 Vgl. JACK (1996), S. 9; OECD (1997), S. 43.

297 Vgl. PITTI/VAZQUEZ-CARO (1998), S. 513.

298 Ebd., S. 522.

299 Vgl. ebd., S. 522.

langlebigen Konsumgütern keine Rechnung erhielten. Im Bereich von einfachen Dienstleistungen wie Reparaturen, Bauarbeiten und Lieferungen wurde dieser Anteil auf 50% geschätzt. Tatsächlich kann man davon ausgehen, dass die Schattenwirtschaft eher größer war als in der Studie angenommen, da diese nur den Endkonsum betrachtete. Es wird jedoch vermutet, dass die Schattenwirtschaft etwa auch im Großhandelsbereich eine bedeutende Rolle spielte. [300]

Aber auch im Bereich der Arbeitseinkommen erreicht die Hinterziehung von Steuern und Sozialversicherungsbeiträgen ein erhebliches Ausmaß. So ist es beispielsweise für Unternehmer und Arbeitnehmer vorteilhaft, letzteren anstelle von Löhnen Dividenden auszuzahlen, da deren Besteuerung weitaus niedriger ist als die Summe von Einkommensteuern und Sozialversicherungsbeiträgen. Eine häufig genutzte Möglichkeit der Steuervermeidung ist es, Arbeitnehmer nicht fest anzustellen, sondern stattdessen Werkverträge an Selbständige zu vergeben. Für letztere ist es aufgrund mangelnder Kontrollmöglichkeiten besonders einfach, nicht ihre gesamten Einkünfte vor den Steuerbehörden offen zu legen: Zeitweise gab die Mehrzahl der Selbständigen so niedrige Einkünfte an, dass sie keine Einkommensteuer bezahlen mussten. [301]

LACKO schätzt den Anteil der Schattenwirtschaft in Ungarn anhand des Elektrizitätsverbrauchs von Privathaushalten. Die dieser Methode zugrunde liegende Annahme ist, dass ein großer Teil der nicht registrierten ökonomischen Aktivitäten von Haushalten erbracht werden, die zu diesem Zwecke Strom verbrauchen. Der von LACKO geschätzte Anteil der Schattenwirtschaft am BIP schwankte in den Jahren 1991 bis 1995 zwischen 20% und 34%.[302]

5.5.3 Wirkung der Steuerhinterziehung

Steuerhinterziehung bedroht die Funktionsfähigkeit des Steuersystems. Da die Steuersubjekte sich sowohl hinsichtlich ihrer Bereitschaft als auch ihrer Möglichkeiten zur Steuerhinterziehung unterscheiden, ist die Steuerinzidenz nur noch schwer zu erfassen und zu steuern. Es kommt zu einer suboptimalen Allokation, weil Ressourcen verstärkt für solche Aktivitäten eingesetzt werden, bei denen die Steuerhinterziehung relativ einfach ist, und nicht für solche, die bei neutraler Besteuerung die größten zusätzlichen Wohlfahrtsgewinne brächten. Darüber hinaus verwenden die Steuersubjekte Ressourcen, um ihre illegalen Aktivitäten zu verschleiern. Dem Staat entstehen wiederum

300 Vgl. Oxford Analytica Daily Brief (1996c).

301 Vgl. World Bank (1999), S. 141.

302 Vgl. LACKO (2000).

Kosten, will er diese Aktivitäten verhindern. Diese Mittel könnten unter anderen Umständen einer effizienteren Verwendung zugeführt werden.[303]

Neben den Allokationseffekten hat die Steuerhinterziehung auch Auswirkungen auf die Verteilungswirkung der Besteuerung. KORNAI geht davon aus, dass ein stark regressives Element in das ungarische Steuersystem integriert wird, indem die Steuerlast alleine auf die offiziell deklarierten Einkommen fällt, während die Einkünfte im „grauen" Sektor unbesteuert bleiben.[304] In der Regel werden Steuersubjekte mit relativ hohem Einkommen, wie etwa Selbständige, mehr Schlupflöcher finden als Personen mit niedrigerem Einkommen, die einer regulären Tätigkeit im offiziellen Sektor nachgehen.

Steuerhinterziehung führt dazu, dass die tatsächlichen Einnahmen des Staates hinter den potentiellen zurückbleiben. So wurde dieses Phänomen gerade zu Beginn der Transformation als Hauptgrund dafür angesehen, dass das Einnahmepotential aus der Einkommensteuer nicht voll ausgeschöpft werden konnte.[305] Der Einnahmerückgang durch die Steuerhinterziehung stellt ein schwerwiegendes Problem für das Gleichgewicht des Staatshaushalts dar. Dies wog besonders schwer in einer Zeit, in der das übermäßige Haushaltsdefizit eines der wichtigsten Probleme für die ungarische Wirtschaft darstellte und Steuereinnahmen (neben Ausgabenkürzungen) zur Konsolidierung des Haushalts dringend vonnöten waren. Unzureichende Einnahmen können im Extremfall auch dazu führen, dass notwendige und ökonomische sinnvolle staatliche Aufgaben nicht mehr finanziert werden können. Um Einnahmeausfälle zu kompensieren, ist die Regierung gezwungen, die Steuern weiter zu erhöhen. Dadurch entsteht einerseits ein noch größerer Anreiz zur Hinterziehung, anderseits werden bestimmte Gruppen - nämlich diejenigen, die nicht hinterziehen können oder wollen - wiederum stärker belastet.[306] In diesem Sinne war Steuerhinterziehung sowohl Ursache als auch Folge der hohen marginalen Steuersätze in Ungarn.[307]

Diese Entwicklung ist sowohl unter verteilungspolitischen als auch unter Effizienzgesichtspunkten negativ zu werten. Es kann ein Teufelskreis entstehen, wenn eine ungleichmäßige und unsystematischen Belastung das Vertrauen der Steuersubjekte in die Steuerverwaltung und schließlich auch ihre Bereitschaft zur Steuerzahlung untergräbt. Dieses Phänomen konnte auch in Ungarn beobachtet werden und wurde

---

303 Vgl. ICKES/SLEMROD (1992), S. 390.

304 Vgl. KORNAI (1992), S. 12.

305 Vgl. SEMJEN (1995), S. 54.

306 Vgl. EKES (1994), S. 324f.

307 Vgl. OECD (1997), S. 43.

erst gegen Ende der 1990er Jahre durch entsprechende Gegenmaßnahmen seitens der Regierung abgeschwächt.

5.5.4 Gegenmaßnahmen

Um Steuerhinterziehung zu verhindern, muss die Effizienz der Steuerverwaltung gesteigert werden, wie dies in Ungarn auch geschehen ist. Dies kann etwa durch mehr Überprüfungen vor Ort, strengere Vorschriften für die und Kontrollen der Rechnungslegung in Unternehmen sowie durch konsequentere Verfolgung von Gesetzesverstößen erfolgen. Die Bekämpfung der Steuerhinterziehung konfrontiert den Staat jedoch mit einem politischen und ökonomischen Dilemma: Einerseits erforderten die Sicherung der Einnahmeerzielung und Gerechtigkeitsprinzipien eine konsequente und umfassende Steuererhebung. Andererseits musste bei pragmatischer Betrachtung akzeptiert werden, dass allzu hartes Vorgehen gegenüber privaten Unternehmern gerade zu Beginn des Transformationsprozesses, während sich private Wirtschaftsaktivität erst allmählich entwickelte, gerade den entgegengesetzten Effekt haben könnte. Eine sehr harte Durchsetzung der Gesetze könnte bestimmte Aktivitäten noch weiter in die Illegalität treiben oder Wirtschaftssubjekte ganz von Unternehmensgründungen abschrecken.[308]

Daher sollte die Steuererhebung einerseits streng im Rahmen der Gesetze und der demokratischen Verfassung erfolgen, andererseits sollte jedoch den Realitäten mit pragmatischen Lösungen begegnet werden. In diesem Sinne muss der Übergang in die Legalität für in der Schattenwirtschaft aktive Wirtschaftssubjekte attraktiv sein. Ein Anreiz zur Legalisierung ist zum Beispiel dann gegeben, wenn als Gegenleistung für die in der offiziellen Wirtschaft zu zahlenden Steuern Rechtssicherheit und rechtlicher Schutz für Verträge gewährt wird. Nur bei legalen Geschäften können im Falle von Vertragsstreitigkeiten oder Reklamationen die Gerichtsbarkeit angerufen und die eigenen Ansprüche durchgesetzt werden, während diese Möglichkeit in der Schattenwirtschaft nicht zur Verfügung steht. Wird etwa bei einem Kauf die Mehrwertsteuer hinterzogen, steht dem Käufer, falls er mit der Qualität der Ware nicht zufrieden ist, der Rechtsweg nicht offen. Andererseits hat er das Produkt zu einem niedrigeren Preis erhalten. Er wird also zwischen der Ersparnis einerseits und dem Nutzen, den Schutz des Gesetzes in Anspruch nehmen zu können, abwägen. Ebenso besteht ein Anreiz für Arbeitnehmer, legale Beschäftigungsverhältnisse mit entsprechenden Steuer- und Sozialversicherungszahlungen einzugehen, wenn ihnen dadurch Ansprüche auf

308 Vgl. KORNAI (1992), S. 12f.

Sozialleistungen entstehen. Je weiter der gesetzliche Rahmen für Aktivitäten im offiziellen Sektor während des Transformationsprozesses ausgebaut wird, um so attraktiver wird der Übergang von der Schattenwirtschaft in die Legalität.[309] Hier zeigt sich zum einen, dass die Funktionsfähigkeit des Steuersystems nicht nur vom Steuerrecht, sondern dem gesamten Rechtssystem, das für den Übergang zur Marktwirtschaft geschaffen werden muss, abhängt. Zum anderen machen solche Interdependenzen auch den Zeitbedarf des Transformationsprozesses deutlich, bei dem Maßnahmen in verschiedenen Reformbereichen wie das Räderwerk einer Uhr ineinander greifen müssen.

Da Steuerhinterziehung sehr stark mit der Akzeptanz des Steuersystems in der Bevölkerung zusammenhängt, empfiehlt es sich, soweit wie möglich das Äquivalenzprinzip zu befolgen. Staatliche Leistungen sollten, wo es nur geht, durch Gebühren finanziert oder aber die Inanspruchnahme bestimmter Rechte an die Zahlung von Steuern gekoppelt werden.[310] Das Steuersystem sollte für die Bevölkerung verständlich und der Zusammenhang zwischen staatlichen Einnahmen und staatlichen Leistungen transparent sein. Wie in Abschnitt III.5.1 dargestellt, besteht in Ungarn trotz deutlicher Verbesserungen in dieser Hinsicht gegenüber dem NÖM jedoch immer noch ein relativ hoher Grad an Fiskalillusion.

Viele der hier erwähnten Rahmenbedingungen wurden in Ungarn im Zuge der Systemtransformation geschaffen. Sie waren zwar notwendige, aber offensichtlich nicht hinreichende Bedingungen für die Bekämpfung der Steuerhinterziehung. Daher entwickelte die ungarische Regierung 1996 ein spezifisches Programm zur Eindämmung der Schattenwirtschaft.[311] 1997 wurde allen Ungarn, die keine unternehmerischen Aktivitäten ausübten und steuerpflichtige Einkünfte bezogen, ein so genannter persönlicher Identifikationscode zugeteilt. Mehrwertsteuerpflichtige Unternehmen erhielten eine so genannte Steuerzahler-Identifikationsnummer. Dadurch wurde die Fähigkeit der Steuerverwaltung, die ökonomischen Aktivitäten der Steuerzahler zu überwachen, deutlich verbessert. Es ist ihr seither auch möglich, wettbewerbsfähigere Gehälter zu zahlen, die Personalausstattung zu erhöhen sowie massive Investitionen in Informationstechnologie vorzunehmen. 1999 wurde eine spezielle Steuerpolizei gegründet, deren Aufgabe die Verfolgung krimineller Aktivitäten im Bereich der Steuern ist. Die Steuerverwaltung erhielt eine Reihe von neuen Kompetenzen, z.B. Durchsuchungsrechte, und die Strafen, die sie verhängen kann, wurden

---

309 Vgl. ebd. (1992), S. 13.

310 Vgl. ICKES/SLEMROD (1992), S. 396.

311 Vgl. Oxford Analytica Daily Brief (1996c)

drastisch erhöht. Sie bekam auch Zugangsrechte zu allen geschäftlichen Bankkonten von Hinterziehern sowie das Recht zur Beschlagnahmung ihrer Finanzmittel einschließlich deren Forderungen an Dritte. 1999 wurde die Verantwortung für die Erhebung der Sozialversicherungsbeiträge von zwei anderen Behörden auf die Steuerverwaltung übertragen. Im Jahr 2000 wurde ein neues integriertes Steuerformular eingeführt, in dem Firmen sowohl die Einkommensteuerschuld als auch die Sozialversicherungsbeiträge der Arbeitnehmer deklarieren müssen, und das den Spielraum für Hinterziehung einschränkt.[312]

Es ist schwierig, den Erfolg dieses Programms zu bemessen. Zumindest teilweise als Ergebnis der beschriebenen Maßnahmen sanken seit 1997 die Steuerrückstände. Dennoch bleibt es schwierig, die Steuerhinterziehung einzudämmen. Besonders bei der Mehrwertsteuer stellt dies noch ein erhebliches Problem dar.[313]

5.6 Steuerliche Aspekte des angestrebten EU-Beitritts

Die Transformation der ungarischen Wirtschaft wird auch durch das internationale Umfeld des Landes geprägt. Einen besonders starken Einfluss hatte und hat in dieser Hinsicht die angestrebte Integration in die Europäische Union (EU).

Am 1. Mai 2004 trat die Republik Ungarn zusammen mit neun weiteren Ländern der EU bei. Bereits am 31. März 1994 hatte das Land seinen Beitrittsantrag gestellt. Seit dem 1. Februar 1994 bestand ein Assoziierungsabkommen mit der EU, dessen handelspolitische Bestimmungen schon am 1. März 1992 im Rahmen eines Interimsabkommens in Kraft getreten waren. Der Europäische Rat von Kopenhagen hatte im Juni 1993 für die mittel- und osteuropäischen Bewerberländer politische und wirtschaftliche Beitrittskriterien aufgestellt. Diese so genannten „Kopenhagen-Kriterien“ verlangen im politischen Bereich „institutionelle Stabilität als Garantie für die demokratische und rechtsstaatliche Ordnung, Wahrung der Menschenrechte sowie Achtung und Schutz von Minderheiten“. Die wirtschaftlichen Beitrittsvoraussetzungen sind „eine funktionsfähige Marktwirtschaft sowie die Fähigkeit, dem Wettbewerbsdruck und den unionsinternen Marktkräften standzuhalten“. Der Beitritt Ungarns zur EU setzt die Übernahme des so genannten „Acquis Communautaire“ (gemeinschaftlicher Besitzstand), also aller Regeln, die die EU-Mitgliedsländer bis zu diesem Zeitpunkt akzeptiert haben, voraus.[314]

---

312 Vgl. OECD (2000a), S. 137ff.; VEGHELYI (1999).

313 Vgl. OECD (2000a), S. 138f.

314 Vgl. Kommission der Europäischen Gemeinschaften (1997), S. 5ff.

In diesem Zusammenhang ist zu untersuchen, inwieweit der angestrebte EU-Beitritt einen Einfluss auf die Gestaltung des ungarischen Steuersystems ausgeübt hat und dies immer noch tut. Obwohl die nationale Steuer- und Ausgabenpolitik in der EU weitgehend in der Kompetenz der Mitgliedstaaten liegt, existieren doch eine Reihe von Bereichen, die auf EU-Ebene geregelt sind. So ist es im Hinblick auf die Funktionsfähigkeit des Binnenmarktes zu vermeiden, dass von den Mitgliedstaaten erlassene Steuervorschriften den freien Verkehr von Waren, Dienstleistungen und Kapital behindern oder zu Wettbewerbsverzerrungen führen. In diesem Sinne haben die im EG-Vertrag vorgesehenen vier Freiheiten (freier Warenverkehr, Freizügigkeit der Arbeitnehmer, freier Dienstleistungs- und Kapitalverkehr) weitreichende Auswirkungen auch auf das ungarische Steuersystem. Insbesondere sind im Zusammenhang mit dem Binnenmarkt Maßnahmen zur Harmonisierung von Mehrwertsteuern und einigen Verbrauchsteuern ergriffen worden, die von Ungarn übernommen werden mussten, wobei in einigen Bereichen Übergangsfristen gelten. Bei den direkten Steuern geht es vorwiegend um die Vermeidung von so genanntem schädlichem Wettbewerb. Sowohl im Bereich der direkten als auch der indirekten Steuern ist Amtshilfe zwischen den Steuerbehörden der Mitgliedstaaten ein wichtiger Bestandteil des „Acquis Communautaire".[315] Die Grundstruktur des ungarischen Steuersystems wurde deshalb nicht zuletzt im Hinblick auf seine Kompatibilität mit den EU-Regelungen gestaltet. Das Steuersystem ist eines von 31 Kapiteln, über die die Beitrittskandidaten und die EU im Rahmen der Beitrittsverhandlungen Einigkeit erzielen mussten.

5.6.1 Indirekte Steuern

Im Bereich der indirekten Steuern musste Ungarn in erster Linie die harmonisierten Rechtsvorschriften für Mehrwertsteuern und Verbrauchsteuern übernehmen. Im Hinblick auf die Mehrwertsteuer ist eine nichtkumulative Allphasenumsatzsteuer, die auf allen Produktions- und Absatzstufen erhoben wird, Bestandteil des „Acquis Communautaire". Dieser umfasst auch harmonisierte Steuerstrukturen und Mindestsätze sowie Vorschriften über den Besitz von und Verkehr mit Waren, die den harmonisierten Verbrauchssteuern unterliegen (z.B. Steuerlager). Lieferungen zwischen EU-Mitgliedstaaten unterliegen im Einklang mit dem Bestimmungslandprinzip der Mehrwertsteuer im Zielland. Mit dem Beginn des Binnenmarktes Anfang 1993 wurden alle Steuerkontrollen an den Binnengrenzen der EU abgeschafft. Die Grenzübergangsformalitäten sind durch Meldungen der Unternehmen an die Finanzämter ersetzt worden. Der Regelsteuersatz der Mehrwertsteuer in der EU muss mindestens

---

315 Vgl. ebd., S. 72f.

15% und darf höchstens 25% betragen. Für bestimmte Waren und Dienstleistungen, die sozial- und kulturpolitischen Zwecken dienen, darf ein ermäßigter Satz von mindestens 5% angewandt werden. In einer Übergangsphase sind auch niedrigere Sätze sowie der „Nullsatz" zugelassen.[316]

Für bestimmte Güter bestehen auf EU-Ebene Regeln zur Verbrauchsbesteuerung. Der Harmonisierungsgrad ist jedoch insgesamt geringer als bei der Mehrwertsteuer. Für Tabak, Bier, reinen Alkohol, Wein und Mineralöl existieren Mindeststeuersätze. Im Großen und Ganzen ist das ungarische Verbrauchsteuersystem EU-konform. Es wurde eine Verbrauchsteuer auf Wein, der in Ungarn traditionell nicht steuerpflichtig war, eingeführt. Die Steuersätze für bestimmte Waren (z.B. Zigaretten, alkoholische Produkte) lagen deutlich unter den EU-Mindestsätzen und bedurften der Anpassung. Auch ein System von Lagerhäusern für die drei wichtigsten verbrauchsteuerpflichtigen Produktgruppen besteht in Ungarn seit 1998.[317]

Schon im Assoziierungsabkommen hatte Ungarn sich verpflichtet, innerhalb einer Übergangszeit von maximal zehn Jahren eine Freihandelszone mit der EU zu errichten, d.h. alle Zölle im Handel mit EU-Mitgliedstaaten abzuschaffen. Sodann war die Übernahme des Zollkodex der EU mit den dazugehörigen Durchführungsvorschriften, der EU-Nomenklatur, des Gemeinsamen Zolltarifs (einschließlich Handelspräferenzen, Zollkontingenten etc.) sowie einer Reihe von zollrelevanten Vorschriften außerhalb des Geltungsbereichs des Zollkodex Voraussetzung für den EU-Beitritt Ungarns.[318]

5.6.2 Direkte Steuern

Die direkte Besteuerung bleibt in der EU weitestgehend in der Kompetenz der nationalen Regierungen. Harmonisierung oder anderes abgestimmtes Verhalten sind hier weit weniger ausgeprägt als bei den indirekten Steuern. Sowohl die Bemessungsgrundlagen als auch die Steuertarife werden von den Mitgliedstaaten bestimmt. Im Bereich der direkten Steuern bezieht sich der „Acquis Communautaire" vor allem auf bestimmte Detailregelungen bei der Körperschaft- und Gesellschaftsteuer.[319] Dabei steht die Gewährleistung der Funktionsfähigkeit des Binnenmarktes im Vordergrund. Ein wichtiges Kriterium dafür ist, dass in den Mitgliedstaaten keine steuerliche

316 Vgl. Kommission der Europäischen Gemeinschaften (1997), S. 72f.

317 Vgl. OECD (2000a), S. 142f.

318 Vgl. Kommission der Europäischen Gemeinschaften (1997), S. 112.

319 Vgl. Kommission der Europäischen Gemeinschaften (1997), S. 72.

Diskriminierung zwischen den eigenen Bürgern bzw. Unternehmen und denen aus anderen EU-Ländern existiert. Maßnahmen im Bereich der direkten Steuern sind in der Regel Teillösungen für bestimmte Fälle von Doppelbesteuerung und grenzüberschreitender Wirtschaftstätigkeit. Im Bereich der Konzernbesteuerung sollen zwei europäische Richtlinien steuerliche Hindernisse für die grenzüberschreitende Zusammenarbeit von Unternehmen mit Sitz in der EU beseitigen. Die so genannte Fusionsrichtlinie hat die Beseitigung steuerlicher Benachteiligung bei der Umstrukturierung von Unternehmen aus verschiedenen Mitgliedstaaten zum Ziel. Die so genannte Mutter-Tochter-Richtlinie regelt die Vermeidung der Doppelbesteuerung von Gewinnen, die in unterschiedlichen Mitgliedstaaten ansässige Mutter- und Tochtergesellschaften untereinander ausschütten.[320]

Im Hinblick auf diese Regelungen auf europäischer Ebene musste in Ungarn etwa die unterschiedliche Behandlung von Ungarn und Nichtgebietsansässigen bei der Einkommensbesteuerung angepasst werden.[321] Im Bereich der Körperschaftsteuer fand im Jahr 2000 eine Angleichung der ungarischen Besteuerungsregeln für Unternehmensfusionen, -teilungen, Aktivtransfers und Austausch von Anteilen an Unternehmen aus verschiedenen Mitgliedstaaten an den gemeinschaftlichen Besitzstand der EU statt. Einige der relevanten Durchführungsbestimmungen werden zeitgleich mit dem EU-Beitritt Ungarns in Kraft treten.[322]

1997 nahmen die EU-Mitgliedstaaten einen Verhaltenskodex für die Unternehmensbesteuerung an, mit dem Ziel, koordiniert gegen so genannten schädlichen Steuerwettbewerb vorzugehen. Während sie grundsätzlich die positiven Auswirkungen „lauteren" Steuerwettbewerbs anerkennen, sollen Verzerrungen auf dem Binnenmarkt abgebaut und erhebliche Einbußen beim Steueraufkommen vermieden werden. In diesem Sinne werden solche Regelungen als potentiell schädliche steuerliche Maßnahmen verstanden, die für bestimmte Steuersubjekte eine deutlich unter dem in dem betreffenden Mitgliedstaat üblichen Niveau liegende Effektivbesteuerung bewirken. Dies können beispielsweise Vorteile ausschließlich für Gebietsfremde oder für Transaktionen mit Gebietsfremden sein. Auch die Gewährung von Vorteilen, denen keine tatsächliche Wirtschaftstätigkeit und substantielle wirtschaftliche Präsenz in dem diese Vorteile bietenden Mitgliedstaat zu Grunde liegen, werden als potentiell schädlich angesehen. Mit dem Verhaltenskodex gingen die Mitgliedstaaten eine politische (jedoch keine

---

320 Vgl. Europäische Kommission (o.J.), S. 24f.

321 Vgl. OECD (2000a), S. 143.

322 Vgl. Kommission der Europäischen Gemeinschaften (2001), S. 63.

juristische) Verpflichtung ein, keine neuen schädlichen Steuermaßnahmen zu treffen und bestehende so bald wie möglich aufzuheben.[323]

Die ungarische Regierung hat durch das Steuersystem Anreize für ausländische Firmen geschaffen, so genannte Offshore-Gesellschaften in Ungarn zu gründen. Diese Anreize bestehen unter anderem aus einem speziellen Körperschaftsteuersatz von nur 3%. Die Offshore-Gesellschaften sind auch von der lokalen Gewerbesteuer befreit. Diese Regelung wurde von der OECD in der Liste der Maßnahmen aufgeführt, die potentiell eine Form schädlichen Steuerwettbewerbs darstellen.[324] Es ist auch fraglich, ob sie mit dem Verhaltenskodex für die Unternehmensbesteuerung der EU zu vereinbaren sind. In ihrem Fortschrittsbericht 2001 forderte die Europäische Kommission jedenfalls, dass Ungarn die Revision seiner Gesetzgebung im Sinne einer Angleichung an den Verhaltenskodex zum Abschluss bringen sollte.[325]

Die ungarische Regierung kündigte ihrerseits im Jahr 2001 an, alle Änderungen im Bereich der Körperschaftsteuern zu unterlassen, die nicht mit dem Verhaltenskodex vereinbar sind. Es ist eine Anpassung der Steuervergünstigungen an EU-Richtlinien und Gepflogenheiten im Hinblick auf staatliche Beihilfen geplant. Damit wird die Möglichkeit, in Zukunft neue Vergünstigungen zu erhalten, nicht länger bestehen. Bestehende Vergünstigungen für Offshore-Gesellschaften laufen Ende 2005 aus. [326]

Einige der Maßnahmen, die gegen den rechtlich nicht verbindlichen Verhaltenskodex verstoßen, sind darüber hinaus nicht vereinbar mit den Regelungen des EU-Vertrages über staatliche Beihilfen. Laut Artikel 87 und 88 EGV sind staatliche Beihilfen, die durch die Begünstigung bestimmter Unternehmen oder Produktionszweige den Wettbewerb verfälschen oder zu verfälschen drohen, mit dem Binnenmarkt grundsätzlich unvereinbar. Bestimmte Beihilfen, z.B. zur Förderung der wirtschaftlichen Entwicklung von Gebieten mit niedrigem Lebensstandard oder zur Behebung beträchtlicher Störungen im Wirtschaftsleben eines Mitgliedstaates, können jedoch als mit dem Binnenmarkt vereinbar angesehen werden. Spezielle Steuervergünstigungen fallen unter diese Beihilferegel. Die Europäische Kommission überprüft bestehende und beabsichtigte Beihilferegelungen und kann sie untersagen. Sie verfügt somit über eine Rechtsgrundlage, um nach dem Beitritt Ungarns zur EU gegen solche steuerlichen Regelungen vorzugehen.

---

323 Vgl. Amtsblatt der Europäischen Gemeinschaften (1998).

324 Vgl. OECD (2000a), S. 133; VEGHELYI/ERDÖS (1999).

325 Vgl. Kommission der Europäischen Gemeinschaften (2001), S. 65.

326 Vgl. Government of the Republic of Hungary (2001), S. 24, European Commission (2002a), S. 19.

Die Europäische Kommission stellte in ihrem Fortschrittsbericht 2001 fest, dass staatliche Beihilfen in Ungarn weiterhin bestehen. Sie werden in erheblichem Maße in Form von Steuererleichterungen gewährt und begünstigen oft große ausländische Investoren. Die Kommission meldete auch Bedenken hinsichtlich der Kompatibilität mit EU-Recht wegen mangelnder Transparenz der Beihilfen von Kommunen und der halbstaatlichen ungarischen Entwicklungsbank an. Im Januar 2002 wurde dieses Problem durch neue Rechtsvorschriften gelöst, wonach in Ungarn ein generelles Verbot staatlicher Beihilfen in Kraft trat. Zunächst bleiben jedoch noch einige Ausnahmen bestehen.[327]

5.6.3 Anpassungsbedarf im Hinblick auf den EU-Haushalt

Die Mitgliedstaaten der EU sind verpflichtet, EU-Eigenmittel (d.h. Zölle, Agrarzölle und Zuckerabgaben, Mehrwertsteuer-Eigenmittel und eine auf dem BSP basierende Abgabe) an den EU-Haushalt weiterzuleiten. Die traditionellen Eigenmittel (Zölle, Agrarzölle und Zuckerabgaben) werden an den Außengrenzen der EU erhoben. Die Mehrwertsteuer-Eigenmittel werden durch Anwendung eines im Rahmen des EU-Haushaltsverfahrens festgelegten Prozentsatzes auf eine vereinheitlichte Bemessungsgrundlage berechnet. Sie basieren also nicht auf der tatsächlichen Bemessungsgrundlage des jeweiligen Mitgliedstaates. Die BSP-Eigenmittel dienen zur Deckung von Ausgaben, die über das Volumen der übrigen EU-Eigenmittel hinausgehen. Sie werden berechnet durch Anwendung eines einheitlichen Satzes auf den Gesamtbetrag des BSP aller Mitgliedstaaten. Dabei wird das BSP der einzelnen EU-Mitglieder auf der Grundlage des Europäischen Systems Volkswirtschaftlicher Gesamtrechnungen (ESVG) bestimmt.[328]

Die Abführung der EU-Eigenmittel ist Voraussetzung für Ungarns EU-Beitritt. Zu seinen Aufgaben im Rahmen des Eigenmittelsystems gehören u.a. die Erhebung und Bereitstellung der traditionellen Eigenmittel, die Berechnung der Mehrwertsteuer- und BSP-Bemessungsgrundlagen sowie die Abführung der Mehrwertsteuer- und BSP-Eigenmittel. Zu diesem Zweck muss Ungarn auch eine Reihe von administrativen Rahmenbedingungen erfüllen. So muss es etwa in der Lage sein, die Grundlage für die Mehrwertsteuer-Eigenmittel im Einklang mit der entsprechenden europäischen Richtlinie zu bestimmen sowie der Kommission zu einem bestimmten Termin eine Schätzung dieser Grundlage für das folgende Haushaltsjahr zu übermitteln. Weiterhin

327 Vgl. Commission of the European Communities (2002), S. 63f.; Kommission der Europäischen Gemeinschaften (2001), S. 39

328 Zum Einnahmesystem der EU vgl. Europäischer Rat (2000).

muss Ungarn die fristgerechte Überweisung der Eigenmittel auf ein Konto der Kommission sicherstellen und die Kommission bei Kontrollen hinsichtlich der ordnungsgemäßen Durchführung unterstützen. Die Kommission muss darüber hinaus über die für die Erhebung, Bereitstellung und Kontrolle der Eigenmittel verantwortlichen nationalen Einrichtungen informiert werden.[329]

Ungarn muss nicht nur Eigenmittel an den EU-Haushalt abführen, sondern es werden ihm auch Zahlungen von der EU-Ebene zufließen. Voraussetzung für Zahlungsströme in beide Richtungen ist das Bestehen entsprechender gesetzlicher und verwaltungstechnischer Strukturen, insbesondere der relevanten Finanz- und Haushaltsbestimmungen. Die Europäische Kommission stellte Ende 2001 fest, dass das ungarische Haushaltswesen weitgehend dem in der EU üblichen System entspricht. Die zentrale Koordinierungsstruktur für die ordnungsgemäße Erhebung, Begleitung, Auszahlung und Kontrolle der an den EG-Haushalt abzuführenden bzw. der aus dem EG-Haushalt zu zahlenden Mittel bestand zu diesem Zeitpunkt bereits, wenn auch noch einige Anpassungen erforderlich waren.[330]

Mit seinem Beitritt zur EU bekommt Ungarn auch Zugang zu den europäischen Strukturfonds. Die Zuflüsse aus diesen Fonds könnten sich auf etwa 2% des ungarischen BIP belaufen. Dies eröffnet neue Möglichkeiten für die dringend notwendige Modernisierung der lokalen Infrastruktur (z.B. Straßen, Krankenhäuser, Abwasserreinigung). Allerdings gilt für die EU-Strukturhilfen das Prinzip der Additionalität, d.h. die Projekte müssen von den Empfängerländern kofinanziert werden. Damit kämen zusätzliche Ausgaben auf die ungarischen öffentlichen Finanzen zu, die gegebenenfalls auch Einfluss auf die Einnahmeseite haben können. So wäre es in diesem Zusammenhang etwa wünschenswert, wenn die lokalen Gebietskörperschaften ihre eigenen Einnahmen weiter entwickelten und damit ihre Abhängigkeit von der Zentralregierung bei der Finanzierung lokaler Infrastrukturprojekte reduzierten.[331] Die Europäische Kommission forderte in ihrem Fortschrittsbericht 2001 zusätzliche Anstrengungen, damit Ungarn in der Lage ist, die mit den Strukturfonds verbundenen Anforderungen in Bezug auf Kofinanzierung und Mehrjahresprogrammierung des Haushalts zu erfüllen.[332] Entsprechende Gesetzesänderungen traten im Oktober 2001

329 Zur vollständigen Liste der erforderlichen administrativen Rahmenbedingen vgl. Europäische Kommission (2001).

330 Vgl. Kommission der Europäischen Gemeinschaften (2001), S. 107f.

331 Vgl. World Bank (1999), S. 57.

332 Vgl. Kommission der Europäischen Gemeinschaften (2001), S. 107.

in Kraft. Sie verbesserten die Regelungen zur Haushaltsplanung und sehen Sanktionen für unangemessene Ausgaben vor.[333]

5.6.4 Sonstige Auswirkungen des angestrebten EU-Beitritts

Eine Reihe von Maßnahmen im Zusammenhang mit Ungarns EU-Beitritt betreffen zwar nicht direkt steuerliche Regelungen, es bestehen aber indirekte Auswirkungen, z.B. auf die statistische Erfassung der öffentlichen Finanzen oder auf die Höhe und Finanzierung öffentlicher Defizite, die wiederum von den Steuereinnahmen abhängen.

Der EU-Beitritt wird in verschiedenen Bereichen Auswirkungen auf die Ausgabenseite des ungarischen Haushalts haben. Dazu gehören bestimmte institutionelle und materielle Beitrittsbedingungen. So werden etwa die Gesamtkosten der Anpassung an die Umweltgesetzgebung der EU für die Jahre 2000 bis 2009 auf jährlich 0,8% des ungarischen BIP geschätzt. Auch die von der EU geforderte verbesserte Integration der Roma-Minderheit dürfte zu höheren Staatsausgaben vor allem im Bildungsbereich führen. Zur Steigerung seiner internationalen Wettbewerbsfähigkeit plant Ungarn zudem eine deutliche Erhöhung der staatlichen Forschungs- und Entwicklungsausgaben.[334] Werden nicht Ausgaben in anderen Bereichen entsprechend reduziert, müssen diese Ausgaben durch zusätzliche Steuern finanziert werden.

Mit seinem Beitritt zur EU wird Ungarn im Hinblick auf seine Teilnahme an der Wirtschafts- und Währungsunion zu einem Land, für das eine Ausnahmeregelung gemäß Artikel 122 EUV besteht. Bis zu seinem Beitritt muss Ungarn bestimmte Elemente der WWU übernommen haben, und zwar das Verbot einer direkten Finanzierung des öffentlichen Sektors durch die Zentralbank, das Verbot eines bevorzugten Zugangs des öffentlichen Sektors zu den Finanzinstituten, die Unabhängigkeit der Zentralbank und die Liberalisierung des Kapitalverkehrs. Im Hinblick auf diese Anforderungen schaffte Ungarn im Dezember 2000 die letzte bei der Nationalbank für eventuelle Maßnahmen zur Stützung des Staatshaushalts noch bestehende Kreditfazilität ab. Darüber hinaus wurden bestimmte Regelungen des Nationalbankgesetzes modifiziert, so dass eine direkte Finanzierung durch die Nationalbank nicht mehr möglich ist. Des Weiteren trat im Juli 2001 eine Änderung des ungarischen Gesetzes über Bausparkassen und Darlehenskassenverbände in Kraft, die diese in Einklang mit dem Verbot eines bevorzugten Zugangs des öffentlichen Sektors zu den Finanzinstituten bringt. In ihrem Fortschrittsbericht 2001 stellte die Europäische Kommission fest,

---

333 Vgl. Commission of the European Communities (2002), S. 126.
334 Vgl. OECD (2002), S. 91.

dass die ungarische Gesetzgebung im Hinblick auf die Teilnahme an der Währungsunion bereits weitgehend mit dem Gemeinschaftsrecht harmonisiert ist.[335] Die hier erwähnten Beschränkungen bedeuten, dass die öffentlichen Ausgaben entweder reduziert oder aber in stärkerem Maße aus Steuereinnahmen oder durch Kreditaufnahme im Privatsektor finanziert werden müssen.

Im Hinblick auf einen späteren Beitritt zur Währungsunion muss Ungarn die 1997 in Maastricht vereinbarten so genannten Konvergenzkriterien erfüllen, die u.a. auch Anforderungen an die Nachhaltigkeit der öffentlichen Finanzen stellen: So darf kein übermäßiges Defizit bestehen. Die Nettoneuverschuldung des Gesamtstaates darf, von einigen Ausnahmen abgesehen, 3% des BIP nicht überschreiten. Der öffentliche Gesamtschuldenstand darf, wiederum mit einigen Einschränkungen, nicht mehr als 60% des BIP betragen. Auch nach einem Beitritt zur Währungsunion muss Ungarn die Verpflichtung des EUV zur Vermeidung übermäßiger Defizite sowie die darauf basierenden Regeln des Stabilitäts- und Wachstumpakts beachten. Im Stabilitäts- und Wachstumspakt verpflichten sich die Mitgliedstaaten zur Einhaltung der Haushaltsdisziplin, d.h. zur Beachtung der Defizitobergrenze von 3% des BIP. Darüber hinaus streben sie auf mittlere Sicht den Ausgleich ihrer Haushaltspositionen oder Budgetüberschüsse an, um im Falle eines Konjunkturabschwungs die Defizitobergrenze nicht zu überschreiten.[336] Die Erfüllung dieser fiskalischen Anforderungen hängt, neben den Staatsausgaben, wesentlich von der Effektivität des Steuersystems bei der Einnahmeerzielung ab. Insofern spielen diese EU-Regelungen eine nicht zu vernachlässigende Rolle hinsichtlich der Gestaltung bzw. Anpassung des ungarischen Steuersystems.

6. Zusammenfassung einiger wichtiger Ergebnisse

Ungarn hat seine ehemals sozialistische Wirtschaftsordnung in eine Marktwirtschaft transformiert. Die Reform des Steuersystems war ein wesentliches Element der Transformation. Ungarn orientierte sich bei seiner Ausgestaltung, nicht zuletzt im Hinblick auf den angestrebten Beitritt zur EU, weitgehend an den in westlichen Marktwirtschaften existierenden Systemen. Die wichtigsten neu eingeführten Steuern waren die Körperschaftsteuer, die Einkommensteuer und eine Mehrwertsteuer nach dem in der EU üblichen Modell. Des Weiteren werden Sozialversicherungsbeiträge erhoben, die zwar, wie eingangs erwähnt, nicht zu den Steuern im engeren Sinne gehören, aber

335 Vgl. Kommission der Europäischen Gemeinschaften (2001), S. 65f.

336 Vgl. Council of the European Union (1998).

wegen ihres steuerähnlichen Charakters auch Betrachtungsgegenstand dieser Arbeit sind.

Bei der Durchführung der Steuerreform spielten die vielfältigen Interdependenzen zwischen dem Steuersystem und anderen Bereichen der Wirtschaft eine wichtige Rolle. So war die Funktionsfähigkeit des Steuersystems abhängig von institutionellen Reformen, wie z.B. der Liberalisierung der Preise. Große Bedeutung kam auch der „Erhärtung" der so genannten „Soft Budget Constraint" zu, die u.a. auch mit einer konsequenteren Steuererhebung einherging. Die dadurch erzwungene strengere finanzielle Disziplin führt dazu, dass unrentable Unternehmen aus dem Markt ausscheiden, und die restlichen Betriebe sich stärker an Marktsignalen orientieren. In diesem Zusammenhang wurde etwa auch ein Konkursgesetz, das den Marktaustritt regelt, erforderlich. Eine weitere wichtige Voraussetzung für die Erhebung von Steuern war sodann der Aufbau einer effektiven Steuerverwaltung, die auch in der Lage sein musste, Steuerhinterziehung zu bekämpfen. Auch die Neuordnung des Finanzausgleichssystems spielte eine wichtige Rolle. Diese Aufgaben hat Ungarn im wesentlichen erfolgreich gelöst.

Die Reform des Steuersystems war kein einmaliger großer Wurf. Vielmehr wurden im Laufe der 1990er Jahre die einzelnen steuerlichen Regelungen extrem häufig geändert. Die Reform könnte deshalb auch als ein langwieriger Prozess von „Trial and Error" bezeichnet werden. Durch die häufigen Änderungen wurden jedoch auch die Transparenz und Verlässlichkeit des Steuersystems beeinträchtigt. Mit der Komplexität des Steuersystems im Vergleich zum NÖM stiegen zudem die Steuererhebungs- und Entrichtungskosten beträchtlich. Ein eindeutig positives Ergebnis war, dass durch die Einführung einer progressiven persönlichen Einkommensteuer sowie einer weitgehend einheitlichen Gewinnbesteuerung dem Leistungsfähigkeitsprinzip deutlich mehr Rechnung getragen wurde als im NÖM. Darüber hinaus wurde mit der Einkommensteuer eine gruppenmäßige Äquivalenz zwischen Steuerzahlungen und öffentlichen Leistungen hergestellt und somit die bis dahin sehr starke Fiskalillusion reduziert.

Die Steuerreform hatte Auswirkungen auf Allokation, Stabilisierung und Verteilung. Ein wichtiger Erfolg im Hinblick auf die Allokation war, dass die verschiedenen, häufig sektorspezifisch gestalteten Gewinnsteuern des NÖM durch eine - im Prinzip - einheitliche Körperschaftsteuer ersetzt wurden, und damit die Basis für eine neutralere und effizientere Besteuerung geschaffen wurde. Die Einkommensteuer war vor allem zu Beginn der Transformation durch eine Vielzahl von Sätzen und Ausnahmeregelungen gekennzeichnet, die zu ausgeprägten Allokationsverzerrungen führten. Zudem hatte sie zunächst aufgrund ihrer Höhe und starken Progression deutlich negative Anreizwirkungen. Im Laufe des Transformationsprozesses wurden die Bemessungsgrundlage der Einkommensteuer verbreitert und die Steuersätze mehrfach gesenkt, so dass diese negativen Effekte abgeschwächt wurden. Die steuerliche Förderung von ausländischen Direktinvestitionen, die inzwischen weitgehend abgeschafft wurde, trug zu den massiven Investitionsflüssen nach Ungarn bei. Allerdings ist nicht eindeutig zu klären, in welchem Maße Steuern oder andere Standortfaktoren ursächlich für diese Entwicklung waren. Die Direktinvestitionen führten wiederum zu einer höheren Allokationseffizienz, etwa durch Produktivitätssteigerungen, obwohl Ausnahmeregelungen für ausländische Investoren andererseits die Neutralität der Besteuerung beeinträchtigten.

Die Einführung der Mehrwertsteuer stellte einen entscheidenden Fortschritt gegenüber dem auf unzähligen speziellen Verbrauchsteuern basierenden System des NÖM dar und ermöglichte eine an marktwirtschaftlichen Kriterien orientierte Preisbildung. Allerdings führt die für Marktwirtschaften immer noch starke Differenzierung der Mehrwertsteuersätze bis hin zur Gegenwart zu Verzerrungen. Des Weiteren wird durch die hohen Sozialversicherungsbeiträge der Faktor Arbeit übermäßig stark belastet. Insgesamt zeichnet sich das ungarische Steuersystem durch eine sehr ungleiche Besteuerung der Produktionsfaktoren Arbeit und Kapital aus. Während Arbeitseinkünfte durch die Einkommensteuer und Sozialversicherungsbeiträge extrem stark belastet werden, sind die Steuern auf Gewinne deutlich niedriger und Zinseinkünfte seit 1995 steuerbefreit. Dieses Problem wurde bis heute nicht beseitigt und führt zu Ineffizienzen beim Einsatz der beiden Produktionsfaktoren.

Zwischen Steuern und Stabilitätszielen bestehen komplexe Wechselwirkungen. Ein herausragendes Beispiel dafür war die so genannte Transformationsrezession in Ungarn zu Beginn der 1990er Jahre. Eine unerwünschte Folge der Rezession war, dass die Steuereinnahmen aufgrund von sinkenden Gewinnen bzw. Unternehmenszusammenbrüchen sowie durch den Anstieg der Arbeitslosigkeit massiv einbrachen. Man kann davon ausgehen, dass der Rückgang der Steuereinnahmen antizyklisch wirkte und einen dämpfenden Effekt auf das Ausmaß der Rezession hatte. Allerdings lässt sich aufgrund der Vielzahl der Faktoren, die gleichzeitig das Wachstum beeinflussten, kaum empirisch ermitteln, wie stark diese automatische Stabilisierungswirkung tatsächlich war. Die Tatsache, dass im sich ab 1997 verstärkenden Aufschwung der Anteil der Steuereinnahmen am BIP zunächst noch weiter sank und auch später nicht deutlich anstieg, deutet darauf hin, dass in dieser Phase keine automatische Dämpfung durch die Steuereinnahmen stattfand. Die Wirkung der Besteuerung auf das Wachstum in Ungarn ist nur schwer nachzuweisen. Es bestehen jedoch Anhaltspunkte dafür, dass vor allem zu Beginn des Transformationsprozesses die steuerinduzierten Allokationsverzerrungen und damit verbundenen hohen Belastungen bestimmter Aktivitäten das Wirtschaftswachstum tendenziell negativ beeinflussten. Inzwischen kann die Struktur des ungarischen Steuersystems jedoch, nicht zuletzt wegen des im internationalen Vergleich sehr niedrigen Körperschaftsteuersatzes und der Steuerfreiheit für Zinseinkünfte, als durchaus wachstumsfördernd bezeichnet werden. In der Vergangenheit trugen außerdem - zumindest teilweise steuerinduzierte - ausländische Direktinvestitionen maßgeblich zur Erhöhung von Produktivität und Wachstum in Ungarn bei. Auch zwischen Steuern und Inflation bestehen gegenläufige Zusammenhänge. So trugen die hohen ungarischen Inflationsraten durch die so genannte „kalte Progression" in erheblichem Maße zum Anstieg der realen Steuerbelastung der Arbeits- sowie auch der Kapitaleinkünfte bei. Umgekehrt führte die Einführung der Mehrwertsteuer zu einem - allerdings einmaligen - Anstieg der Verbraucherpreise. Die hohen ungarischen Haushaltsdefizite waren ein schwerwiegendes makroökonomisches Problem. In der ersten Hälfte der 1990er Jahre entwickelten sie sich auf einem Pfad, der eindeutig nicht als nachhaltig bezeichnet werden konnte. Zudem führten sie u.a. zu steigenden Zinsen und so zur Verdrängung privater Investitionen. Die hohen Defizite waren vor allem Folge der durch die Transformationsrezession sowie den strukturellen Wandel drastisch gesunkenen Steuereinnahmen, denen keine entsprechenden Ausgabenkürzungen gegenüberstanden.

Verteilungsfragen spielten eine wichtige Rolle für die Akzeptanz der Transformation durch die Bevölkerung, nicht zuletzt weil im Transformationsprozess eine starke Differenzierung der vorher relativ einheitlichen persönlichen Einkommen stattfand. Die ungarische Regierung sah sich mit einem Zielkonflikt zwischen Effizienz und Verteilungsgerechtigkeit konfrontiert. So verursachte die Transformationsrezession u.a. steigende Sozialausgaben, die mit einer hohen Steuerbelastung einhergingen. Diese wiederum schreckte tendenziell Investoren ab und behinderte das Wachstum. In diesem Zielkonflikt entschied sich die ungarische Regierung zunächst für eine Betonung der Verteilungsgerechtigkeit, maß jedoch im Zeitablauf den Zielen hohe Beschäftigung und Wirtschaftswachstum mehr Bedeutung zu. Dies kam z.B. dadurch zum Ausdruck, dass das ungarische Steuersystem zu Beginn der Transformation stark progressiv war, seine Umverteilungswirkung aber im Zeitablauf erheblich abgeschwächt wurde.

Bei der Neuordnung des Finanzausgleichs ging es vorwiegend um die Steigerung der Allokationseffizienz durch eine neue Aufteilung von Aufgaben, Ausgaben und Einnahmen auf die verschiedenen staatlichen Ebenen. Daneben spielten aber auch Umverteilungsziele im Sinne des Ausgleichs der Finanzkraft zwischen den Gebietskörperschaften eine Rolle. In Ungarn wurde bisher auf der Einnahmenseite ein weitaus geringerer Grad der Dezentralisierung als auf der Ausgabenseite erreicht, so dass die

Abhängigkeit der lokalen Ebene von Transfers der Zentralregierung noch relativ hoch ist. Der in Ungarn geringe Anteil der lokalen Steuern an den gesamten Steuereinnahmen bei einem relativ hohen Anteil der Kommunen an den gesamten Ausgaben legt nahe, dass die untergeordneten Gebietskörperschaften letztendlich immer noch vor allem für die Ausführung und Überwachung zentraler Entscheidungen verantwortlich sind. Dennoch hat Ungarn sein Finanzausgleichssystem entscheidend verbessert: Entscheidungen werden nicht länger von einer einzigen Ebene getroffen, sondern tendenziell dorthin verlagert, wo sie im Einklang mit den lokalen Präferenzen am effizientesten gefällt werden können. Es wurde ein höherer Grad an fiskalischer Äquivalenz erreicht. Insgesamt erhöhte sich so die Effizienz bei der Bereitstellung und Finanzierung öffentlicher Güter.

Die Höhe der benötigten Steuereinnahmen wird letztlich von der Höhe der im Haushalt vorgesehenen Ausgaben determiniert. Durch die Transformation änderte sich die Art und Struktur der öffentlichen Aufgaben und Ausgaben. Einerseits musste der Staat nicht mehr den vorher notwendigen großen bürokratischen Apparat finanzieren und unprofitable Unternehmen subventionieren. Andererseits stand die Regierung vor allem in der Transformationsrezession unter massivem politischem Druck, soziale Härten durch Transferzahlungen abzufedern. Dabei führte das großzügige System der sozialen Sicherung auf der Finanzierungsseite zu beträchtlichen Problemen. Die Rückführung der Ausgabenquote von dem im Sozialismus üblichen sehr hohen Niveau war somit eine große Herausforderung im ungarischen Transformationsprozess, die Ungarn bisher nur teilweise bewältigt hat. Die Ausgabenquote ist zwar seit Ende der 1980er Jahr deutlich gesunken, liegt aber weiterhin auf einem hohen Niveau. Insgesamt hat Ungarn in einem langwierigen und schwierigen Prozess den Übergang zur Marktwirtschaft und zu einem mit dieser Wirtschaftsordnung kompatiblen Steuersystem erfolgreich gemeistert, wenn auch weiterhin noch einige Probleme fortbestehen.

IV. DIE ROLLE DES STEUERSYSTEMS IM TRANSFORMATIONS-PROZESS - ALLGEMEINE SCHLUSSFOLGERUNGEN

Im folgenden Kapitel werden allgemeine Schlussfolgerungen aus der vorangegangenen Darstellung und Bewertung des ungarischen Steuersystems gezogen. Dabei werden zunächst die Rolle von Steuern in den verschiedenen ungarischen Wirtschaftsordnungen sowie die Interdependenzen zwischen Steuersystem und anderen Bereichen der Wirtschaft analysiert. Des Weiteren werden die wichtigsten Entscheidungsprobleme rekapituliert, denen sich die ungarischen Politiker bei der Gestaltung des Steuersystems im Transformationsprozess gegenüber sahen, und die sich so oder ähnlich in allen Transformationsländern stellen. Schließlich werden wichtige Leitsätze für die Gestaltung des Steuersystems beim Übergang zur Marktwirtschaft formuliert.

1 DIE ROLLE DES STEUERSYSTEMS IN DEN VERSCHIEDENEN WIRTSCHAFTSORDNUNGEN UNGARNS

Die vorliegende Arbeit hat die Rolle des ungarischen Steuersystems in den Perioden des Zentralplanwirtschaft und des NÖM sowie im Übergang zur Marktwirtschaft herausgearbeitet. Steuern hatten in diesen verschiedenen Phasen sehr unterschiedliche Funktionen.

In der zentralen Planwirtschaft vor 1968 war die Bedeutung von Steuern für die Allokation nebensächlich, da diese Aufgabe durch den zentralen Wirtschaftsplan erfüllt wurde. Der Staatshaushalt, und damit die Steuereinnahmen, wurden als Bestandteil des Volkswirtschaftsplans verstanden. Das Steuersystem wurde nicht als separates formales Regelwerk wahrgenommen wie in Marktwirtschaften. Steuerzahlungen waren vielmehr ein Bestandteil der vom Staat bestimmten Finanzströme zwischen staatlichem Unternehmenssektor und öffentlichem Haushalt. Steuern waren vorwiegend das Mittel, um finanzielle Ressourcen zwischen staatlichen Betrieben untereinander bzw. zwischen den Betrieben und dem Staatshaushalt umzuschichten. Dabei trug das Steuersystem dennoch massiv zu Allokationsverzerrungen bei, etwa durch die starke Differenzierung der Verbrauchssteuersätze oder das fallweise Aushandeln von „Gewinnsteuern". Zudem gab es keinen Bezug zwischen den von den Wirtschaftssubjekten genutzten öffentlichen Leistungen und der Höhe ihrer Steuerschuld, d.h. das Äquivalenzprinzip spielte keine Rolle.

Im NÖM hatten Steuern eine völlig andere Funktion als in der Zentralplanwirtschaft. Sie waren als so genannte Regulatoren Bestandteil des ökonomischen Lenkungsmechanismus und damit ein Instrument, mit dem der Staat die Wirtschaftsabläufe beeinflusste, ohne sie direkt zu steuern. Daher war das Steuersystem des NÖM von vorneherein nicht als neutrales System gedacht, sondern auf diskretionäre steuerliche Regelungen ausgerichtet. So wurde etwa durch fallweise Entscheidungen über die Besteuerung einzelner Betriebe oder Sektoren die Höhe von Investitionen und Beschäftigung beeinflusst. Die indirekten Steuern waren zwar weniger differenziert als vor 1968, wurden aber dennoch gezielt zur Lenkung des Konsums eingesetzt.

Während der Transformation der ungarischen Wirtschaft in eine Marktwirtschaft stand insbesondere der Steuerzweck der Einnahmeerzielung im Vordergrund, da es politisch schwierig war, die Staatsausgaben schnell und drastisch zu senken. Dies betraf vor allem die durch die Transformationsrezession und die damit einhergehende Arbeitslosigkeit verursachten Sozialausgaben. Durch die Erhebung der Einkommensteuer wurde der Bevölkerung - anders als zuvor - der Bezug zwischen öffentlichen Leistungen und deren Finanzierung deutlich gemacht.

Gleichzeitig verlor die Lenkungsfunktion, die den Steuern im NÖM zukam, drastisch an Bedeutung. An die Stelle des durch diskretionäre Maßnahmen gekennzeichneten Steuersystems traten - im Prinzip - einheitliche Regelungen für alle Steuersubjekte. In der Praxis existierten jedoch, vor allem zu Beginn der Transformation, weiterhin viele Ausnahmeregelungen.

Die Zahl der nach Produkten differenzierten Verbrauchsteuersätze wurde drastisch reduziert und so eine neutralere Besteuerung erreicht. Die im europäischen Vergleich starke Differenzierung bei der Mehrwertsteuer mit großen Abständen zwischen Nullsatz, reduziertem Satz und Normalsatz von 25% sowie die extensive Anwendung der beiden niedrigeren Sätze zu Beginn der Transformation hatten dennoch deutliche Lenkungswirkungen.

Eine der wichtigsten Veränderungen beim Übergang zur Marktwirtschaft fand im Bereich der Gewinnbesteuerung statt. Im NÖM mussten die Betriebe ihre Gewinne nahezu vollständig als Steuern abführen, und die Ressourcen für Investitionen wurden ihnen dann vom Staat auf bilateraler Basis wieder zugänglich gemacht. Heute verbleibt ein erheblicher Teil des Gewinns im Unternehmen und kann etwa direkt zur Finanzierung von Investitionen eingesetzt werden. Damit gewannen die Unternehmen die Kontrolle über ihre Produktions- und Investitionsentscheidungen. Durch diese Dezentralisierung der Entscheidungen wurde die Effizienz der Ressourcenallokation erheblich gesteigert.

Während im NÖM diskretionäre Steueränderungen auch gezielt zu Stabilisierungszwecken eingesetzt wurden, beschränkt sich die ungarische Regierung inzwischen weitgehend darauf, die Steuern als automatische Stabilisatoren wirken zu lassen. Allerdings wurde insbesondere zu Beginn des Transformationsprozesses versucht, durch spezielle Steuervergünstigungen Investitionen und damit das Wachstum zu erhöhen. Die Bedeutung dieser selektiven Steueranreize schwand jedoch im Laufe der 1990er Jahre.

Die Umverteilungsfunktion der Steuern gewann dahingegen im Transformationsprozess erheblich an Bedeutung. Während der Staat zuvor die primäre Einkommensverteilung direkt beeinflusst hatte, wurde diese Rolle immer mehr von der Einkommensteuer übernommen, die die sekundäre Einkommensverteilung durch einen zunächst stark progressiven Steuertarif verändert. Inzwischen wurde die Umverteilungswirkung der Einkommensteuer jedoch drastisch abgeschwächt. Auch die indirekten Steuern mit ihren differenzierten Sätzen wurden, wenn auch in geringerem Maße, als Instrument der Verteilungspolitik eingesetzt.

2 Interdependenzen zwischen Steuersystem und ordnungs- sowie prozesspolitischen Maßnahmen und deren Resultaten

Bei der Betrachtung des ungarischen Transformationsprozesses wird sehr schnell deutlich, dass das Steuersystem nicht isoliert von den anderen Bereichen der Wirtschaft betrachtet werden kann. Im Gegenteil - gerade durch die Interdependenzen, die zwischen verschiedenen Reformfeldern bestehen, und die Restriktionen, die durch bestimmte ordnungs- und prozesspolitische Zielsetzungen und Maßnahmen vorgegeben sind, wird die entscheidende Rolle des Steuersystems im Transformationsprozess besonders deutlich. Das Steuersystem liegt quasi im „Epizentrum“ des Transformationsprozesses. Es beeinflusst die Entwicklungen in vielen anderen Bereichen der Volkswirtschaft und wird gleichzeitig von ihnen beeinflusst. Dabei ist es schwierig, die Richtung und Kausalität der Wirkungen bestimmter Maßnahmen auf andere Maßnahmen und Ziele zu erfassen.

Zunächst einmal hat die Gestaltung der Ordnungselemente der Volkswirtschaft direkte Auswirkungen auf das Steuersystem. So ist die Funktionsfähigkeit des Steuersystems u.a. abhängig von institutionellen Reformen, z.B. der „Erhärtung“ der „Soft Budget Constraint“ und dem Aufbau einer funktionsfähigen Steuerverwaltung. Eine weitere wichtige Voraussetzung für die Erhebung von Steuern ist die Bekämpfung bzw. Verminderung von Steuerhinterziehung. Die benötigten Steuereinnahmen und damit auch die Gestaltung der Steuern, durch die diese Einnahmen erzielt werden sollen, werden letztlich von der Höhe der im Haushalt vorgesehenen Ausgaben bestimmt.

Auch die Integration in das internationale Umfeld, vor allem der angestrebte Beitritt zur EU, aber auch Regelungen im Rahmen der OECD oder WTO und Empfehlungen internationaler Organisationen wie des IWF, beeinflussen die Gestaltung des Steuersystems massiv. Eine weitere wichtige Determinante für die Struktur des Steuersystems ist außerdem die Aufteilung von Aufgaben, Ausgaben und Einnahmen auf verschiedene staatliche Ebenen, also das Finanzausgleichssystem.

Weiterhin wirken sich die institutionellen, strukturellen und makroökonomischen Umwälzungen während des Transformationsprozesses auf die Höhe der erzielten Steuereinnahmen aus. So müssen infolge des Übergangs zur Marktwirtschaft Steuern bei einer Vielzahl von Privatunternehmen sowie privaten Haushalten erhoben werden. Dies ist weitaus aufwändiger und komplexer als bei einer überschaubaren Anzahl staatlicher Betriebe, so dass die Steuereinnahmen zunächst sinken. Darüber hinaus führen die extremen Veränderungen in der Struktur von Produktion, Beschäftigung und anderen makroökonomischen Aggregaten wie Investitionen, Konsum und Sparen zunächst zu sinkenden Steuereinnahmen.

Neben dem Einfluss prozess- und ordnungspolitischer Maßnahmen im Rahmen der Transformation auf das Steuersystem hat umgekehrt auch die Einführung eines marktwirtschaftlichen Steuersystems Auswirkungen auf Allokation, Stabilität und Verteilung. So hat etwa die Gewinnbesteuerung eine wesentliche Anreizfunktion für unternehmerische Aktivität. Einkommensteuern beeinflussen das Arbeitsangebot bzw. die Entscheidung, ob Arbeit in der offiziellen Wirtschaft oder im illegalen bzw. „grauen“ Sektor angeboten wird. Die indirekten Steuern wirken sich auf Konsum- und damit indirekt auf die Produktionsentscheidungen aus. Man kann davon ausgehen, dass die Höhe und Struktur der Besteuerung das Wirtschaftswachstum beeinflussen. So ist anzunehmen, dass verzerrende, hohe und häufigen Änderungen unterlegene Steuern tendenziell zu niedrigerem Wachstum führen. Wegen der Komplexität des Transformationsprozesses, bei dem zahlreiche Einflussfaktoren auf die Höhe der Produktion wirken, lässt sich dieser Effekt empirisch jedoch nicht eindeutig belegen. Hohe Inflationsraten führen durch die so genannte „kalte“ Progression zu höheren Steuereinnahmen. Die Einführung bzw. Erhöhung von indirekten Steuern führt wiederum zu einem - allerdings einmaligen - Anstieg des Preisniveaus. Das Steuersystem spielt außerdem eine entscheidende Rolle für die fiskalische Stabilität der Volkswirtschaft. Darüber hinaus beeinflussen Steuern die personelle Einkommensverteilung.

Bei der Entscheidung über ordnungs- und prozesspolitische Maßnahmen im Rahmen der Transformation ist es unerlässlich, diese vielfältigen Interdependenzen zu beachten, um die Wirkungen der jeweiligen Maßnahmen einschätzen zu können.

3 ENTSCHEIDUNGSPROBLEME BEI DER AUSGESTALTUNG DES STEUERSYSTEMS

Die politischen Entscheidungsträger in Ungarn waren bei der Ausgestaltung des neuen Steuersystems mit verschiedenen Alternativen und Zielkonflikten konfrontiert. Diese ergaben sich vor allem durch die vielfältigen Wirkungen der Steuern auf Allokations-, Stabilisierungs- und Verteilungsziele. Die wichtigsten Entscheidungsprobleme, die von grundlegender Bedeutung für den Transformationsprozess waren, werden im Folgenden diskutiert.

3.1 "Neuanfang" versus Anlehnung an westliche Systeme

Hinsichtlich der Art der erhobenen Steuern hat Ungarn mehr oder weniger die bereits in westlichen Marktwirtschaften bestehenden Steuersysteme kopiert. Damit hat es die Möglichkeit eines kompletten Neuanfangs bei der Gestaltung des Steuersystems, die die Transformation bot, nicht genutzt. Die Chance, ein rationales, konsistentes und auf den Transformationsprozess abgestimmtes System zu entwickeln, wurde nicht wahrgenommen.[1] Es stellt sich die Frage, ob diese Gelegenheit zur unabhängigen Gestaltung des Steuersystems hätte ergriffen werden sollen, oder aber ob die Anlehnung an bereits bestehende westliche Systeme sinnvoller war.

In der finanzwissenschaftlichen Literatur sind im Hinblick auf die Transformationsstaaten eine Reihe von Vorschlägen zur Einführung von Steuersystemen gemacht worden, die zumindest in der Theorie den real existierenden Systemen in den westlichen Industrienationen überlegen sind. Diese Überlegenheit bezieht sich in der Regel darauf, dass die effizienzreduzierenden Allokationsverzerrungen in diesen Systemen minimiert werden sollen. So wurde beispielsweise anstelle der konventionellen einkommensabhängigen Besteuerung eine konsumbasierte Einkommensbesteuerung vorgeschlagen. Auch eine umfassende Besteuerung des Energieverbrauchs wurde angeregt.[2]

Theoretisch bestand durch die Gestaltung eines völlig neuen Steuersystems in den Transformationsländern die Chance, in bestehenden Marktwirtschaften beobachtete Probleme zu vermeiden und aus deren Fehlern zu lernen. In „etablierten" Systemen sind dagegen effizienzsteigernde Reformen nur noch bei Inkaufnahme von Anpassungskosten und gegen den Widerstand potentieller Verlierer durchzusetzen. Es gibt

1 Vgl. HOLZMANN (1992), S. 243f.

2 Vgl. ebd., S. 243ff; ROSE (1997).

zwar auch bei der Einführung eines marktwirtschaftlichen Steuersystems Gewinner und Verlierer, vieles spricht aber dafür, dass im Rahmen eines grundlegenden Umbruchs die Akzeptanz der Wirtschaftssubjekte dafür größer sein wird, da sie den Wandel als unvermeidlich ansehen. Zu einem späteren Zeitpunkt wird die Abschaffung von einmal eingeführten Besitzständen schwieriger. Das potentielle Ausmaß dieser Schwierigkeiten wird deutlich bei der Betrachtung der Probleme, die in westlichen Marktwirtschaften auftreten, wenn versucht wird, Steuerprivilegien bestimmter Interessengruppen anzutasten. Ohne diese Reformhindernisse hatte Ungarn die Chance, ein besseres Steuersystem einzuführen als es bisher in Marktwirtschaften existiert.[3]

Ungarn hat diese Chance nicht genutzt, sondern sich an bestehende Systeme angelehnt, die bei weitem nicht optimal sind, wie man etwa auch an den Diskussionen um Steuerreformen in Deutschland sieht.[4] Die bestehenden Steuersysteme sind das Ergebnis historischer Entwicklungen und entstanden unter dem Einfluss einer Vielzahl von Interessengruppen. Sie wurden in der Regel nicht von ökonomisch rationalen Überlegungen geprägt. Daher enthalten sie auch eine Vielzahl von Inkonsistenzen und ineffizienten Regelungen. Übernimmt man solche Systeme, werden automatisch auch ihre Schwächen übernommen.

Ein weiteres Problem liegt darin, dass die Eigenschaften und Begleitumstände der Volkwirtschaften im Transformationsprozess sich deutlich von denen in schon bestehenden Marktwirtschaften unterscheiden. Die übernommenen steuerlichen Regelungen sind auf funktionsfähige Marktwirtschaften ausgerichtet und nicht für Volkswirtschaften gedacht, die sich in einer dramatischen Umbruchphase befinden: Der Privatsektor ist in diesem Stadium noch unterentwickelt; bestimmte Institutionen, z.B. die staatlichen Unternehmen und Planungsorgane, verschwinden, während andere, wie etwa eine komplexe Steuerverwaltung, neu entstehen; das Rechtssystem verändert sich grundlegend; und das Verhalten jedes einzelnen Marktteilnehmers passt sich dem sich wandelnden Umfeld kontinuierlich an. Gestaltet man ein optimales Steuersystem unter Berücksichtigung dieser Bedingungen, so wird dieses System sicher nicht mit denen in westeuropäischen Marktwirtschaften identisch sein. Nicht alles, was in einer Marktwirtschaft zu effizienten Ergebnissen führt, ist auch in dieser Transformationsphase optimal.[5]

---

3 Vgl. HEADY et al. (1994), S. 71.

4 Vgl. KIRCHHOF et al. (2001); ROSE (2002).

5 Vgl. HEADY et al. (1994), S. 70f.; KORNAI (1992), S. 2.

Die Regelungen westlicher Steuersysteme spiegeln die Strukturen und wirtschaftspolitischen Ziele von hochentwickelten Marktwirtschaften wider, die in einer völlig anders strukturierten Volkswirtschaft im Transformationsprozess zu unerwünschten Wirkungen führen könnten. Zu diesen unerwünschten Effekten zählen beispielsweise niedrige Steuereinnahmen und hohe Übergangskosten etwa aufgrund von verwaltungstechnischen Schwierigkeiten. Umgekehrt können steuerliche Regelungen, die in Marktwirtschaften eher negativ bewertet würden, in Transformationsstaaten positive Effekte haben, indem sie etwa den Übergang zur Marktwirtschaft erleichtern. Insbesondere gilt das für die steuerliche Förderung von Investitionen. Während in Marktwirtschaften tendenziell deren verzerrende Wirkung überwiegt, können in der Transformationsphase die Nutzen durch die Stimulierung von Wachstum bedeutsamer sein.

De facto war die Einführung eines „idealen“ Steuersystems jedoch kaum eine realistische Option für Ungarn, da die Einführung des Steuersystems nicht in einem „neutralen“ Umfeld stattfand, sondern vor dem Hintergrund einer stärkeren Integration in die Weltwirtschaft und insbesondere in die Europäische Union. Es wurde versucht, ein System einzuführen, das mit denen der zukünftigen Partner kompatibel ist. So galt es im Hinblick auf eine zukünftige EU-Mitgliedschaft bestimmte Vorgaben zu beachten, etwa im Bereich der indirekten Steuern. Dies bedeutet allerdings nicht, dass westeuropäische Steuersysteme exakt kopiert werden müssen. Trotz gewisser Einschränkungen bestand immer noch weit reichende Flexibilität bei der Ausgestaltung steuerlicher Regelungen, so dass offensichtliche Fehler anderer Systeme nicht übernommen werden mussten. Auch Kompatibilität und Einfachheit schließen sich nicht aus. Ungarn hat inzwischen ein in mancherlei Hinsicht einfacheres Steuersystem als viele EU-Mitgliedstaaten. So hat etwa der ungarische Einkommensteuertarif nur drei Stufen.

Der Wunsch, der EU beizutreten, hat eine wichtige disziplinierende Rolle bei der Einführung des Steuersystems und für den Transformationsprozess insgesamt gespielt. Die Notwendigkeit, den „Acquis Communautaire“ zu übernehmen, hat starken Druck auf Ungarn ausgeübt, Reformen in Angriff zu nehmen, die sonst vielleicht nicht bzw. nicht so schnell durchgeführt worden wären. Ohne dieses Ziel wäre es politisch sicherlich viel schwieriger geworden, sich für ein bestimmtes Steuersystem zu entscheiden und auch unpopuläre Maßnahmen in der Bevölkerung durchzusetzen.

Darüber hinaus bestand bei der Umsetzung der Reformen Zeitdruck, da die Finanzierung der öffentlichen Ausgaben sichergestellt werden musste. In einer solchen Situation bot es sich an, auf bestehende Systeme zurückzugreifen, da nicht genügend Zeit und Ressourcen für die Gestaltung eines von Grunde auf neuen Systems zur Verfügung standen. Es war sinnvoll und notwendig, sich von den Erfahrungen westlicher Staaten leiten zu lassen, schon alleine deshalb, weil auf eigene Erfahrungen nicht zurückgegriffen werden konnte.

3.2 Kontinuität versus Flexibilität

Eng mit dem Problem des „kompletten Neuanfangs" verbunden ist die Frage, ob sofort das endgültige Steuersystem eingeführt werden soll, um so Kontinuität zu gewährleisten, oder aber in welchem Maße spätere Anpassungen auf der Basis der gemachten Erfahrungen zugelassen werden sollen.

Im Hinblick auf die beschränkten Ressourcen der Steuerverwaltung gab es Vorschläge, übergangsweise ein einfaches, wenn auch aus ökonomischer Sicht nicht ideales, Steuersystem einzuführen, bei dem die Erzielung von Einnahmen im Vordergrund steht. So hätte es sich etwa angeboten, zunächst indirekten Steuern oder auch Zöllen, die relativ einfach einzuführen, zu verwalten und zu überwachen sind, eine wichtige Rolle zukommen zu lassen. Auch Grundsteuern hätten sich wegen ihrer Einfachheit angeboten. Demgegenüber war die Einführung einer relativ komplexen Einkommensteuer zu Beginn der Transformation mit Problemen behaftet. Dies gilt auch für die Besteuerung von Unternehmensgewinnen, insbesondere solange noch keine einheitlichen Gewinnermittlungs- und Rechnungslegungsvorschriften bestehen bzw. auch tatsächlich angewandt werden.[6]

Neben der Einfachheit des Steuersystems ist zu bedenken, dass, wie schon im vorangegangenen Abschnitt erläutert, zu Beginn der Transformation andere steuerliche Regelungen sinnvoller sein können als nach deren Abschluss. In diesem Zusammenhang besteht ein Zielkonflikt zwischen der Einführung eines einfachen und spezifisch auf den Transformationsprozess ausgerichteten Steuersystems einerseits und der Kontinuität der steuerlichen Regelungen andererseits. Grundsätzlich ist es zu befürworten, wenn ein Steuersystem so einfach wie möglich ist, da dies sowohl das Verständnis der Steuersubjekte als auch die Erhebung der Steuern erleichtert und damit deren Kosten senkt. Ist ein solches einfaches Steuersystem jedoch nur für eine begrenzte Zeit vorgesehen und soll dann durch komplexere Regelungen ersetzt werden, ist dies mit zusätzlichen Kosten verbunden. Zum einen sind dies die Anpassungskosten bei der Einführung neuer Gesetze, die sowohl für die Verwaltung als auch für die Steuersubjekte anfallen. Diese Kosten entstehen aufgrund der Unerfahrenheit sowohl der Steuerverwaltung als auch der Steuerzahler mit den neuen Regeln sowie wegen der notwendigen Veränderung bzw. Neuschaffung der entsprechenden

6 Vgl. z.B. HUSSAIN (1993), S. 272ff. oder GRABOWSKI/SMITH (1995), S. 20 und 23f.

Infrastruktur für die Steuererhebung.[7] Bei mehrfachen Anpassungen fallen diese Kosten jedes Mal aufs Neue an. Zum anderen entsteht so Planungsunsicherheit für die Steuerzahler, die in einer frühen Phase der Transformation noch keine genauen Informationen über den Zeitpunkt des Übergangs zu einem komplexeren System und dessen Ausgestaltung haben. Wie im Hinblick auf die in Ungarn beobachteten häufigen Steuerrechtsänderungen ausgeführt wurde, wird dadurch eine effiziente Allokation der Ressourcen behindert. Dies gilt insbesondere für längerfristige Investitionsentscheidungen.

Andererseits könnte man argumentieren, dass aufgrund unzureichender Kenntnisse und "Übung" der Steuerverwaltung sowie der Steuersubjekte die Anpassungsprobleme umso stärker ausfallen, je schneller eine neue Finanzverfassung durchgesetzt werden soll. Daher könnte es sinnvoll sein, eine möglichst genaue zeitliche und sachliche Regelung für die Umsetzung von einzelnen aufeinanderfolgenden Reformschritten festzulegen.[8] „These various administrative considerations imply that a phased introduction of a new tax system would face fewer administrative problems than a „big bang“ which would replace all aspects of the existing structure in one sweeping reform."[9] Die Kosten eines von Anfang an komplexen Steuersystems müssten bei der Entscheidung über die optimale Steuerpolitik den Kosten mangelnder Kontinuität gegenübergestellt werden.

Wird jedoch ein offensichtliches Übergangssystem gewählt, besteht die Gefahr, dass die erwarteten Kosten späterer Anpassungen schon im Übergangssystem effizientes Verhalten verhindern. Weiterhin besteht das Risiko, dass das auf Dauer suboptimale System dennoch bestehen bleibt, etwa weil spätere Regierungen die Umstellungskosten scheuen. Daher empfiehlt es sich, zumindest eine grundlegende "Philosophie", die im Einklang mit dem angestrebten langfristigen Steuersystem steht, zu identifizieren und deren Hauptmerkmale schon von Anfang an einzuführen, wenn auch eventuell mit gewissen Abstrichen zur Berücksichtigung von Übergangsproblemen. So sind geringere langfristige volkswirtschaftliche Kosten zu erwarten als bei der Einführung eines Übergangssystems, das später teure Reformen erforderlich macht.[10]

Ungarn hat darauf verzichtet, ein einfaches „Übergangs-Steuersystem“ einzuführen. Die grundlegende Struktur des ungarischen Steuersystems wurde bereits frühzeitig festgelegt und nicht wesentlich verändert. Die Notwendigkeit, bestimmte Regelungen

---

7 Vgl. HEADY et al. (1994), S. 73f.

8 Vgl. HARTWIG/WELLESEN (1991), S. 351.

9 HEADY et al. (1994), S.74.

10 Vgl. GRABOWSKI/SMITH (1995), S. 23f.

im Detail anzupassen, wurde jedoch erst in der Praxis erkannt. Die Vielzahl der Änderungen in Ungarn war gewissermaßen ein Prozess des „Learning by Doing". Die ungarische Regierung stand hier vor einem Dilemma: Auf der einen Seite sollte mehr Kontinuität in der Steuerpolitik angestrebt werden, auf der anderen aber ist gerade in der Anfangsphase der Transformation eine ständige Verbesserung des Systems aufgrund der in der Praxis gemachten Erfahrungen notwendig. Da es für Volkswirtschaften im Transformationsprozess keine „vorgefertigten Steuersystem-Modelle" gibt, musste durch „Trial and Error" versucht werden, sich einem optimalen System anzunähern. Ungarn hatte letztlich keine andere Wahl, als im Interesse „besserer" steuerlicher Regelungen gewisse Anpassungskosten in Kauf zu nehmen.

3.3 Neutralität versus Lenkungs- und Stabilisierungsfunktion der Besteuerung

Während des NÖM hatte das ungarische Steuersystem eine explizite Lenkungsfunktion. In Marktwirtschaften ist demgegenüber im Hinblick auf das Effizienzziel ein möglichst neutrales Steuersystem zu fordern, das alle ökonomischen Aktivitäten gleichmäßig belastet und daher die Allokationsentscheidungen nicht verzerrt. Es stellt sich jedoch die Frage, inwieweit dieses Prinzip im Übergang von Planwirtschaft zu Marktwirtschaft gültig ist. So geht die Transformation der Wirtschaftsordnung - gerade zu Beginn - mit einem massiven Einbruch der Produktion einher. Sie bringt die Notwendigkeit einer grundlegenden Umstrukturierung von staatlicher zu privater Wirtschaftsaktivität mit sich. In einer solchen Situation ist es wichtig, dass der Privatsektor möglichst schnell wächst, um die Übergangsprobleme zu mildern. Nur wenn die private Produktion aus dem In- und Ausland den Zusammenbruch des staatlichen Sektors kompensiert, können Einkommen und Versorgung der Bevölkerung sichergestellt werden. Davon hängt letztlich auch die erfolgreiche Fortführung des Transformationsprozesses ab. Hier ergibt sich ein klarer Zielkonflikt zwischen dem Neutralitätspostulat und der gezielten Förderung ökonomischer Aktivitäten.

Für die ungarische Regierung stand letztere zunächst eindeutig im Vordergrund. Ungarn gewährte spezielle Steuererleichterungen zunächst nur für ausländische Direktinvestitionen, später auch für Investitionen von Inländern, wenn sie bestimmte Bedingungen erfüllten. Ausländische Direktinvestitionen waren für die Entwicklung der ungarischen Wirtschaft von herausragender Bedeutung. Steueranreize spielten für diese Investitionen sicherlich eine Rolle, wenn auch nicht eindeutig festzustellen ist, in welchem Maße. Man kann davon ausgehen, dass es zu nicht unerheblichen Mitnahmeeffekten kam. Es lässt sich auch letztlich nicht bemessen, wie groß die durch die steuerbedingten Verzerrungen verursachten Effizienzverluste waren.

Im Laufe des Transformationsprozesses hat Ungarn die spezifische Förderung ausländischer Direktinvestitionen zugunsten allgemeinerer Maßnahmen reduziert und so insgesamt die Neutralität des Steuersystems erhöht. Die ursprünglichen Regelungen wären zwar auf Dauer nicht effizient gewesen, kurzfristig waren sie zur Stabilisierung der Wirtschaft sicher hilfreich. Es kann also sinnvoll sein, in verschiedenen Phasen der Transformation jeweils einem anderen der beiden Ziele Priorität einzuräumen. Im Hinblick auf die dadurch induzierten Anpassungen des Steuersystems muss jedoch der oben schon diskutierte Zielkonflikt zwischen Flexibilität und Kontinuität berücksichtigt werden.

3.4 Verteilung versus Effizienz

In allen Wirtschaftordnungen lässt sich ein Zielkonflikt zwischen Effizienz und Verteilungsgerechtigkeit beobachten. Die Umverteilung der Einkommen oder Vermögen von den reicheren zu den ärmeren Wirtschaftssubjekten geht in der Regel mit negativen Anreizwirkungen einher. Insbesondere verursachen nichtneutrale Steuern durch die Veränderung der relativen Preise einen so genannten „Excess Burden". Das Ausmaß dieses Effekts ist jedoch umstritten. Verschiedene neuere Untersuchungen argumentieren sogar, dass Umverteilung sich positiv auf das Wirtschaftswachstum auswirkt, etwa indem sie als eine Art Versicherung für risikobehaftete Aktivitäten wirkt, für die es keine privatwirtschaftlich organisierte Versicherung gibt, und damit letztlich Investitionen und Wachstum fördert. Es wird auch argumentiert, dass wegen Marktunvollkommenheiten die potentielle Produktivität der „Armen" nicht genutzt werden kann. Umverteilung kann diese Bevölkerungsgruppe über eine Schwelle bringen, jenseits der sie zu Produktion und Wachstum beitragen.[11]

Der Zielkonflikt zwischen Effizienz und Verteilung kann letztlich nur auf der Grundlage von Werturteilen entschieden werden. Es ist offensichtlich, dass Ungarn in der Phase der Zentralplanwirtschaft und des NÖM die Effizienz zugunsten der Gerechtigkeit hintanstellte, und zwar in einem Maße, das schwerlich mit einer Marktwirtschaft vereinbar ist. Die Veränderung hin zu einem durch mehr Wettbewerb und Anreizorientierung gekennzeichneten System brachte daher zwanghaft eine „ungerechtere" Einkommensverteilung mit sich.[12]

---

11 Vgl. TANZI/ZEE (1996), S. 18ff.

12 Vgl. NEWBERY (1991).

Im Transformationsprozess war die Frage, bis zu welchem Grade zugunsten höherer Effizienz eine ungleichere Verteilung zugelassen werden sollte, von herausragender Bedeutung: Die Transformation brachte extreme Härten mit sich, die sich vor allem in einem drastischen Anstieg der Arbeitslosigkeit und großer Unsicherheit über die zukünftige wirtschaftliche Entwicklung manifestierten. Zugleich war die Bevölkerung aber an eine egalitäre Verteilung gewöhnt. Eine von ihr als gerecht oder zumindest tragbar angesehene Einkommens- und Vermögensverteilung war daher eine wesentliche Determinante für die politische Akzeptanz der Transformation. Andererseits sank mit der wachsenden Bedeutung des Privatsektors der staatliche Einfluss auf die primäre Einkommensverteilung drastisch. Entsprechend stieg die Bedeutung von Steuern als verteilungspolitisches Instrument. Zum einen beeinflussten Gewinn- und Einkommensteuern sowie differenzierte Verbrauchsteuern die Verteilung. Zum anderen generierten die Steuern die notwendigen Einnahmen zur Finanzierung von Sozialausgaben.

Im Transformationsprozess stand die ungarische Regierung somit vor einem Dilemma: Eine ungleiche Verteilung und Einsparungen im sozialen Bereich können die politische Akzeptanz der Transformation gefährden. Die mit einem hohen Grad an Umverteilung einhergehende hohe Steuerbelastung kann jedoch Investoren abschrecken, das Wachstum und damit letztlich die Transformation behindern.

Zu Beginn des Transformationsprozesses maß die ungarische Regierung Verteilungszielen offensichtliche eine sehr große Bedeutung zu, was vor allem in der starken Progressivität der Einkommensteuer zum Ausdruck kam. Im Laufe der Zeit wurde die Progressivität jedoch stark abgeschwächt. Das mag daran liegen, dass sich die ungarische Regierung zunächst noch stark den Gleichheitszielen des Sozialismus verpflichtet fühlte, dass aber im Laufe der Transformation marktwirtschaftliches Denken und Effizienzziele zunehmend an Bedeutung gewannen. Vielleicht war die Verlagerung der Prioritäten von Verteilungs- zu Effizienzzielen im Zeitablauf aber auch die einzig mögliche Strategie, um die Transformation politisch durchzusetzen.

3.5 „Big Bang" versus „Gradualism"

Die Tatsache, dass Ungarn in der öffentlichen Diskussion in der Regel als typisches Beispiel für eine graduelle Transformation herangezogen wird, liegt in den bereits im NÖM begonnen Reformen begründet. Zu Beginn der 1990er Jahre waren schon einige wichtige Strukturen vorhanden, auf denen beim Übergang zur Marktwirtschaft aufgebaut werden konnte. Es gab einen kleinen privaten Sektor, ein für sozialistische Verhältnisse hohes Maß an Preisliberalisierung, das Außenhandelsmonopol war erheblich eingeschränkt, und es bestanden engere wirtschaftliche Kontakte mit dem

Westen als in den meisten anderen sozialistischen Staaten. Die Wirtschaftsplanung im NÖM hatte nicht den rigiden Charakter, der in anderen Planwirtschaften vorherrschte. Darüber hinaus existierte eine relativ effiziente Schattenwirtschaft. Einige Voraussetzungen für die Entwicklung privater Initiative waren also schon erfüllt.[13] Andererseits hat Ungarn zu Beginn der Transformation schnelle und simultane Strukturreformen in vielen Bereichen durchgeführt, die eher typisch für die Schocktherapie sind, wie etwa Privatisierung, Liberalisierung und die Reform des Rechtssystems.

KORNAI bezeichnet die spezifisch ungarische Reformgeschwindigkeit als „Hurried Gradualism“. Die Transformation verlief graduell, da sie aus einer Vielzahl kleiner Schritte bestand. Diese Schritte wurden jedoch relativ schnell vollzogen.[14] BARTLETT wiederum argumentiert, dass die Kategorisierung in „Big Bang“ und graduelle Reformen dem ungarischen Transformationsprozess nicht gerecht wird. So trugen etwa die im NÖM durchgeführten Reformen dazu bei, dass Preisverzerrungen und Güterknappheit zu Beginn der Transformation nicht im gleichen Umfang auftraten wie in anderen Transformationsländern. Daher konnte ein Stabilisierungsprogramm wie in Polen, das die Hyperinflation im Zaum halten sollte, in Ungarn vermieden werden. Im Hinblick auf andere Maßnahmen, wie etwa die Liberalisierung des Außenhandels, stand Ungarn Polen und der tschechischen Republik nicht nach.[15]

Grundsätzlich stellt sich die Frage, ob die strenge Unterscheidung zwischen Schocktherapie und gradueller Transformation in der Praxis überhaupt sinnvoll ist. Gerade die Reformen des Steuersystems und der öffentlichen Finanzen insgesamt macht deutlich, dass in Ungarn niemals wirklich die Wahl zwischen den beiden vermeintlichen Alternativen „Big Bang“ und „Gradualism“ bestand. Da sie unter schwierigen ökonomischen, sozialen und politischen Bedingungen stattfanden, waren sie weitaus schwieriger und komplexer als Reformen in schon bestehenden Marktwirtschaften und dauerten dementsprechend länger. Die notwendigen institutionellen Voraussetzungen, wie etwa eine funktionsfähige Steuerverwaltung, waren zunächst nicht gegeben. Die Transformation in eine Marktwirtschaft erfordert jedoch nicht nur diese institutionellen Veränderungen, sondern auch entsprechende Verhaltensänderungen der Wirtschaftssubjekte. Für die Funktionsfähigkeit des im Vergleich zum NÖM komplexen Steuersystems sind Lernprozesse sowohl auf Seiten der Steuersubjekte als auch der Steuerverwaltung erforderlich, die eine gewisse Zeit beanspruchen. Der Bevölkerung muss darüber hinaus die gewandelte Rolle des Staates sowie die Bedeutung der Steuern für die Finanzierung öffentlicher Leistungen bewusst werden. Es konnte hier keine „Big

---

13 Vgl. GUMPEL (1995), S. 55.

14 Vgl. KORNAI (1998), S. 40.

15 Vgl. BARTLETT (1997), S. 155f.

Bang"-Lösung geben, da die notwendigen Veränderungen nicht über Nacht vorgenommen werden können.

Es ist für ein Land mit einem traditionell hohen Staatsanteil unrealistisch, diesen im Rahmen der Transformation in relativ kurzer Zeit radikal zu reduzieren. So wären drastische Einschnitte bei den hohen Ausgaben im sozialen Bereich in Anbetracht der Transformationsrezession politisch nur schwer durchsetzbar gewesen. Wo in der Vergangenheit ein erheblicher Teil der Güter und Dienstleistungen vom Staat bereitgestellt wurde, besteht darüber hinaus zunächst kein hinreichend großer privater Sektor, der dessen Aufgaben effizienter übernehmen könnte. Daher muss zuerst ermöglicht werden, dass sich private Unternehmen, dezentrale Entscheidungsstrukturen und Wettbewerb entwickeln, um nicht die Funktionsfähigkeit des Systems zu beschädigen.[16]

Die Erfahrungen in Ungarn zeigen, dass eine umfassende Reform der öffentlichen Finanzen, eines komplexen Systems, das einen erheblichen Prozentsatz des BIP umverteilt, in einem demokratischen System nicht in ein oder zwei Jahren vollendet werden kann. Große Systeme können nur langsam transformiert werden.[17]

4 FAZIT

Ungarn gehört zur Gruppe der am weitesten fortgeschrittenen Transformationsstaaten. Es hat den Übergang zu einer funktionsfähigen Marktwirtschaft vollzogen. Lehren, die aus den ungarischen Erfahrungen gezogen wurden, sind nicht nur relevant im Hinblick auf die Formulierung einer positiven Transformationstheorie, sondern sie können für viele Länder, die sich in einem weniger fortgeschrittenen Stadium des Transformationsprozesses befinden, nützlich sein. Die hier gezogenen Schlussfolgerungen sind prinzipiell auch für andere Transformationsstaaten relevant. Gerade in Staaten der ehemaligen Sowjetunion, aber auch in Süd-Ost-Europa, ist die Reform des Steuersystems ein wesentliches Problem im Rahmen der Systemtransformation.[18] So betont etwa KULIGIN, dass die Erfahrungen in Mittel- und Osteuropa (insbesondere in Ungarn, Polen und der Tschechischen Republik) hilfreich bei der Lösung dieses Problems in Russland sein können.[19]

Dies bedeutet jedoch nicht, dass Erfahrungen eines Staates einfach auf andere Länder übertragen werden können.[20] Die spezifische Situation einer Volkswirtschaft spielt eine

16 Vgl. KORNAI (1998), S. 39.

17 Vgl. LASZLO (1998), S. 147.

18 Vgl. z.B. TERIOKHIN (2000).

19 Vgl. KULIGIN (2000), S. 630.

20 Vgl. NEWBERY (1995), S. 13.

entscheidende Rolle für die Wirksamkeit bestimmter wirtschaftspolitischer Maßnahmen. Die Tatsache, dass etwa im Hinblick auf zentralasiatische Staaten große Unterschiede bezüglich des kulturellen und historischen Hintergrunds, des wirtschaftlichen Entwicklungsstandes, des sozialen und politischen Umfeldes, demographischer und wirtschaftlicher Strukturen bestehen, sollte nicht außer Acht gelassen werden. Dennoch beruhen die in dieser Arbeit gezogenen Schlussfolgerungen in weiten Teilen auf typischen Entwicklungen und Problemen im Transformationsprozess. Daher können die ungarischen Erfahrungen einen wichtigen Beitrag zur Reformgestaltung liefern und helfen, gravierende Fehler beim Übergang von Plan- zu Marktwirtschaften zu vermeiden.

Aufgrund der Analyse dieser Arbeit können die folgenden allgemeinen Schlussfolgerungen bezüglich der Rolle des Steuersystems im Transformationsprozess formuliert werden:

- Die Rolle von Steuern im Transformationsprozess unterscheidet sich von der in funktionierenden Marktwirtschaften. Das Steuersystem ist nicht für eine bereits bestehende Marktwirtschaft, sondern für eine Volkswirtschaft gedacht, die sich in einer dramatischen Umbruchphase befindet. Nicht alles, was in einer Marktwirtschaft zu effizienten Ergebnissen führt, ist auch in dieser Transformationsphase optimal. Im Idealfall hilft das Steuersystem, die strukturelle Anpassung und den Übergang zur Marktwirtschaft zu fördern und zu erleichtern.

- Während es sinnvoll und notwendig ist, sich von den Erfahrungen westlicher Staaten leiten zu lassen, schon alleine deshalb, weil auf eigene Erfahrungen nicht zurückgegriffen werden kann, bedeutet dies nicht, dass westliche Systeme unabhängig von den eigenen Umständen und Bedürfnissen kopiert werden sollten. Zwar sollte das Steuersystem im Hinblick auf die internationale Integration und Wettbewerbsfähigkeit gestaltet werden. Dies erfordert jedoch nicht die Übernahme von ineffizienten und inkonsistenten Regelungen westlicher Systeme.

- Das Steuersystem kann nicht isoliert von den anderen Bereichen der Wirtschaft betrachtet werden. Die Transformation der Wirtschaftsordnung als Ganzes und die Einführung neuer steuerlicher Regelungen müssen Hand in Hand gehen. Dabei ist es wichtig, die Interdependenzen zwischen den einzelnen Reformfeldern zu analysieren und die einzelnen Maßnahmen entsprechend abzustimmen. Der Erfolg jeder einzelnen Maßnahme im Rahmen der Transformation hängt von der Fähigkeit ab, umfassende Reformen durchzuführen. Die Kohärenz des „Reformpakets" ist eine entscheidende Voraussetzung für eine erfolgreiche Transformation.

- Die notwendigen institutionellen Voraussetzungen für die Funktionsfähigkeit des Steuersystems sind in der Regel nicht von Beginn des Transformationsprozesses an gegeben; sie müssen noch geschaffen werden. Dazu gehört u.a. ein allgemeiner gesetzlicher Rahmen für marktwirtschaftliche Aktivitäten, wie etwa eine Konkursgesetzgebung oder Rechnungslegungsvorschriften. Von herausragender Bedeutung sind eine funktionsfähige Steuerverwaltung sowie ein Justizsystem, das die Einhaltung der Steuergesetze überwacht und durchsetzt.
- Die Reform des Steuersystem kann nicht losgelöst von der Ausgabenseite des Haushalts erfolgen. Es ist eine kohärente Reform der gesamten öffentlichen Finanzen erforderlich. Dies bedeutet eine klare Bestimmung der Staatsaufgaben und ihrer Finanzierung, die Aufteilung dieser Aufgaben auf die verschiedenen staatlichen Institutionen und Ebenen sowie der Schaffung von eindeutigen Beziehungen zwischen diesen Subsektoren.
- Für die politische Akzeptanz und damit letztlich den Erfolg der Transformation ist eine von der Bevölkerung als gerecht oder zumindest tragbar angesehene Verteilung von großer Bedeutung. Die Besteuerung spielt in dieser Hinsicht eine wichtige Rolle, da der Staat die Primärverteilung kaum mehr beeinflussen kann.
- Zu Beginn des Transformationsprozesses stellt die so genannte Transformationsrezession die politischen Entscheidungsträger vor eine besondere Herausforderung. Die starke Rezession wird dadurch ausgelöst, dass die Zerstörung alter Strukturen, wie etwa der staatlichen Großunternehmen, schneller erfolgt als neue, wettbewerbsfähige Unternehmen entstehen. Im Zuge dieser Transformationsrezession kommt es zu einem starken Rückgang der traditionellen Steuereinnahmen, während gleichzeitig die Sozialausgaben ansteigen. Dies führt zu einem Anstieg der staatlichen Nettoneuverschuldung. Hohe Defizite können wiederum zum Anstieg von Zinsen und Inflation führen und das Vertrauen in die Nachhaltigkeit der Wirtschaftspolitik und den Investitionsstandort untergraben. Regierungen in Transformationsstaaten müssen sich dieser Probleme bewusst sein und sollten die Bevölkerung rechtzeitig auf die zu erwartenden Härten einstimmen. Zudem sollte im Transformationsprozess besonderes Augenmerk auf die Vermeidung übermäßiger Haushaltsdefizite gelegt werden. Andererseits kann es sinnvoller sein, mit vorübergehenden Haushaltsdefiziten zu leben als den Strukturwandel zu verlangsamen, um sie zu verhindern. Die politischen Entscheidungsträger sind hier mit einer schwierigen Gratwanderung konfrontiert.
- Die wesentlichen Strukturen des Steuersystems sollten in einer frühen Phase des Transformationsprozesses festgelegt werden, um so eine verlässliche Basis für die

weitere wirtschaftliche Entwicklung zu schaffen. Trotzdem sollte eine hinreichende Flexibilität gewahrt werden, um den sich im fortschreitenden Transformationsprozess verändernden Notwendigkeiten und Möglichkeiten Rechnung tragen zu können. So kann es etwa sinnvoll sein, zu Beginn der Transformation aufgrund der Knappheit heimischen Kapitals ausländische Direktinvestitionen steuerlich zu fördern.

- Die Reform des Steuersystems ist ein komplexes Unterfangen, das Lernprozesse auf Seiten der Steuersubjekte sowie der Steuerverwaltung sowie institutionelle Veränderungen erforderlich macht. Dies ist mit einem erheblichen Zeitbedarf verbunden. Andere Maßnahmen im Rahmen der Systemtransformation, wie etwa im Bereich der makroökonomischen Stabilisierung, können wiederum sehr schnell durchgeführt werden. Die in der Literatur häufig gegenübergestellten Transformationsstrategien „Big Bang" versus „Gradualism" sind in der komplexen Realität der Transformation keine Alternativen, sondern können und müssen je nach Art des Problems parallel angewandt werden.

LITERATURVERZEICHNIS

Abel, I. u. I. Székely (1988), Money and Causality in CPE´s, Budapest University of Economics, Working Paper No. 88/3.

Abel, I. u. J.P. Bonin (1992), The 'Big Bang' versus 'Slow but Steady': A Comparison of the Hungarian and the Polish Transformations, CEPR Discussion Paper No. 626, London.

Abel, I. u. J.P. Bonin (1993), State Desertion and Convertibility: The Case of Hungary, in: Székely, I.P. u. D.M.G. Newbery (Hrsg.), Hungary: An Economy in Transition, Cambridge, S.329-341.

Adam, J. (1989), Economic Reforms in the Soviet Union and Eastern Europe since the 1960s, New York.

Adam, J. (1995), The Transition to a Market Economy in Hungary, in: Europe - Asia Studies, Bd. 47, No. 6, S. 989-1006.

Akar, L. (1979), Über das ungarische Steuersystem, in: Marketing in Ungarn, H. 3, S. 16-19.

Allingham, M.G. u. A. Sandmo (1972), Income Tax Evasion: A Theoretical Analysis, in: Journal of Public Economics, Bd. 1, S. 323-338.

Ambrus-Lakatos, L. u. M.E. Schaffer (1997a), Introduction, in: Ambrus-Lakatos, L. u. M.E. Schaffer (Hrsg.), Fiscal Policy in Transition: Forum Report of the Economic Policy Initiative No. 3, Centre for Economic Policy Research, London, S. 1-2.

Amtsblatt der Europäischen Gemeinschaften (1998), Schlußfolgerungen des Rates "Wirtschafts- und Finanzfragen" vom ersten Dezember 1997 zur Steuerpolitik, 98/C 2/01.

Antal, E. (1976), Das Wirtschaftslenkungssystem des ungarischen Sozialismus, München.

Antal, L. (1988), Hungary's Economic Policy in the 1980s: Restrictive Economic Policy - Uncertain, Ill-assorted Reforms, Forschungsbericht Nr. 148 des Wiener Instituts für Wirtschaftsvergleiche, Wien.

Antal, L., L. Bokros, I. Csillag, L. Lengyel u. G. Matolcsay (1990), Fordulat és reform (Wende und Reform), deutsche Übersetzung abgedruckt in: Südost-Europa, Bd. 36, H. 7/8, S. 490-515.

Apolte, Th. u. D. Cassel (1991), Dezentralisierung durch "kapitalistische Marktwirtschaft": Radikaler Systembruch, in: Hartwig, K.-H. u. H.J. Thieme (Hrsg.), Transformationsprozesse in sozialistischen Wirtschaftssystemen: Ursachen, Konzepte, Instrumente, Berlin.

Arrow, K. (2000), Economic Transition: Speed and Scope, in: Journal of Institutional and Theoretical Economics, Bd. 156, H. 1, S. 9-18.

Balassa, B. (1989), Next Steps in the Hungarian Economic Reform, in: Eastern European Economics, Bd. 28, H. 1, S. 34-52.

Barabás, G., I. Hamecz u. J. Neményi (1998a), Fiscal consolidation, Public Containment and Disinflation, NBH Working Paper 1998/5, Budapest.

Barabás, G., I. Hamecz u. J. Neményi (1998b), Fiscal Deficit and Public Debt during the Transition, , in: Bokros, L. u. J.-J. Dethier (Hrsg.), Public Finance Reform during the Transition: The Experience of Hungary, Washington, S. 59-93.

Barro, R. (1991), Economic Growth in a Cross-section of Countries, Quarterly Journal of Economics, Bd. 106, S. 407-444.

Bartlett, D.L. (1997), The Political Economy of Dual Transformations: Market Reform and Democratization in Hungary, Michigan.

Bauer, T. (1976), The Contradictory Position of the Enterprise under the New Hungarian Economic Mechanism, in: Eastern European Economics, Bd. 15, S. 3-23.

Bauer, T., K.A. Soós u. A. Déak (1981), Investment Decision Making in Hungary - Change and Continuity, in: Bohnet, A. (Hrsg.) Gesamtwirtschaftliche Investitionssysteme: Eine Vier-Länder-Studie, Berlin, S. 163-172.

Bauer, T. (1983), The Hungarian Alternative to Soviet-Type Planning, in: Journal of Comparative Economics, Bd. 7, S. 304-316.

Bauer, T. (1988), Economic Reforms Within and Beyond the State Sector, in: American Economic Association, Papers and Proceedings, Bd. 78, H. 2, S. 452-456.

Bauer, T. (1990), Reforming the Planned Economy: The Hungarian Experience, in: The Annals of the American Academy, Bd. 507, S. 103112.

Becker, H. (1990), Finanzwissenschaftliche Steuerlehre, München.

Berg, A., E. Berensztein, R. Sahay u. J. Zettelmeyer (1999), The Evolution of Output in Transition Economies: Explaining the Differences, IMF Working Paper WP/99/73, Washington.

Bernholz, P. (1990), Probleme der Währungs- und Budgetpolitik beim Übergang von der zentralgeplanten zur marktwirtschaftlichen Ordnung, in: Kredit und Kapital, H. 3, S. 295-317.

Bernholz, P. (1994), Probleme der Währungs- und Budgetpolitik, in: Pestieau, P. (Hrsg.), Public Finance in a World of Transition, Proceedings of the 47th Congress of the International Institute of Public Finance, St. Petersburg 1991, Ergänzungsband zu Public Finances, Bd. 47, S. 535-545.

Blankart, C. (2001), Öffentliche Finanzen in der Demokratie, München.

Blumenthal, M. u. J. Slemrod (1992), The Compliance Cost of the US Individual Income Tax System : A Second Look after Tax Reform, in: National Tax Journal, S. 185-193.

Bohnet, A. (1981) (Hrsg.), Gesamtwirtschaftliche Investitionssysteme: Eine Vier-Länder-Studie, Berlin.

Bohnet, A. (1982), Preise als Informations-, Anreiz- und Kontrollsystem in Ungarn, in: Hedtkamp, G. (Hrsg.), Anreiz- und Kontrollmechanismen in Wirtschaftssystemen II, Berlin, S. 43-129.

Bohnet, A. (1984), Effizienz und Preise - zwei zentrale Kategorien in der Wirtschaftsordnungstheorie, in: Bohnet, A. (Hrsg.), Preise im Sozialismus - Kontinuität im Wandel, Teil II, Berlin, S. 121-151.

Bohnet, A. (1987), Neuere Ansätze zur Wirtschaftsordnungstheorie, in: Gutmann, G. (Hrsg.), Methoden und Kriterien des Vergleichs von Wirtschaftssystemen, Berlin, S. 91-130.

Bohnet, A. (1999), Finanzwissenschaft: Grundlagen staatlicher Verteilungspolitik, 2. Aufl., München u. Wien.

Bohnet A. u. C. Ohly (1992), Zum gegenwärtigen Stand der Transformationstheorie - Eine Literaturstudie, in: Zeitschrift für Wirtschaftspolitik, Bd. 41, H. 1, S. 27-50.

Bohnet, A. u. M. Reichhardt (1993), Der Beitrag der Transaktionskostenökonomik zu einer Theorie der Transformation von Wirtschaftsordnungen, in: Jahrbuch für Nationalökonomie und Statistik, Bd. 212, H. 3-4, S. 204-226.

Boller, E. (1997), Aufbau von Altersversorgungssystemen im Transformationsprozeß der Reformstaaten Polen, Ungarn und Tschechien, Diss., Mainz.

Brada, J.C. u. I. Dobozi (Hrsg.) (1988), The Hungarian Economy in the 1980s: Reforming the System and Adjusting to External Shocks, Greenwich/Connecticut.

Boadway, R. u. A. Shah (1992), How Tax Incentives Affect Decisions to Invest in Developing Countries, World Bank Policy Research Working Paper WPS 1011, Washington.

Buck, H.F. (1982), Steuerpolitik im Ost-West-Systemvergleich: Umsatz- und Verbrauchsteuern als Instrumente zur Einnahmenbeschaffung und zur Wirtschaftslenkung in den Ländern der Europäischen Gemeinschaft und in den RGW-Staaten, Berlin.

Buiter, W.H. (1996), Aspects of Fiscal Performance in Some Transition Economies under Fund-Supported Programmes, CEPR Discussion Paper No. 1535, London.

Bundesministerium der Finanzen (2001), Monatsbericht 10/2001, Berlin.

Campos, N. F. (2001), Will the Future Be Better Tomorrow? The Growth Prospects of Transition Economies Revisited, in: Journal of Comparative Economics, Bd. 29, S. 663-676.

Centre d'études et de documentation sur l'ex-URSS, la Chine et l'Europe de l'Est (Ceducee) (1995) (Hrsg.), Transitions économiques à l'Est (1989-1995), Paris.

Chadha, B. u. F. Coricelli (1994), Fiscal Constraints and the Speed of Transition, CEPR Discussion Paper No. 993, London.

Cichy, E.U. (1988), Krise der ungarischen Reform, HWWA-Report Nr. 77, Hamburg.

Clapham, R. u. B. Grote (1991), Zu den Anforderungen an eine Theorie der Transformation von Wirtschaftssystemen, Schriften zur Wirtschaftsforschung der Universität/Gesamthochschule Siegen, Siegen.

Cnossen, S. (1991), The Social, Economic and Political Aspects of the Move to VAT, in: OECD (Hrsg.), The Role of Tax Reform in Central and Eastern European Economies, Paris, S. 193-197.

Commission of the European Communities (1992), Hungary: Towards a Market Economy, Economic Paper, No. 95, Brüssel.

Commission of the European Communities (1993a), Economic Situation and Economic Reform in Central and Eastern Europe, European Economy, Supplement A, H. 8/9, Brüssel.

Commission of the European Communities (1993b), The Legal, Regulatory and Institutional Framework for Business and Investment in Albania, Bulgaria, the Czech and Slovak Republics, Estonia, Hungary, Latvia, Lithuania, Poland and Romania, Brüssel.

Commission of the European Communities (2002), 2002 Regular Report on Hungary's Progress towards Accession, Brüssel.

Coricelli, F. (1996), Fiscal Constraints, Reform Strategies and the Speed of Transition: The Case of Central and Eastern Europe, CEPR Discussion Paper No. 1339, London.

Coricelli, F. (1997), Fiscal Policy: a Long-Term View, in: Ambrus-Lakatos, L. u. M.E. Schaffer (Hrsg.), Fiscal Policy in Transition: Forum Report of the Economic Policy Initiative No. 3, Centre for Economic Policy Research, London, S. 39-52

Cottarelli, C. et al. (1998a), Hungary: Economic Policies for Sustainable Growth, IMF Occasional Paper No. 159, Washington

Cottarelli, C. et al. (1998b), The Nonmonetary Determinants of Inflation: A Panel Data Study, IMF Working Paper WP/98/23, Washington.

Csaba, L. (1995), The Capitalist Revolution in Eastern Europe: A Contribution to the Economic Theory of Systemic Change, Aldershot.

Csaba, I. u. A. Semjén (1998), Welfare Institutions and the Transition: In Search of Efficiency and Equity, in: Halpern, L. u. Ch. Wyplosz (Hrsg.), Hungary: Towards a Market Economy, Cambridge, S.294-337.

Csikós-Nagy, B. (1973), Socialist Economic Policy, Budapest.

Dethier, J.-J. u. Ch. John (1998), Taxing Capital Income in Hungary and in the European Union, Policy Research Working Paper No. 1903, World Bank, Washington.

Dethier, J.-J. u. W. Orlowski (1998a), The Setting: Macroeconomic Policy in Hungary in the 1990s, in: Bokros, L. u. J.-J. Dethier (Hrsg.) (1998), Public Finance Reform during the Transition: The Experience of Hungary, Washington, S. 47-58.

Dethier, J.-J. u. W. Orlowski (1998b), Long-Term Effects of Fiscal Adjustment, in: Bokros, L. u. J.-J. Dethier (Hrsg.) (1998), Public Finance Reform during the Transition: The Experience of Hungary, Washington, S. 95-124.

Dewatripont, M. u. G. Roland (1994), Eastern Europe: Less Haste, More Speed, in: European Economic Perspectives, No. 3, S. 1-3.

Dobias, P. (1986), Die Wirtschaftssysteme Osteuropas, Darmstadt.

Dresdner Bank (1999), Investing in Central and Eastern Europe, Juli 1999, Frankfurt.

Dresdner Bank (2000), Investing in Central and Eastern Europe, März 2000, Frankfurt.

Ebel, R., I. Várfalvi u. S. Varga (1998), Sorting out Intergovernmental Roles and Responsibilities , in: Bokros, L. u. J.-J. Dethier (Hrsg.), Public Finance Reform during the Transition: The Experience of Hungary, Washington, S. 423-445.

Economist Intelligence Unit (1995), Country Profile: Hungary 1994-95, London.

Ekes, I. (1994), The Hidden Economy and Incomes: The Hungarian Experience, in: Economic Systems, Bd. 18, No.4, S. 309-334.

Eucken, W. (1965), Die Grundlagen der Nationalökonomie, 8. Aufl., Berlin u.a.

EU-Magazin (1995), Steuern international: Ungarn, H. 10, S.38.

EU-Magazin (1996), Steuern international: Ungarn, H. 4, S.38.

European Bank for Reconstruction and Development (1994), Transition Report: Economic Transition in Easter Europe and the Former Soviet Union, London

European Bank for Reconstruction and Development (1998), Transition Report 1998, London.

European Bank for Reconstruction and Development (1999), Transition Report 1999, London.

European Bank for Reconstruction and Development (2002), Transition Report Update 2002, London.

European Bank for Reconstruction and Development (2004), Transition Report Update 2004, London.

Europäische Kommission (1998), Regelmäßiger Bericht der Kommission über die Fortschritte Ungarns auf dem Weg zum Beitritt, KOM (98) 700, Brüssel.

Europäische Kommission (2000), Ungarn 2000: Regelmäßiger Bericht 2000 der Kommission über die Fortschritte Ungarns auf dem Weg zum Beitritt, Brüssel.

Europäische Kommission (2001), Checkliste der administrativen Rahmenbedingungen im Bereich der Eigenmittel der Europäischen Gemeinschaften, Brüssel.

Europäischer Rat (2000), Beschluss des Rates vom 29. September 2000 über das System der Eigenmittel der Europäischen Gemeinschaften, 2000/597/EG, Euratom, Brüssel.

European Commission (1996), General Government Data: General Government Receipts, Expenditure and Gross Debt, November 1996, Brüssel.

European Commission (1999), 1999 Regular Report from the Commission on Hungary's Progress Towards Accession, Brüssel.

European Commission (2001a), General Government Data: General Government Receipts, Expenditure and Gross Debt, Autumn 2001, Brüssel.

European Commission (2001b), Public Finances in EMU – 2001, European Economy, Reports and Studies, No. 3, Brüssel.

European Commission (2002a), Enlargement of the European Union, Guide to the Negotiations: Chapter by Chapter, Brüssel.

European Commission (2002b), Evaluation of the 2002 Pre-Accession Economic Programmes of Candidate Countries, European Economy, Enlargement Papers, No. 14, Brüssel.

F.A.Z.-Institut für Management-, Markt und Medieninformationen (1999a), Mittel- und Osteuropa Perspektiven, Jahrbuch 1999/2000, Frankfurt.

F.A.Z.-Institut für Management-, Markt und Medieninformationen (1999b), Investitionsführer Ungarn, Frankfurt.

Feltenstein, A. (ohne Jahresangabe), The Role of Fiscal Policy in Centrally Planned Economies: Three Countries in Transition, unveröffentlichtes Manuskript.

Financial Times (1995a), Hungarian Coalition Loses its Backbone, 31.1.1995.

Financial Times (1995b), Search for New Cuts as Hungary Court Rules on Austerity Package, 4.7.1995.

Fischer, S. u. R. Sahay (2000), The Transition Economies after Ten Years, IMF Working Paper WP/00/30, Washington.

Fischer, S., R. Sahay u. C. A. Végh (1996), Stabilization and Growth in Transition Economies: The Early Experience, in: Journal of Economic Perspectives, Bd. 10, H. 2, S. 45-66

Flakierski, H. (1986), Economic Reform and Income Distribution, New York.

Frankfurter Allgemeine Zeitung (1995), Ungarns Regierung beschließt Notmaßnahmen: Abwertung, Importabgabe und Kürzungen im Sozialhaushalt, 14.3.1995.

Frankfurter Allgemeine Zeitung (1996a), Ungewißheit über die Wirtschaftspolitik: Ungarischer Finanzminister Bokros zurückgetreten, 20.2.1996.

Frankfurter Allgemeine Zeitung (1996b), Ungarn gibt sich trotz Rekordverschuldung selbstbewußt, 27.3.1996.

Friedrich, P. (1990), Prinzipien der Besteuerung für duale sozialistische Wirtschaftsordnungen unter Berücksichtigung von Joint Ventures, in: Jahrbuch für Sozialwissenschaft, Bd. 41, H. 3, S. 312-342.

Gadó, O. (1983), Ungarische Volksrepublik, in: Handbuch der Finanzwissenschaft, Bd. IV, 3. Aufl., Tübingen, S. 749-766.

Gáspár, P. (1993), The Fiscal Consequences of the Economic Transition in the Eastern European Economies, Institute for World Economics, Hungarian Academy of Sciences, Working Paper No. 21, Budapest.

Gáspár, P. (1997), Macroeconomic Issues of Recovery in Transition Economies, Budapest.

Gáspár, P. (1998), Fiscal Difficulties in the Transition: The Case of Hungary between 1990 and 1995, in: Halpern, L. u. Ch. Wyplosz (Hrsg.), Hungary: Towards a Market Economy, Cambridge, S. 23-50

Gem, E. (1994), The Main Features of the Present Hungarian Tax System, Kopint-Datorg Discussion Paper, No. 23, Budapest.

Gerson, P. (1995), The Impact of Fiscal Policy Variables on Output Growth, Background Paper, IMF, Washington.

Glück, G. u. W. Varga (1986), Ungarn, Wien.

Gomulka, S. u. J. Lane (2001), The Transformational Recession under a Resources Mobility Constraint, in: Journal of Comparative Economics, Bd. 29, S. 403-416.

Government of the Republic of Hungary (2001), Pre-Accession Economic Programme of the Republic of Hungary, Budapest.

Government of the Republic of Hungary u. European Commission (2000), Joint Assessment of the Economic Policy Priorities of the Republic of Hungary, Brüssel.

Grabowski, M. u. S. Smith (1995), The Taxation of Entrepreneurial Income in a Transitition Economy: Issues Raised by Experience in Poland, CEPR Discussion Paper No. 1166, London.

Gros, D. u. A. Steinherr (1995), Winds of Change: Economic Transition in Central and Eastern Europe, Harlow.

Grüske, K.-D. (1986), Additional Costs of Taxation: Administration and Compliance Costs – Some Empirical Evidence, in: Chiancone, A. u. K. Messere (Hrsg.), Changes in Revenue Structures, Proceedings of the 42nd Congress of the International Institute of Public Finance, Athen, S. 243-261.

Gumpel, W. (1995), Ungarns Wirtschaft nach der politischen Wende: Der Anschluß an Europa, in: Konrad-Adenauer-Stiftung-Auslandsinformationen, H. 1, S. 55-65.

Gutmann, G. (1987) (Hrsg.), Methoden und Kriterien des Vergleichs von Wirtschaftssystemen, Berlin.

Haase, H.E. (1980), Hauptsteuern in sozialistischen Wirtschaftssystemen, Berlin.

Haase, H.E. (1981), Die Einkommensteuersysteme der europäischen RgW-Staaten, in: Osteuropa-Wirtschaft, Bd. 26, H. 3, S. 232-241.

Habuda, J. (2000), Technologietransfer, Innovation und Modernisierung am Beispiel ungarischer Maschinenbauunternehmen in deutscher Hand, in: Eli, M. (Hrsg), Ungarn im Transformationsprozeß, Bericht über ein ifo/IfW-Symposium, Budapest 16./17: November 1999, S. 31-41

Haller, H. (1980), Rationale Steuersysteme und Bestimmungsgründe empirischer Steuerverfassungen, in: Handbuch der Finanzwissenschaft, Bd. II, S. 174-199, Tübingen.

Haller, H. (1981), Die Steuern: Grundlinien eines rationalen Systems öffentlicher Abgaben, 3. Aufl., Tübingen.

Halpern, L. u. Ch. Wyplosz (1998), The Hidden Hungarian Miracle, in: Halpern, L. u. Ch. Wyplosz (Hrsg.), Hungary: Towards a Market Economy, Cambridge, S. 1-19.

Hamecz, I., J. Vincze u. I. Zsoldos (1998), The Nature of Hungarian Inflation, in: Halpern, L. u. Ch. Wyplosz (Hrsg.), Hungary: Towards a Market Economy, Cambridge, S. 87-122.

Hardy, D.C. (1992), Soft Budget Constraints, Firm Commitments, and the Social Safety Net, IMF Staff Papers, Vol. 39, No. 2, S. 310-329.

Hare, P.G., H. Radice u. N. Swain (Hrsg.) (1981), Hungary: A Decade of Economic Reform, London.

Hare, P.G. u. P.T. Wanless (1981), Polish and Hungarian Economic Reforms: A Comparison, in: Soviet Studies, Bd. 33, H. 4, S. 491-517.

Hartwig, K.-H. u. H.J. Thieme (Hrsg.) (1991), Transformationsprozesse in sozialistischen Wirtschaftssystemen: Ursachen, Konzepte, Instrumente, Berlin.

Hartwig, K.-H. u. I. Wellesen (1991), Reformen der staatlichen Finanzwirtschaft: Zu den neuen Funktionen der Haushaltspolitik, in: Hartwig, K.-H. u. H.J. Thieme (Hrsg.), Transformationsprozesse in sozialistischen Wirtschaftssystemen: Ursachen, Konzepte, Instrumente, Berlin, S. 331-353.

Heady, C. u. S. Smith (1995), Tax and Benefit Reform in the Czech and Slovak Republics, CEPR Working Paper No. 1151, London.

Hegedüs, J. (1999), Hungarian Local Government, in: Kirchner, E. J. (Hrsg.), Decentralization and Transition in the Visegrad: Poland, Hungary, The Czech Republic and Slovakia, London, S. 132-158.

Herr, H., S. Tober u. A. Westphal (1994a), Output Collapse and Economic Recovery in Central and Eastern Europe, in: Herr, H., S. Tober u. A. Westphal (Hrsg.), Macroeconomic Problems of Transformation: Stabilisation Policies and Economic Restructuring, Aldershot, S. 1-44.

Herr, H., S. Tober u. A. Westphal (1994b), A Strategy for Economic Transformation and Development, Studie im Rahmen des von der Europäischen Kommission finanzierten ACE Programms.

Herrmann-Pillath, C., O. Schlecht u. H.F. Wünsche (1994) (Hrsg.), Marktwirtschaft als Aufgabe. Wirtschaft und Gesellschaft im Übergang vom Plan zum Markt, Stuttgart.

Herrmann-Pillath, C. (1997), Ökonomische Transformationstheorie: Quo vadis?, in: Bundesinstitut für ostwissenschaftliche und internationale Studien (Hrsg.), Der Osten Europas im Prozeß der Differenzierung: Fortschritte und Mißerfolge der Transformation, München/Wien, S. 203-214.

Hilker, T.H. (1983), Ungarns Wirtschaftsmechanismus im Wandel zwischen Plan und Markt: Eine entwicklungstheoretische Analyse unter besonderer Berücksichtigung der Investitions- und Außenhandelspolitik, Diss., Frankfurt u.a.

Hillman, A.L. (1990), Macroeconomic Policy in Hungary and its Microeconomic Implications, in: European Economy, No. 43, S. 55-66.

Hochreiter, E., R. Rovelli u. G. Winckler (1990), Central Banks and Seignorage: A Study of Three Economies in Transition, in: European Economic Review, Bd. 40, S. 629-643.

Höhmann, H.-H. (1997), Gemeinsamkeiten und Divergenzen im Prozeß der osteuropäischen Wirtschaftstransformation: Stichworte für eine Zwischenbilanz, in: Bundesinstitut für ostwissenschaftliche und internationale Studien (Hrsg.), Der Osten Europas im Prozeß der Differenzierung: Fortschritte und Mißerfolge der Transformation, München/Wien, S. 189-203.

Holcblat, N. (1995), Hongrie: une trajectoire contrariée, in: Centre d'études et de documentation sur l'ex-URSS, la Chine et l'Europe de l'Est (Ceducee) (Hrsg.), Transitions économiques à l'Est (1989-1995), Paris, S. 137-157.

Holland, D. u. J. Owens (1996), Taxation and Direct Investment: The Experience of the Economies in Transition, in: Bulletin for International Fiscal Documentation, Bd. 50, No. 2, S. 46-66.

Holzmann, R. (1992), Tax Reform in Countries in Transition: Central Policy Issues, in: Pestieau, P. (Hrsg.), Public Finance in a World of Transition, Proceedings of the 47th Congress of the International Institute of Public Finance, St. Petersburg 1991, Ergänzungsband zu Public Finances, Bd. 47, S. 233-255.

Hussain, A. (1993), Discussion of Part Five, in: Székely, I.P. u. D.M.G. Newbery (Hrsg.), Hungary: An Economy in Transition, Cambridge, S. 270-274.

Ickes, B.W. u. J. Slemrod (1992), Tax Implementation Issues in the Transition from a Planned Economy, in: Pestieau, P. (Hrsg.), Public Finance in a World of Transition, Proceedings of the 47th Congress of the International Institute of Public Finance, St. Petersburg 1991, Ergänzungsband zu Public Finances, Bd. 47, S. 384-399.

IMF (1983), International Financial Statistics, Washington.

IMF (1988), International Financial Statistics, Washington.

IMF (1995), Government Finance Statistics Yearbook, Washington.

IMF (2001), Government Finance Statistics Yearbook, Washington.

IMF (2002), Government Finance Statistics Yearbook, Washington.

IMF (2003), International Financial Statistics, Washington.

Jack, W. (1996), The Efficiency of VAT Implementation: A Comparative Study of Central and Eastern European Countries in Transition, IMF Working Paper, WP/96/79, Washington.

Jarass, L. u. G.M. Obermair (2000), Structures of the Tax Systems in Estonia, Poland, Hungary, the Czech Republic and Slovenia, Wiesbaden.

Jarvis, S. u. S. Pudney (1995), Redistributive Policy in a Transition Economy: The Case of Hungary, CEPR Working Paper No. 1117, London.

Joumard, I. (2001), Tax Systems in European Union Countries, OECD Economics Department Working Paper No. 301, Paris.

Józsa, G. (1997), Ungarn: „Das Land in Ordnung bringen“ – Realitätsbeschreibung oder Selbsttäuschung?, in: Bundesinstitut für ostwissenschaftliche und internationale Studien (Hrsg.), Der Osten Europas im Prozeß der Differenzierung: Fortschritte und Mißerfolge der Transformation, München/Wien, S. 163-174.

Jurkovic, P. (1991), Designing a Tax System to Promote Structural Change, in: OECD (Hrsg.), The Role of Tax Reform in Central and Eastern European Economies, Paris, S. 45-53.

Kaminski, B. (o.J.), Fiscal Policy as a Tool of Public Economic Policy in a Reformed Centrally Planned Economy, unveröffentlichtes Manuskript, University of Maryland, College Park.

Kattuman, P. (2001), Income Inequality in Early Transition: The Case of Hungary 1987-1996, in: Journal of Comparative Economics, Bd. 29, S. 40-65.

Katz, B. u. J. Owen (2000), Choosing between Big-Bang and Gradualist Reforms: An Option Price Approach, in: Journal of Comparative Economics, Bd. 28, S. 95-107.

Kiss, G.P. u. G. Szapáry (2000), Fiscal Adjustment in the Transition Process: Hungary, 1990-1999, in: Post-Soviet Geography and Economics, Bd. 41, H. 4, S. 233-264.

Kirchhof, P. et al. (2001), Karlsruher Entwurf zur Reform des Einkommensteuergesetzes, Heidelberger Forum, Bd. 116, Heidelberg.

Kloten, N. (1991), Die Transformation von Wirtschaftsordnungen: Theoretische, phänotypische und politische Aspekte, Tübingen.

Kneller, R., M.F. Bleaney u. N. Gemmell (1999), Fiscal Policy and Growth: Evidence from OECD Countries, in: Journal of Public Economics, Bd. 74, S. 171-190.

Knight, P.T. (1983), Economic Reform in Socialist Countries: The Experiences of China, Hungary, Romania, and Yugoslavia, World Bank Staff Working Paper No. 579, Washington.

Knight, P.T. (1984), Economic Decisionmaking Structures and Processes in Hungary: The Dilemmas of Decentralization, World Bank Staff Working Paper, No. 648, Washington.

Knirsch, P. (1989), Ungarische Wirtschaftsreform: Der lange Weg zur Marktwirtschaft, in: WISU-Magazin, 18. Jg, H. 12.

Kocenda, E. (2001), Macroeconomic Convergence in Transition Countries, in: Journal of Comparative Economics, Bd. 29, S. 1-23

Koltay, J. (1989), La réforme fiscale en Hongrie: problèmes interieurs et aspects comparatifs, in: Est-Ouest: Revue des études comparatives, Bd. 20, H. 2, S. 117-136.

Koltay, J. (1993), Tax Reform in Hungary, in: Székely, I.P. u. D.M.G. Newbery (Hrsg.), Hungary: An Economy in Transition, Cambridge, S. 249-270.

Kommission der Europäischen Gemeinschaften (1997), Stellungnahme der Kommission zum Antrag Ungarns auf Beitritt zur Europäischen Union, KOM(97), 2001, Brüssel.

Kommission der Europäischen Gemeinschaften (2001), Regelmäßiger Bericht 2001 über die Fortschritte Ungarns auf dem Weg zum Beitritt, Brüssel.

Kornai, J. (1980), The Economics of Shortage, Amsterdam.

Kornai, J. (1983), Comments on the Present State and the Prospects of the Hungarian Economic Reform, in: Journal of Comparative Economics, Bd. 7, S. 225-252.

Kornai, J. (1985), Hungary's Reform: Halfway to the Market, Interview, in: Challenge, Bd. 28, H. 2, S. 22-31.

Kornai, J. (1986a), The Hungarian Reform Process: Visions, Hopes, and Reality, in: Journal of Economic Literature, Bd. 24, S. 1687-1737.

Kornai, J. (1986b), The Soft Budget Constraint, in: KYKLOS, Bd. 39, H. 1, S. 3-30.

Kornai, J. (1990), The Road to a Free Economy - Shifting from a Socialist System: The Example of Hungary, New York.

Kornai, J. (1992), The Postsocialist Transition and the State: Reflections in the Light of Hungarian Fiscal Problems, in: American Economic Review, Papers and Proceedings, Bd. 82, No. 2, S.1-21.

Kornai, J. (1993), The Evolution of Financial Discipline under the Postsocialist System , in: KYKLOS, Bd. 46, H. 3, S. 315-336.

Kornai, J. (1994), Lasting Growth as the Top Priority: Macroeconomic Tensions and Government Economic Policy in Hungary, European Bank for Reconstruction and Development, Working Paper No. 14, London.

Kornai, J. (1995), The Dilemmas of Hungarian Economic Policy, in: Acta Oeconomica, Bd. 47, H. 3-4, S. 227-248.

Kornai, J. (1998), The General Trends and the Philosophy of Public Finance Reform, in: Bokros, L. u. J.-J. Dethier (Hrsg.), Public Finance Reform during the Transition: The Experience of Hungary, Washington, S. 25-44.

Kosterna, U. (1997), The Fiscal Policy Stance of Central and Eastern Europe in Comparison to European Union Countries, in: Ambrus-Lakatos, L. u. M.E. Schaffer (Hrsg.), Fiscal Policy in Transition: Forum Report of the Economic Policy Initiative No. 3, Centre for Economic Policy Research, London, S. 53-68.

KPMG (1996), The Negative Impact of Recent Hungarian Tax Legislation, in: Image on Central and Eastern Europe, September 1996, S. 6-7.

Kühne, O. (2001), Transformation und kybernetische Systemtheorie: Kybernetisch-systemtheoretische Erklärungsansätze für den Transformationsprozeß in Ostmittel- und Osteuropa, in: Osteuropa – Zeitschrift für Gegenwartsfragen des Ostens, Bd. 51, H. 2, S. 148-170.

Kuligin, P.I. (2000), Taxes as a Stimulus in an Economy in Transition: Hungary, Poland, and the Czech Republic, in: Studies in Russian Economic Development, Bd. 11, H. 6, S. 630-636.

Kupa, M. (1991), Implementation of Tax Reform in Hungary, in OECD (Hrsg.), The Role of Tax Reform in Central and Eastern European Economies, Paris, S. 279-282.

Lackó, M. (2000), Hidden Economy – an Unknown Quantity: Comparative Analysis of Hidden Economies in Transition Countries, 1989-95, in: Economics of Transition, Bd. 8, H. 1, S. 117-149.

László, C. (1998), Twists and Turns: The History of the Hungarian Public Finance Reform, in: Bokros, L. u. J.-J. Dethier (Hrsg.) (1998), Public Finance Reform during the Transition: The Experience of Hungary, Washington, S. 127-152.

Läufer, Th. (1998), Europäische Union, europäische Gemeinschaft: Die Vertragstexte von Maastricht mit den deutschen Begleitgesetzen, 8. Aufl., Bonn.

Leipold, H. (1988), Wirtschafts- und Gesellschaftssysteme im Vergleich, 5. Aufl., Stuttgart.

Ligeti, I. (1996), Das Steuerrecht im Überblick, in: Ost-West-Contact, H. 2, S. 36-38.

Lipton, D. u. J. Sachs (1990), Creating a Market Economy in Eastern Europe: The Case of Poland, in: Brookings Papers on Economic Activity, H. 1, S. 75-133.

Lohmann, G. (1997), Wirtschaftliche Transformation als Ordnungsproblem, Diss., Baden-Baden.

Lösch, D. (1993), Der Weg zur Marktwirtschaft: Grundzüge einer Theorie der Transformationspolitik, Baden-Baden.

Lösch, D. (1994), Ungarn - Musterfall für einen erfolgreichen gradualistischen Übergang zur Marktwirtschaft?, in: Herrmann-Pillath, C., O. Schlecht u. H.F. Wünsche (Hrsg.), Marktwirtschaft als Aufgabe. Wirtschaft und Gesellschaft im Übergang vom Plan zum Markt, Stuttgart, S. 181-198.

Lukács, J. (1991), The Hungarian Experience with VAT, in: OECD (Hrsg.), The Role of Tax Reform in Central and Eastern European Economies, Paris, S.219-223.

Lutz, M., E. Ruggiero, P.B. Spahn, u. E.M. Sunley (1997), Hungary, in: Ter-Minassian, T. (Hrsg.), Fiscal Federalism in Theory and Practice, International Monetary Fund, Washington.

Manchin, R. u. L.G. Nagy (1991), Ismeretek és vélemények az adóról [Informationen und Meinungen über Steuern], Budapest.

McKinnon, R.I. (1992), Taxation, Money, and Credit in a Liberalizing Socialist Economy, in: Clague, C. u. G.D. Rausser (Hrsg.), The Emergence of Market Economies in Eastern Europe, Cambridge/Ma., S. 109-127.

Ministerium für internationale Wirtschaftsbeziehungen (1992), Handbuch der ungarischen Wirtschaft, Budapest.

Ministry of Finance (1982), Public Finance in Hungary, No. 6: The Hungarian State Budget in the Seventies, Budapest.

Ministry of Finance (1983), Public Finance in Hungary, No. 9: Fiscal Policy Affecting the Private Sector and the Population, Budapest.

Ministry of Finance (1985a), Public Finance in Hungary, No.22: Income Regulation of the Hungarian Enterprises as valid from 1985 on, Budapest.

Ministry of Finance (1985b), Public Finance in Hungary, No. 24: Turnover Tax System in Hungary, Budapest.

Ministry of Finance (1987a), Public Finance in Hungary, No.39: Tax Reform in Hungary, Budapest.

Ministry of Finance (1987b), Public Finance in Hungary, No.39A: Act on the General Turnover Tax, Budapest.

Ministry of Finance (1987c), Public Finance in Hungary, No.39B: Act on Personal Income Tax, Budapest.

Ministry of Finance (1990a), Public Finance in Hungary, No. 59: Act on A) Entrepreneurs' Profit Tax (Revised Act) and B) The Participation in the Proceeds of the State Property, Budapest.

Ministry of Finance (1990b), Public Finance in Hungary, Statuary Rules on General Turnover Tax, Budapest.

Ministry of Finance (1990c), Public Finance in Hungary, No.61: Act on Personal Income Tax, Budapest.

Ministry of Finance (1991a), Public Finance in Hungary, No. 77: Finances of Local Self Governments, Budapest.

Ministry of Finance (1991b), Public Finance in Hungary, No. 78: Experiences of and Further Steps in the Tax Reform, Budapest.

Ministry of Finance (1992a), Public Finance in Hungary, No. 94: New Act on Personal Income Tax - PIT, Budapest.

Ministry of Finance (1992b), Public Finance in Hungary, No. 95: Act on Company Tax, Budapest.

Ministry of Finance (1992c), Public Finance in Hungary, No. 103: New Act on Public Finances, Budapest.

Ministry of Finance (1993a), Public Finance in Hungary, No. 113A: Modified Acts on Taxes: Act on Personal Income Tax (PIT), Budapest.

Ministry of Finance (1993b), Public Finance in Hungary, No. 113B: Modified Acts on Taxes: Act on Company Tax (COTAX), Budapest.

Ministry of Finance (1993c), Public Finance in Hungary, No. 113C-D: Modified Acts on Taxes: General Turnover Tax; Consumption Tax, Budapest.

Ministry of Finance (1994a), Public Finance in Hungary, No. 129A: Updated Acts on Taxes. Personal Income Tax, Budapest.

Ministry of Finance (1994b), Public Finance in Hungary, No. 129B: Updated Acts on Taxes. Company Tax, Budapest.

Ministry of Finance (1994c), Public Finance in Hungary, No. 130: The Hungarian System of Dues, Budapest.

Ministry of Finance (Hrsg.) (1995), Public Finance in Hungary, No. 140: Modifications of the Tax System in 1995, Budapest.

Mizsei, K. (Hrsg.) (1994), Developing Public Finance in Emerging Market Economies, Budapest.

Musgrave, R.A. (1969), Steuerpolitik im dezentralen Sozialismus, in: Recktenwald, H.C. (Hrsg.) Finanzpolitik, Köln/Berlin, S. 375-380.

Musgrave, R.A., P.B. Musgrave u. L. Kullmer (1987), Die öffentlichen Finanzen in Theorie und Praxis, Bd. 1, 4. Aufl., Tübingen.

Nagy,T. (1985), Die ungarische Wirtschaftsreform und ihre Weiterentwicklung, in: Konjunkturpolitik, Bd. 31, H. 6, S. 361-379.

Nam, C.W. u. R. Parsche (2001a), Municipal Finance in Poland, the Slovac Republic, the Czech Republic and Hungary: Institutional Framework and Recent Development, CESifo Working Paper No. 447, München.

Nam, C.W. u. R. Parsche (2001b), Looking for Appropriate Forms of Intergovernmental Transfers for Municipalities in Transition Economies, CESifo Working Paper No. 614, München.

Neumark, F. (1970), Grundsätze gerechter und ökonomisch rationaler Steuerpolitik, Tübingen.

Newbery, D.M. (1991), An Analysis of the Hungarian Tax Reform, CEPR Discussion Paper No. 558, London.

Newbery, D.M. (1992), The Safety Net During Transformation: Hungary, in: Clague, C. u. G.D, Rausser (Hrsg.), The Emergence of Market Economies in Eastern Europe, Cambridge/MA, S. 197-217.

Newbery, D.M. (1994), Transformation in Mature versus Emerging Economies: Why has Hungary Been Less Successful than China?, Studie im Rahmen des von der Europäischen Kommission finanzierten ACE Programms, Institute of Economics, Hungarian Academy of Sciences, Budapest.

Newbery, D.M. (1995), Tax and Benefit Reform in Central and Eastern Europe, CEPR Discusssion Paper No. 1167, London.

Newbery, D.M. u. T. Révész (1997), The Burden and Disincentive Effects of Hungarian Personal Taxes, 1988-96, CEPR Discussion Paper No. 1570, London.

Newbery, D.M. u. T. Révész (2000), The Evolution of the Tax Structure of a Reforming Transitional Economy: Hungary 1988-98, in: International Tax and Public Finance, H. 7, S. 209-240.

OECD (1991a), OECD Economic Surveys: Hungary, Paris.

OECD (1991b) (Hrsg.), The Role of Tax Reform in Central and Eastern European Economies, Paris.

OECD (1993), OECD Economic Surveys: Hungary, Paris.

OECD (1995a), OECD Economic Surveys: Hungary, Paris.

OECD (1995b), Taxation and Foreign Direct Investment: The Experience of the Economies in Transition, Paris.

OECD (1996), Transition at a Local Level: The Czech Republic, Hungary, Poland and the Slovak Republic, Paris.

OECD (1997), Economic Surveys: Hungary, 1996-1997, Paris.

OECD (1999), Economic Surveys: Hungary, 1998-1999, Paris.

OECD (2000a), Economic Surveys: Hungary, Paris.

OECD (2000b), Effective Tax Rates: A Critical Survey, OECD Tax Policy Studies, No. 5, Paris.

OECD (2000c), OEDC Reviews of Foreign Direct Investment: Hungary, Paris.

OECD (2001a), Challenges for Tax Policy in OECD Countries, in: Economic Outlook, H. 69, http://hqnet5.oecd.org/olis/comnet/ecooutlook.nsf/ eco69formeng.

OECD (2001b), Corporate Tax Incentives for Foreign Direct Investment, OECD Tax Policy Studies No. 4, Paris.

OECD (2001c), Fiscal Design Across Levels of Government – Year 2000 Surveys, Country Report: Hungary, Paris.

OECD (2001d), Territorial Reviews: Hungary, Paris.

OECD (2002), Economic Surveys 2001-2002: Hungary, Paris.

Olson, M. (1969), The Principle of "Fiscal Equivalence": The Division of Responsibilities Among Different Levels of Government, in: American Economic Review, Papers and Proceedings, Bd. 59, S. 479-487.

Orosz, E., G. Ellena u. M. Jakab (1998), Reforming the Health Care System: The Unfinished Agenda, in: Bokros, L. u. J.-J. Dethier (Hrsg.), Public Finance Reform during the Transition: The Experience of Hungary, Washington, S. 221-253.

Oxford Analytica Daily Brief (1994), Hungary: IMF Relationship, 5.12.1994.

Oxford Analytica Daily Brief (1995a), Hungary: Bokros Programme, 28.2.1995.

Oxford Analytica Daily Brief (1995b), Hungary: Macroeconomic Situation, 12.10.1995.

Oxford Analytica Daily Brief (1995c), Hungary: Budget Outlook, 25.10.1995.

Oxford Analytica Daily Brief (1996a), Hungary: Privatisation Surplus, 17.1.1996.

Oxford Analytica Daily Brief (1996b), Hungary: Bokros Resignation, 21.2.1996.

Oxford Analytica Daily Brief (1996c), Hungary: Black Economy, 29.3.1996.

Palacios, R. u. R. Rocha (1998), The Hungarian Pension system in Transition, in: Bokros, L. u. J.-J. Dethier (Hrsg.), Public Finance Reform during the Transition: The Experience of Hungary, Washington, S. 177-219.

Peffekoven, R. (1980), Finanzausgleich, I: Wirtschafttheoretische Grundlagen, in: HdWW, S. 608-636.

Pestieau, P. (1992) (Hrsg.), Public Finance in a World of Transition, Proceedings of the 47th Congress of the International Institute of Public Finance, St. Petersburg 1991, Ergänzungsband zu Public Finances, Bd. 47.

Pirttilä, J. (2001), Fiscal Policy and structural reforms in transition economies, in: Economics of Transition, Bd. 9, H. 1, S. 229-52.

Pitti, Z. u. J. Vazquez-Caro (1998), Tax Administration during the Transiton: Coping with Legal Changes and a Shrinking Base, in: Bokros, L. u. J.-J. Dethier (Hrsg.), Public Finance Reform during the Transition: The Experience of Hungary, Washington, S. 511-532.

Polackova Brixi, H., A. Papp u. A. Schick (1999), Fiscal Risks and the Quality of Fiscal Adjustment in Hungary, World Bank Policy Research Working Paper No. 2176, Washington.

Raiser, M. (1999), Trust in Transition, EBRD Working Paper No. 39, London.

Rappen, H. (1989), Vollzugskosten der Steuererhebung und der Gewährung öffentlicher Transfers, in: RWI-Mitteilungen, Bd. 40, S. 221-246.

Reding, K. u. W. Müller (1999), Einführung in die Allgemeine Steuerlehre, München.

Regierung der Republik Ungarn (1991), Programm für die Umgestaltung und Entwicklung der ungarischen Wirtschaft, Budapest.

Reichhardt, M. (1995), Der Beitrag des Transaktionskostenansatzes zu einer Theorie der Transformation von Wirtschaftsordnungen, Diss., Frankfurt u.a.

Répássy, C. (1991), Tax Incentives and the Need for Tax Neutrality: The Hungarian Experience, in: OECD (Hrsg.), The Role of Tax Reform in Central and Eastern European Economies, Paris, S. 149-152.

Report on Eastern Europe (1990), Finance Minister Plans to Resign, Bd. 1, H. 49, S. 40.

Révész, G. (1975), Hungary, in: Höhmann, H.-H., M. Kaser, K.C. Thalheim (Hrsg.), The New Economic Systems of Eastern Europe, London, S. 155-169.

Révész, G. (1990), Perestroika in Eastern Europe: Hungary's Economic Transformation 1945 – 1988, Boulder.

Révész, T. u. E. Zalai (1994), Taxes and Subsidies in the Transforming Hungarian Economy, , Studie im Rahmen des ACE Programms der Europäischen Kommission, Cambridge.

Richet, X. (1989), The Hungarian Model: Markets and Planning in a Socialist Economy, Cambridge u.a.

Rodrik, D. (1995), The Dynamics of Political Support for Reform in Economies in Transition, CEPR Discussion Paper No. 1115, London.

Roland, G. (2000), Transition and Economics: Politics, Markets, and Firms, Cambridge/Ma.

Rose, M. (1997), Ein einfaches, marktwirtschaftliches und inflationsbereinigtes Steuersystem für Polen, Diskussionsschrift der Wirtschaftswissenschaftlichen Fakultät der Universität Heidelberg Nr. 242, Heidelberg.

Rose, M. (2002), Die Einfachsteuer: Das Konzept, Programm einer grundlegenden Reform der Einkommens- und Gewinnbesteuerung in Deutschland, http://www.einfachsteuer.de/idee/download/konzept.pdf.

Schaffer, M.E. (1995), Government Subsidies to Enterprises in Central and Eastern Europe: Budgetary Subsidies and Tax Arrears, CEPR Discussion Paper No. 1144, London.

Schmidt, K. (1980), Grundprobleme der Besteuerung, in: Handbuch der Finanzwissenschaft, Bd. 2, Tübingen, S. 119-171.

Schüller, A. (1990), Probleme des Übergangs von der Staatswirtschaft zur Marktwirtschaft", in: Schüller, A. et al. (Hrsg.), Zur Transformation von Wirtschaftssystemen: Von der sozialistischen Planwirtschaft zur sozialen Marktwirtschaft, Arbeitsbericht zum Systemvergleich, Nr. 15, Marburg.

Schwartz, G., M. Stone u. T. van der Willigen (1994), Beyond Stabilisation: The Economic Transformation of Czechoslovakia, Hungary and Poland, in: Communist Economies and Economic Transformation, Vol. 6, No. 3, S. 291-313.

Sedmihradsky, M. u. S. Klazar (2002), Tax Competition for FDI in Central-European Countries, CESifo Working Paper No. 647, München.

Seliger, B. (2002), Toward a More General Theory of Transformation, in: Eastern European Economics, Bd. 40, H. 1, S. 36-62.

Sgard, J. (2001), Direct Foreign Investments and Productivity Growth in Hungarian Firms, 1992-1999, William Davidson Working Paper No. 425, University of Michigan, Ann Arbor.

Sokil, C.M. (1989), Hungarian Financial and Labor Market Reforms: Developing Conditions for the Market Mechanism?, in: Eastern European Economics, Bd. 28, H. 1, S. 53-63.

Semjén, A, (1994), Some Fiscal Problems During Economic Transition in Hungary, in: Mizsei, K. (Hrsg.), Developing Public Finance in Emerging Market Economies, Budapest, S. 19-57.

Semjén, A. (1995), Tax Policies in Transforming Economies with a Special Focus on Hungary, Institute of Economics, Hungarian Academy of Sciences, Budapest.

Staff of European I, IMF (1995), Eastern Europe - Factors Underlying the Weakening Performance of Tax Revenues, in: Economic Systems, Bd. 19, No. 2, S. 101-124.

Stephan, H. (1999), Economic Transition in Hungary and East Germany: Gradualism and Shock Therapy in Catch-up Development, Basingstoke.

Sulyok, B. (1971), Major Financial Regulators in the New System of Economic Control and Management, in: Friss, I. (Hrsg.), Reform of the Economic Mechanism in Hungary, 2. Aufl., Budapest S. 163-191.

Szanyi, M. (1995), Bankruptcy Procedures and Enterprise Restructuring in Hungary, Center for Social & Economic Research, Warschau, Studie im Rahmen des von der Europäischen Kommission finanzierten ACE Programms.

Tanzi, V. (1991a), Public Finance in Developing Countries, Aldershot.

Tanzi, V. (1991b), Tax Reform and the Move to a Market Economy: Overview of the Issues, in: OECD (Hrsg.), The Role of Tax Reform in Central and Eastern European Economies, Paris, S. 19-34.

Tanzi, V. u. G. Tsibouris (2000), Fiscal Reform Over Ten Years of Transition, IMF Working Paper WP/00/113, Washington.

Tanzi, V. u. H.H. Zee (1996), Fiscal Policy and Long-Run Growth, IMF Working Paper, WP/96/119, Washington.

Tar, J. (1981), Some Fundamental Principles of the Decision System of Capital Investments in Hungary, in: Bohnet, A. (Hrsg.), Gesamtwirtschaftliche Investitionssysteme: eine Vier-Länder-Studie, Berlin, S. 145-161.

Teriokhin, S. (2000), Tax Policy, in: Eastern European Economics, Bd. 38, H. 1, S. 34-50.

The Economist Intelligence Unit (2000), Hungary: Country Profile 2000, London.

Thirsk, W. (1991), Lessons from Tax Reform: An Overview, World Bank Working Paper No. WPS 576, Washington.

Thuma, J., H. Polackova u. C. Ferreira (1998), Reforms in Public Finance Management, in: Bokros, L. u. J.-J. Dethier (Hrsg.), Public Finance Reform during the Transition: The Experience of Hungary, Washington, S. 377-397.

United Nations (1975), Statistical Yearbook, New York.

Vajna, T. (1969), Die Reform der ungarischen Wirtschaftspolitik, Diss. Köln.

Vámosi-Nagy, S., I. Kocsis u. L.A. Sanchez (1998), Tax Policy Reforms in Hungary, in: Bokros, L. u. J.-J. Dethier (Hrsg.), Public Finance Reform during the Transition: The Experience of Hungary, Washington, S. 479-510.

Véghelyi, M. (1995), Moving Toward a New Corporate Tax System, in: European Taxation, Bd. 35, H. 4, S. 117-122.

Véghelyi, M. (1999), Hungary: Special Tax Investigation Unit, in: European Taxation, Bd. 39, H. 7, S. 279-281.

Véghelyi, M. u. K. Dobák (1996), Constitutionality of Restriction on Tax Incentives for Foreign Investors, in: European Taxation, Bd. 36, H. 8, S. 272-275.

Véghelyi, M. u. G. Erdös (1999), Offshore Regime: Viable Opportunity in International Tax Planning or Harmful Tax Competition, in: European Taxation, Bd. 39, H. 4/5, S. 166-173.

Vincze, I. (1972), Die Besteuerung der ungarischen Betriebe und Überlegungen über eine Weitereintwicklung, Manuskript, Budapest.

von Wrangel, G. (1966), Wird der Ostblock kapitalistisch?, München 1966.

Wang, P.-Sh. (1975), Plan und Markt im sozialistischen Reformmodell, in: Leipold, H. (Hrsg.), Sozialistische Marktwirtschaften, München, S. 104-128.

Wanless, P. T. (1985), Taxation in Centrally Planned Economies, London.

Weber, W. u. Ch. Seidl (1971), Zur Interdependenz von Steuer- und Wirtschafts-systemen, in: Osteuropa-Wirtschaft, Bd. 16, H. 1, S. 1-30.

Weder, B. (2001), Institutional Reform in Transition Economies: How Far Have They Come?, IMF Working Paper WP/01/114, Washington D.C.

Wessely, K. (1972), Der Gewinn im neuen Wirtschaftssystem Ungarns, in: Hensel, K.P., U. Wagner u. K. Wessely (Hrsg.), Das Profitprinzip - seine ordnungs-politischen Alternativen in sozialistischen Wirtschaftssystemen, Stuttgart., S. 84-133.

Williamson, J. (1991), The Economic Opening of Eastern Europe, Washington.

Woo, W. (1994), The Art of Reforming Centrally Planned Economies: Comparing China, Poland and Russia, in: Journal of Comparative Economics, Bd. 22, S. 276-308.

World Bank (1984), Hungary: Economic Developments and Reforms, A World Bank Country Study, Washington.

World Bank (1995), Hungary: Structural Reforms for Sustainable Growth, A World Bank Country Study, Washington.

World Bank (1996), World Development Report 1996: From Plan to Market, Washing-ton.

World Bank (1999), Hungary: On the Road to the European Union, A World Bank Country Study, Washington.

Zalai, E. (1988), Recent Changes in the Planned Central Management System of Hungary and their Background, in: Brada, J.C. u. I. Dobozi (Hrsg.), The Hungarian Economy in the 1980s: Reforming the System and Adjusting to External Shocks, Greenwich/Connecticut, S. 53-65.

Schriften zur Internationalen Entwicklungs- und Umweltforschung

Herausgegeben vom

Zentrum für internationale
Entwicklungs- und
Umweltforschung
der Justus-Liebig-Universität Gießen

Band 1 Hans-Rimbert Hemmer / Rainer Wilhelm: Fighting Poverty in Developing Countries. Principles for Economic Policy. 2000.

Band 2 Lorenz King / Martin Metzler / Tong Jiang (eds.): Flood Risks and Land Use Conflicts in the Yangtze Catchment, China and at the Rhine River, Germany. 2001.

Band 3 Ingrid-Ute Leonhäuser (ed.): Women in the Context of International Development and Cooperation. Review and Perspectives. Selected Papers and Abstracts presented at the Justus-Liebig-University Gießen 26.–28. October 2000. 2002.

Band 4 Margit Schratzenstaller: Internationale Mobilität von und internationaler fiskalischer Wettbewerb um Direktinvestitionen. 2002.

Band 5 Armin Bohnet u.a.: Theoretische Grundlagen und praktische Gestaltungsmöglichkeiten eines Finanzausgleichssystems für die VR China. Unter Mitwirkung von Chen Biyan, Chen Shixin, Ge Licheng, Ge Naixu, Ge Zhuying, Ma Shuanyou, Markus Peplau, Yang Zhigang, Zhu Qiuxia. 2003.

Band 6 Armin Bohnet / Matthias Höher (eds.): The Role of Minorities in the Development Process. 2004.

Band 7 Thi Phuong Hoa Nguyen: Foreign Direct Investment and its Contributions to Economic Growth and Poverty Reduction in Vietnam (1986–2001). 2004.

Band 8 Andreas Böcker / Roland Herrmann / Michael Gast / Jana Seidemann: Qualität von Nahrungsmitteln. Grundkonzepte, Kriterien, Handlungsmöglichkeiten. 2004.

Band 9 Christina Mönnich: Tariff Rate Quotas and Their Administration. Theory, Practice and an Econometric Model for the EU. 2004.

Band 10 Reimund Seidelmann / Ernst Giese (eds.): Cooperation and Conflict Management in Central Asia. 2004.

Band 11 Claudia Ohly: Das Steuersystem im ungarischen Transformationsprozess. Ein Beitrag zur Transformationstheorie. 2004.

www.peterlang.de

FSC
www.fsc.org
MIX
Papier | Fördert
gute Waldnutzung
FSC® C083411

Kolibri 360 GmbH
Ferdinand-Jühlke-Straße 7
99095 Erfurt, Deutschland
produktsicherheit@kolibri360.de

Druck:
CPI Druckdienstleistungen GmbH
im Auftrag der
Kolibri 360 GmbH
Ferdinand-Jühlke-Str. 7
99095 Erfurt